doitscha

adriana altaras
doitscha

eine jüdische
mutter
packt aus

kiepenheuer & witsch

Zum Schutz von Personen wurden Namen und Orte zum Teil verändert und Handlungen, Ereignisse und Situationen an manchen Stellen modifiziert.

S. 19 »Nicht allein« – Absolute Beginner
Musik: Jan Eißfeldt, Dennis Lisk, Guido Weiss
Text: Jan Eißfeldt, Dennis Lisk
Verlegt im: Sempex Musikverlag GmbH

MIX
Papier aus verantwor-
tungsvollen Quellen
FSC® C006701
FSC
www.fsc.org

Verlag Kiepenheuer & Witsch, FSC® N001512

2. Auflage 2015

Umschlaggestaltung: Rudolf Linn, Köln
Umschlagmotiv: © Marco Hofschneider
Foto der Autorin: © Jessica Brauner
Gesetzt aus der Berkeley Oldstyle
Satz: Buch-Werkstatt GmbH, Bad Aibling
Druck und Bindearbeiten: CPI books GmbH, Leck
ISBN 978-3-462-04709-7

Die Juden sind ein Volk, das nicht schläft
und andere nicht schlafen lässt.

ISAAC BASHEVIS SINGER

Ein Rheinländer trifft einen Westfalen, der einen Papagei
auf der Schulter hat, und fragt ihn: »Kann der sprechen?«
Sagt der Papagei: »Keine Ahnung.«

prolog

Na ja, sie waren nicht die ganze Zeit da, aber wirklich weg waren sie auch nicht. Sie haben nicht ununterbrochen Party gemacht, mit am Frühstückstisch gesessen oder sich neben mich unter die Bettdecke gekuschelt. Aber sie haben mitgeredet – wie eh und je: meine Dibbuks. Ich spreche von den Seelen der Toten, die den Lebenden keine Ruhe lassen und sie besonders gern nachts aufsuchen. Noch interessanter aber ist, dass sie inzwischen Gesellschaft bekommen haben: von den Lebenden. Genauer gesagt von den Seelen der Lebenden, die mir keine Ruhe lassen und mich nicht nur nachts, sondern jederzeit aufsuchen.

Ein buntes Treiben: Alle reden mit. Tote wie Lebende. Real und in Gedanken. Bei großen wie bei kleinen Entscheidungen, bei dem Kauf dieses oder jenes Kleides, bei der Wahl der Freunde, bei der Entscheidung, wann und wo Urlaub gemacht wird, bei der Ausbildung origineller Neurosen. Es soll ja Menschen geben, die ganz alleine Entscheidungen fällen dürfen. Wahnsinn!

Ich frage mich, wie andere Leute überhaupt einparken ohne diese zahlreichen persönlichen Assistenten.

Es ist, ich gebe es zu, keine ganz freiwillige Beziehung. Ich habe mich an sie gewöhnt, doch ein Leben ohne sie stelle ich mir auch sehr schön vor.

»Sie müssen sich in die Menschen, mit denen Sie in Ihrem Leben zu tun haben, hineinversetzen, ihre Gefühle, ihre Denkweise nachvollziehen«, schlägt Frau Dr. Luise ruhig vor. »Auch wenn es Ihnen nicht sonderlich liegt, versuchen Sie es wenigstens.«

Versetzen Sie sich da hinein und dort hinein. Dann werden Sie verstehen. Das ging schon die ganze Schauspielschulzeit über so. »Versetzen Sie sich doch mal in Lady Macbeth! Na, Adriana, was ist mit Ihnen? Versuchen Sie es doch wenigstens. Die Decke sinkt, der Fußboden ist Moor, die glühenden Wände rücken immer näher, es ist stockfinster, und Sie haben Blut an den Händen. Nun? Wie fühlt sich das an?«

Wie sich das anfühlt? Beschissen fühlt sich das an. Ich hätte schon damals mit der Schauspielerei aufhören sollen! (Das ist auch ein interessantes Thema, gehört aber nicht hierher.)

»Eines Tages werden Sie Ihr Dilemma verstehen und verändern können«, sagt Frau Dr. Luise. Hat die Nerven! Wer jemals mit diesem speziellen deutsch-jüdischen Dilemma zu tun gehabt hat, weiß, dass mit Sich-Einfühlen, Sich-Hineinversetzen in andere nicht das Geringste getan ist. Wetten?

doitscha

adriana

Mein Sohn David nennt seinen Vater »Doitscha«.

»Hey Doitscha! Komm mal runter, du Doitscha! Doitscha, entspann dich ...« – und derlei Varianten mehr. Die Anlässe sind verschieden. Schlechte Laune, gute Laune, das Ergebnis klingt immer gleich: »Ey Doitscha, wie bist du denn drauf?«

Ich weiß, das ist nicht nur grammatikalisch fragwürdig, es ist auch komplett daneben.

Das Ganze findet meist zur Abendbrotzeit statt, gegen zwanzig Uhr, eine Uhrzeit, zu der in Familien allgemein die Bombe zu ticken beginnt: Nach einem wie auch immer gearteten Arbeitstag muss man für ein gesundes Abendessen sorgen, Lateinvokabeln abhören, dem kleinen Sohn das Duschen schmackhaft machen. Georg, als Westfale in der Regel die Verkörperung edlen Stoizismus, haut auf den Tisch, dass die leckere Soße auf meine neue Bluse spritzt, und brüllt. Respekt klagt er ein und ein anderes Sprachniveau. Es folgt Geschrei auf beiden Seiten, mir vergeht der Appetit. Sammy, Davids jüngerer Bruder, verzieht sich in sein Zimmer. David setzt sich Kopfhörer auf, nimmt die Zeitung, schaltet auf stur.

»Es ist sowieso gesünder, mittags zu essen, als sich abends den Bauch vollzuschlagen«, seufze ich.

Das sei zwar richtig, verfehle aber das Thema, bemerkt Georg. Er stammt in vierter Generation aus einer Lehrerfamilie, das kann man nicht so schnell abschütteln. Aber er hat recht.

»Doitscha« zu sein, ist an sich schon nicht einfach. »Doitscha« in einer jüdischen Enklave zu sein, ist doppelt bitter, weil der »Doitscha« dort weniger wert ist. Klar, das klingt absurd, ist absurd, und in dieser Deutlichkeit wird es natürlich von niemandem ausgesprochen – aber es ist, wie es ist.

Gutmeinende könnten nun anführen, dass sich das Verhältnis zwischen Juden und Deutschen mittlerweile zum Positiven gewendet haben müsste. Bald jähre sich zum siebzigsten Mal das Kriegsende, fast alle Überlebenden seien tot. Ein Neuanfang habe stattgefunden. Ja, ja, ja. Im Bundestag sicher, hier bei uns zu Hause ist von Kriegsende nichts zu spüren, und zu Hause, das ist die Realität.

Da Georg völlig richtig vermutet, ich würde im tiefsten Innern auch so denken, bekomme ich zur Strafe die Aufgabe, unserem Sohn klarzumachen, dass auch er zu mindestens fünfzig Prozent Deutscher ist. Das sei nun mal einfachste Genetik.

Da ich wiederum weiß, dass David gerade das nicht gerne hört – er wäre gerne Israeli oder zumindest hundert Prozent jüdisch –, gehen wir am nächsten Tag Sushi essen; wenn schon unangenehme Tätigkeiten, dann wenigstens in erlesener Umgebung.

Ich hole weit aus, Respekt und Dankbarkeit, bemühe das Alte Testament, das vierte Gebot »Du sollst Vater und Mutter ehren«. David winkt nicht nur gelangweilt ab, er grinst dabei auch noch, tappt nicht in die biblische Falle, stattdessen schlägt er mit den »deutschen Tugenden« um sich, von denen sein Vater seiner Meinung nach zu viele habe.

»Er ist zu ernst, zu verkrampft, stellt absurde Regeln auf, schweigt zu viel, kann nicht verlieren ...«

»Sprichst du über dich?«

»Wo hast du nur diesen Menschen her?«, fragt er mich, ohne mit der Wimper zu zucken.

»David, Vorsicht, du gehst entschieden zu weit. Gestern ...«

»Gestern wollte er nicht einsehen, dass vor Nixon noch Lyndon B. Johnson Präsident der USA war! Ich hasse ihn.«

Gestern kam schon bei der Vorspeise das Gespräch auf die USA und deren Gesundheitsreform, die wir natürlich befürworten, weswegen David sie zwangsläufig niedermachen musste. »Du bist ein neoliberaler Spießer«, hatte ich von mir gegeben, die Hauptspeise mit ins Wohnzimmer genommen und auf dem Sofa weitergegessen, wohin sich Sammy klugerweise bereits zurückgezogen hatte. David, den prinzipiell jede politische Diskussion auf Temperatur bringt, beschimpfte unvermindert seinen Vater, der tapfer und verbohrt am Tisch die Stellung hielt, als ideologisch verblödeten Hippie, weil er ab und zu mal den Namen »Marx« fallen lässt. Bei der Abfolge der US-Präsidenten war der Disput dann derart eskaliert, dass Sammy und ich die Lautstärke des Fernsehers auf Maximum drehen mussten. Johnson oder nicht Johnson war die Frage, beide verließen irgendwann schreiend den Raum, aus dem einen Zimmer hämmerte kurz darauf Schostakowitsch, aus dem anderen Absolute Beginner.

»Ich dachte, der Mann heißt Obama«, sagte Sammy. Wir starrten uns ratlos an, wahrscheinlich sind wir nicht amerikanophil genug.

David studiert ausgiebig die Sushi-Karte. Weniger nach dem Inhalt als nach dem Preisangebot. Ich würde meinen Chanukka-Leuchter darauf verwetten, dass er schlichtweg das Teuerste aussucht. Mit der Begründung, dass er die selbstverleugnende Bescheidenheit seines deutschen Vaters verabscheue …

»Kennedy, Johnson, dann Nixon.«

»Gut zu wissen«, sage ich. »Kann man sicher irgendwann mal gebrauchen.«

»Ein Schmock«, sagt David.

»Ihr seid euch nicht unähnlich«, erwidere ich möglichst gelassen.

»Nein! Ich und dieser Doitschprinzipienreiter? Niemals!«

»Von wem, meinst du, hast du deine sture Intelligenz?« Meine Stimme bekommt einen unangenehm schrillen Unterton. »Und deine überhöhten Ansprüche hast du auch original von deinem Vater geerbt. Schau mich an: Ich bin bescheiden und glücklich, obwohl ich von Clinton nur die Sexualvorlieben kenne und von Bush junior den Alkoholkonsum, egal in welcher historischen Reihenfolge … Meinst du, die Welt wird besser durch deine Rechthaberei?«

Ich habe mich in Rage geredet, jetzt gibt es kein Halten mehr. Eine Japanerin, die aussieht, als wäre sie soeben aus einem Manga-Heftchen gefallen, nimmt höflich die Bestellung entgegen. Ich bestelle Nr. 12 für dreizehn Euro, einen Sushi-Mix mit dem überzeugenden Namen »Hiroshima«. David denkt und denkt, das Manga-Mädchen wartet, ich warte, und dann fällt er seine Entscheidung. »Pearl Harbour Deluxe«. Kostenpunkt: fünfunddreißig Euro. Ein Schnäppchen, denn Miso-Suppe und ein Jasmin-Tee sind inklusive.

Nein, ich will nicht kleinlich sein, aber muss es immer das Teuerste sein? Ist Luxus ein Geschmacksverstärker?

»Wieso hast du immer noch nicht begriffen, dass man, nein, dass *ich* das Geld erst einmal verdienen muss? Das heißt: morgens aufstehen …«

»Wer vor neun Uhr auf der Straße ist, ist ein Nichts und wird nie etwas werden. Baron de Rothschild«, entgegnet David mit arrogantem Lächeln.

»Du bist noch Meilen von Herrn Rothschild entfernt, mein Freund!«, presse ich durch die Lippen, während die ersten von Davids dreihundert Sushis aufgetischt werden. »Wenn du ein Taxi auf Italienisch, Englisch oder Hebräisch bestellen sollst, kneifst du, weil du es nicht perfekt kannst, und gehst stattdessen lieber zu Fuß. Du sollst nicht Dante, Rabbi Löw oder Shakespeare rezitieren, du sollst nur ein Taxi bestellen! Jeder x-beliebige Jude kann das in neun Sprachen. Frag mal Familie Dreyfuss! Vielleicht nicht akzentfrei, aber der ewige Jude erreicht immer den Bahnhof. Wenn man nicht in mehreren Sprachen fliehen kann, ist man auch kein Jude. Du bist so deutsch, dass es brummt! Wahrscheinlich wärst du der Erste in Stalingrad gewesen, so militant wie du dich gibst ...«

Das wollte ich nicht sagen, vor allem nicht so laut. Pädagogisch vermutlich auch nicht allzu wertvoll, auf jeden Fall ungeschickt. Aber mal ehrlich: David muss noch eine Menge üben, bis er es zu einem Eins-a-Juden bringt.

Er starrt mich an, ein Inside-out-Röllchen auf halbem Wege zwischen Mund und Kehle. Die Gäste an den Nachbartischen tun sehr diskret, Miss Manga lächelt verwirrt. Pause. Stille. Dann mache ich weiter, vorsichtiger und etwas leiser:

»Jeder halbwegs normale Junge arbeitet sich an seinem Vater ab. Das ist bekannt, so weit, so gut. Nicht immer findet der Konflikt in dezenter, stilvoller Form statt. Muss er auch nicht. Oft geht es sogar sehr heftig zu, siehe Ödipus, auch das ist nichts Neues. Die Achtundsechziger marterten ihre Nazi-Väter, Gottfried Wagner musste sich bis zu seinem Komponisten-Großvater durchschuften und ihn – wenigstens literarisch – ermorden, alle Neueinwanderer schämten sich für ihre »primitiven« Eltern mit schlechten Manieren und noch schlechteren Deutschkenntnissen, und Stars werden von ihren Star-Kindern brutal mit allerlei peinlichen Details entthront. Nie war der durchschnittliche Ex-Kanzler-Sohn so weit oben auf der Bestsellerliste wie mit der Abrechnung über seinen schrecklichen Vater ...«

»Du vergleichst mich jetzt nicht wirklich mit Kohl junior?«, stammelt David, immerhin kurzzeitig fassungslos. Das Soja-Fläschchen wackelt bedenklich am Tischrand. Ich schiebe es muttermäßig fürsorglich in die Mitte des Tischchens zurück, was David zur Weißglut bringt.

»Ich bin nicht mehr fünf! Die letzten drei kaputten Sojaflaschen gingen auf deine Rechnung, Mama!«, knurrt er beleidigt.

Wir widmen uns einige Minuten ausschließlich dem Essen.

Mir kommt es so vor, als würde an den anderen Tischen vorsätzlich geschwiegen, um nichts von unserem Disput zu verpassen.

Also mache ich weiter, wir wollen ja niemanden enttäuschen, alte Bühnenregel. »Wenn meine Eltern nach Berlin kamen, um mich bei einer Premiere spielen zu sehen, trugen sie, egal zu welcher Jahreszeit, schwere Mäntel mit Pelzfütterung. Berlin liegt im Osten, kurz vor Wladiwostok, also ist es kalt, dachten sie. Auch die Ärmel waren gefüttert, deshalb standen ihre Arme ab, sie wirkten wie Pinguine auf dem falschen Kontinent. Nie zogen sie die Pelzmützen aus, auch nicht im überheizten Theatersaal. Ich konnte spielen, was und wo ich wollte: In der ersten Reihe saßen zuverlässig zwei Pelzmützen, Zuschauer wie Darsteller starrten ausschließlich auf sie, meine Pinguin-Eltern, als gehörten sie zur Inszenierung. Sie selbst fanden sich nicht peinlich. Hinterher luden sie das gesamte Ensemble zum Essen ein. Ja, auch dann blieben die russischen Pelzmützen auf ihren Köpfen. Wenn sie begeistert waren, wenn sie lobten, wenn sie gute Fragen stellten, wenn alle sie modern und cool fanden, wollte ich dennoch nicht ich sein, nicht dort, nicht in diesem Moment.«

»Nicht alles, was hinkt, ist ein Vergleich«, seufzt David. »Es geht hier wahrlich nicht um den sympathischen Stamm der Pinguine, sondern um …«

Am Nachbartisch wird der Atem angehalten. Kann man denn in Berlin gar nichts mehr privat verhandeln?

»David, dein Vater ist Deutscher. Ich bin Jüdin. Nach dem alten Moses, das brauche ich dir ja nicht zu sagen, seid ihr beide, du und dein Bruder, natürlich Juden. Aber nach der modernen Genetik bist du fünfzig Prozent Deutscher, fünfzig Prozent Jude, ob du willst oder nicht. Und wenn du es noch so sehr bekämpfst, es wird sich nicht ändern. Es ist eine besondere Mischung auf einer, sagen wir »speziellen Basis«. Wenn ich einen Inder geheiratet hätte, wäre es vielleicht leichter. Aber letztlich gäb's dich dann gar nicht … Dein Vater war weder an der Ostfront noch in der Hitlerjugend. Er kommt nicht einmal aus Münster, nur aus einem kleinen Dorf in der Nähe, und seine mörderische Neigung beschränkt sich auf das Töten von Mücken!« Ich rede und rede um mein Leben. Dabei fällt mir ein Theaterstück von Boris Vian ein, in dem eine Rolle namens »Schmürz« vorkommt. Ein Wesen, halb Mensch, halb Knäuel, komplett bandagiert, das in der Ecke steht und von allen Familienmitgliedern gelegentlich im Vorbeigehen geschlagen wird. Ganz beiläufig. Das wird, so gut es geht, heiter beschrieben, ohne Aufwand und große Tragik kriegt Schmürz sein Fett weg – leidet es, leidet es nicht? – Es sagt nichts, steht nur weiter in der Ecke. Ich kann mich nicht erinnern, wie das Drama endet. Ob Schmürz am Ende krepiert? Das Stück hat mir immer gut gefallen und ja, es erinnert mich an unseren Schmürz zu Hause, an unseren »Doitschen« …

Beim Reden habe ich mich inzwischen großräumig verheddert. Ich stottere und komme zum Halten. »No way out«, blinkt es über dem Ausgang. Die Gäste sind enttäuscht und verlangen die Rechnung. Ich kann von Glück reden, wenn ich sie nicht begleichen muss. David wiederum hat sich gefangen, verfolgt auf seinem iPad nebenbei die News auf Spiegel Online. Mit höchstens halbem Ohr hat er meinen Ausführungen gelauscht. Seine Fünfunddreißig-Euro-Sushi-Platte wird er halb gegessen stehen lassen.

Abends beim *Tatort* schlafe ich ein. Weder der *Tatort* noch ich sind das, was wir mal waren. Ich schleppe mich ins Bett, ohne abzuwarten, wer der Mörder ist.

Lärm weckt mich, Gepolter, das Licht geht an.

Vater und Sohn ringen miteinander. Sie fallen auf mein Bett, rollen sich ab, kämpfen auf dem Boden weiter. Beide sind außer sich, David knallrot, sein Vater kreidebleich, ich ziehe meine Füße und Beine aus dem Gefecht. Abwechselnd stürzen sie raus auf den Balkon und brüllen etwas wie »Ich bin der Stärkere«, dann geht es ungehemmt weiter. Es könnte unter Umständen fast komisch sein. Natürlich ist es nicht in Ordnung, wenn Vater und Sohn sich prügeln. Aber das hier ist keine amtliche Schlägerei, eher ein Kräftemessen zwischen der Jugend und dem Alter, nicht ganz ungefährlich, mächtig archaisch. David in Boxershorts, obenherum nackt, sein Vater inzwischen auch ohne Hemd, das hat ihm sein Sohn vom Leibe gezerrt.

David schreit: »Ich hau ab! Mich seht ihr hier nie wieder!« Sein Vater brüllt: »Das wollen wir doch mal sehen!«

Während ich überlege, wie ich eingreifen könnte, ohne mich zu verletzen, klingelt es. Der Nachbar von gegenüber hat die Ordnungsmacht informiert, zwei Männer in kompletter Kampfuniform kommen die Treppen hoch. Kampfuniform? Was haben sie erwartet? Eine Erste-Mai-Demo im Berliner Zimmer? David versucht, an ihnen vorbeizurennen. »Wo willste denn hin, Kleena, in dem Aufzug? Musste uffpassen, kann hier in Schöneberg leicht falsch aufjefasst wern.« Sie bringen ihn zurück, passen selbst nur schräg durch die Tür, so bullig sind sie. Ich werfe einen Pullover über mein Negligé. Das hier ist kein Spaß, unten wartet vermutlich eine Wanne weiterer Ordnungshüter in voller Kampfausrüstung.

»Wie froh ich bin, dass die Yellow Press sich nicht für mich interessiert«, flöte ich entschuldigend den beiden Polizisten zu, die in Zeitlupe ihre Knüppel wegstecken.

Dann nehmen sich die beiden meine Männer vor, ich habe dort nichts mehr verloren. Es geht um Testosteron, wie samstags bei der *Sportschau*.

Vorsichtig mache ich die Tür zu Sammys Zimmer auf, er schläft selig wie ein Baby.

»Ich weiß, dass es eigentlich unter aller Kanone ist, wegen häuslicher Gewalt die Polizei im Haus zu haben. Aber was kann ich machen?«, frage ich unschuldig den Polizeibeamten.

Der türkisch-deutsche Kollege erklärt mir ausführlich, dass sie Anklage erheben könnten, eigentlich sogar müssten, es aber nicht täten, der Fall hier sei doch ganz klar. Der Junge wisse vor lauter Kraft und Unsicherheit nicht, wohin mit sich, der Vater ebenso wenig. Und in so »jemischten« Haushalten sei es nie ganz einfach, das sei normal, woher wir die schönen Möbel hätten?

Wie zuvorkommend und kompetent diese Berliner Polizisten doch sind. Wieso sind sie nicht schon bei einer früheren Gelegenheit vorbeigekommen? Im Wohnzimmer plaudert der polnisch-deutsche Polizist mit David und seinem Vater. »Det is der Psychologe, ick bin der Intellektuelle«, erklärt mir sein Kollege. Gleich werde ich anfangen, Pasta zu kochen, wenn es hier so nett und gemütlich weitergeht.

Ja, das sei nicht einfach, meint Emre, inzwischen sind wir beim Du, in einem deutsch-jüdischen Haushalt prallten sehr unterschiedliche Welten aufeinander. Das sei für die Kinder wie für die Erwachsenen eine echte Herausforderung. Er kenne sich aus mit dem »jemischten Zeuch«, seine Mutter sei Türkin, der Vater aus Steglitz. Im Bücherregal findet er mein Buch, geschmeichelt schenke ich es ihm, es ist das erste Mal, dass ich im Nachthemd signiere.

Seit Jahren schlagen wir uns mit Lehrern und Psychologen rum, und da kommen zwei Berliner Bullen mitten in der Nacht und bringen die Sache in drei einfachen Sätzen auf den Punkt.

Der Einsatzwagen wird informiert, die Krise ist deeskaliert, die Ordnungsmacht verabschiedet sich, wünscht eine gute Nacht. Was für nette Jungs doch bei der Polizei arbeiten!

Ich werde beim Regierenden Bürgermeister anrufen und mich für diese Engel in Uniform persönlich bedanken.

Vater und Sohn planen eine dreitägige Klausur, sie wollen sich aussprechen.

Emre bedankt sich am nächsten Morgen überschwänglich für das Buch. Irritiert stelle ich fest, dass er meine Mail-Adresse hat, woher nur? »Darf die Polizei das?«, schreibe ich ihm ahnungslos. »Die Polizei darf dies und viel mehr«, antwortet er mir. Ich fühle mich angenehm überwacht, was weiß und sieht er noch alles …?

Sammy ist sauer, dass er die nächtlichen Turbulenzen verschlafen hat. Zum Trost werden wir Minigolf spielen, bei McDonald's fein essen und in der Schlossstraße shoppen gehen. Vielleicht treffe ich in Steglitz zufällig Emre, notfalls kann ich immer noch die 110 wählen.

der partisan

david

Paradies: Bett, Boxershorts, Musik. Keine Frage, Standard!

»Zieh dir was an, nimm die Kopfhörer runter, kannst du mal die Geräte für eine Sekunde aus der Hand legen, wie sieht's denn hier aus? Hallo! Ich rede mit dir!«

Ich weiß ehrlich gesagt gar nicht, was die Alten andauernd wollen. Leute, chillt ma, echt jetzt!

Meine Mutter steht in der Tür. Ich liege auf dem Bett, Handy in der Hand, Computer auf dem Schoß. Sie schubst mich, ich rücke zur Seite. Ich bin riesig im Vergleich zu ihr, reiche ihr die Kopfhörer, geiler Text:

Wenn alles Jacke wie Hose ist, dummes Rumgepose ist
Nix geheuer ist und alles zu teuer ist
Und über kurz oder lang alles gleich wird und träge
Durch dick und dünn, ohne Kollege
Nasebohrend vor'm Kühlschrank, der leer ist
Ich früher weit vorn und jetzt alles weit her ist
Keine Frau, kein Glück, kein Style, da »0190« … und so weiter
Freunde mir Raps stehlen, statt mit mir Pferde
Meine Mutter mich fragt, was ich werde!

Cooler Song. Kann man einfach nicht meckern. Safe.

Sie fragt, was das alles heißt, ich sage »*Nicht allein*« und »Absolute Beginner, egal, verstehst du eh nicht«, – dann ist sie schon wieder draußen, was war das denn für'n Auftritt? Dabei wollte sie bestimmt über gestern reden, sie will immer reden.

Ist es eigentlich Mittag? Oder schon Abend? Egal. Sonne satt. Vorsichtig zur Seite drehen, weiterdösen.

Aber ehrlich, der Alte ist doch gestört!

Ich gestern: extrem entspannt.

Er: steht da in der Tür wie ein Erziehungsberechtigter in den fünfziger Jahren.

Ich: doppelt ruhig, mach auf Sannyasin.

Er: »Wäsche aufhängen, mach dich mal nützlich, wir sind nicht dein Personal, weißt du überhaupt, wie spät es ist?«

Ich: »Ich vermute mal, es ist schon etwas später, weil die letzte Bahn weg war …«

Ich hänge die Wäsche auf, brauche dazu Musik, etwas lauter, versteht sich, sonst klingen die Bässe scheiße.

Er: »Die Musik ist öde, und wie siehst du überhaupt aus?«

»Das eine der zehn Biere war schlecht«, grinse ich, mein Vater grinst so was von gar nicht, wird rötlich, kenn ich. Wir sind beide Choleriker. Also, er zerrt an meinem Shirt, das reißt, Alter! Ich zerre an seinem Hemd, Knöpfe fliegen, Schwitzkasten, denkst wohl, ich wäre noch ein Kind? Er brüllt: »Ich bin stärker!« Ich brülle: »Schon lange nicht mehr«, und so weiter.

Ich renne ins Zimmer meiner Mutter, mache Licht, er schubst mich von hinten, Feigling! Stolpere aufs Bett, wir fighten.

Mutter erschrocken, ich brülle, Nachbarn auf den Balkonen, Fight geht weiter. Der Alte ist echt stark. Nicht stärker, aber voll okay. Macht irgendwie Spaß. Ich irgendwann raus, will weg, kommen zwei Bullen die Treppe hoch, schieben mich vor sich her, der eine voll wie Sil aus den *Sopranos*. Meine absolute Lieblingsserie, und diesmal spiele ich mit. Geil!

»Bürschchen, langsam, nur keene Eile, wo willsten hin, in 'ner Büchse ohne Hose? Hier im Kiez haste schneller mal wat drin, als de kieken kannst bei dem Outfit! Du setzt dir mal schön ruhich hin, und dann unterhalten wir beede uns mal nett, den Vatta nema dazu, und meen Kolleje kümmert sich um deene Mutta, klaro?!«

Ich hab denen ganz klar erklärt, dass mein Vater ein Tyrann ist. Und dass ich machen kann, was ich will und wann ich will.

»Bürschken, is doch nich deine Liga, machst een uff prollig, bist aba janz sicha wat Besseret. Sei froh! Warum dit falsche Jetue? Ihr beeden Jungs jeht jetzt ma schön schlafen – ne, keene Widarede, ooch nich von Vattern, Testosteron hin oder her, und morgen wird vernünftich jeredet, un jetzt is Feierabend. Schicht, klaro? Ick will ooch ma heim.«

Mein Alter ist tatsächlich schlafen gegangen, und jetzt soll ich mit zur Aussprache nach Regensburg, wo er an irgendeinem verschissenen Theater Musik macht. Zur Aussprache. Dass ich nicht lache!

Meine Mutter saß noch da, hat dann erst mal Espresso gemacht. Zeichen für Katastrophe, macht immer Espresso dann. Blass wie 'ne Leiche. Sich die Nächte um die Ohren zu schlagen, tut ihr nicht gut. Kann's nicht ändern, ehrlich nicht, war auch hundemüde.

»Warum?«, wollte sie wissen, »wieso?«

Und ich hab angefangen zu heulen wie ein Cockerspaniel. Scheiße.

»Warum immer dieses Theater? Wie stellst du dir vor, soll das weitergehen? Eine Hand am Sack, die andere am Computer? Und dazwischen Stellungskriege mit deinem Vater?«

Bei dem Wort Krieg habe ich aufgehört zu heulen, hatte eine supergeile Idee.

»Ich werde Partisan! Da könnt ihr machen, was ihr wollt. Ich mach hier nicht mehr den Bimbo für den Alten. Ich werde für Dinge kämpfen, für die es sich zu kämpfen lohnt!«, höre ich mich sagen, keine Ahnung, warum.

»Partisan?«, wiederholt meine Mutter fassungslos. »Hast du was genommen? Um diese Uhrzeit? Ohne Hose? Und überhaupt, was soll das heißen, kämpfen für Dinge, für die es sich

21

zu kämpfen lohnt? Das sind doch leere Phrasen, wenn du beim Rausgehen den Müll …« Großer Fehler. Sie hätte einfach abwarten sollen, bis sich mein Gefühlsgewitter legt, aber so …

»Mama! Stop! Aus! Was das heißen soll? Ja, ja, ja! Ich bin jung, aber ich weiß Bescheid. Ich hab schon alles gesehen und erlebt hier in Berlin. Apropos Müll. Nein, das möchtest du nicht wissen! Die Clubs. Die Partys. Die Leute. Das ganze Programm. Die Türken gegen die Russen und die wiederum gegen die Araber. Meine Kumpels und ich dazwischen. Dazu diese zugezogene Schickeria. Kein Platz zum Atmen, alles voll. Was an einen normalen mittelbürgerlichen Jungen für Anforderungen gestellt werden, interessiert doch keinen! Lass mich! Ich werde Partisan und Schluss.«

Der Espresso blubbert, ist schon lange fertig. Kaffee, ihr Wunderheilmittel wie bei anderen Nivea oder Sagrotan.

»Lavazza-Maschinchen sind einfach die besten. Darauf zumindest können wir uns doch einigen: kein Stilterror, einfach nur Espresso. Der kleinste gemeinsame Nenner. Ausnahmsweise zwei Stück Zucker?«

Wenn sie mir so kommt, frage ich mich manchmal, ob sie noch alle Tassen im Schrank hat.

»Oder heute drei Stück?«, fragt sie munter weiter. Ganz arme Nummer.

»An einem Tag, an dem der Sohn zu den Brigaden geht, kommt es auf ein Stück Zucker mehr oder weniger wirklich nicht an. Mittelbürgerlich? Gibt es das überhaupt? Ich kenne nur klein- und großbürgerlich.«

Meine Augen werden relativ schmal, man könnte von Schlitzen sprechen.

»Es wäre sinnvoller, morgen nach der Schule weiterzumachen, ich bin so was von müde«, versuche ich einzulenken.

»Partisan, so so«, macht sie hemmungslos weiter, sie will mich nicht verstehen! »Aber in welchen Bergen überhaupt? Ist die Märkische Heide partisanentauglich? Zerrissene Jeans, knappe Boxershorts, geplatzte Chucks machen noch kein Heldenoutfit. Um welche Inhalte geht's dir überhaupt: Cheeseburger für alle, Clubs geöffnet ab Schulschluss, Abschaffung des Abiturs, nieder mit den Vätern?«

Hört sie mir jemals richtig zu? Wie wär's mit einem Schweigeseminar, Trappistenkloster in der Provence oder Sahara-Wanderung mit Beduinen?

»Sehr witzig, Mama! Heute schon mit Peter Lustig geduscht, wie? *Deine* berühmten Inhalte sind so was von verschnarcht. Sozialstaat. Wohngemeinschaften. Aufräumen. Struktur. Komplett überholt. Ja, da staunst du. Klar, du hältst mich für zu jung. Naiv. Kann sein. Aber jetzt ist Zeit für Aufbruch. Da kann der Alte noch so lange im Türrahmen stehen. Wirst schon sehen.«

Ich stehe auf, gehe raus und schlage die Wohnungstür hinter mir zu. Zum dritten Mal fällt die Glasscheibe aus der Fassung. Plexiglas würde sich in unserem Haushalt so was von anbieten. Aber auf mich hört ja keiner.

Vom Balkon aus schaut mir meine Mutter nach. Gute Figur machen. Belmondo oder so. Ich renne über die Straße. Es regnet, echtes Partisanenwetter.

Warum nimmt sie mich nicht ernst? Warum nimmt mich niemand ernst? Warum immer diese Ironie? Wo willst du Partisan werden? In Berlin? Mecklenburgische Seenplatte, Spreewald? Ich renne zurück, pitschnass brülle ich zum Balkon hoch: »Ich meine es ernst, Mama, und sag nicht, das sind die Spätfolgen, du kannst nicht alles darauf schieben! Der Krieg ist vorbei!«

mini-golfer

sammy

Echt? Die Polizei war da? Heute Nacht? Und ich habe nichts ge-hört. Mist. Ich hab geschlafen. Waren die in Schusswesten? Son-dereinsatzkommando? Haben die geschossen? Ist das cool! Und ich schlafe! Aber mein Bruder macht ständig Remmidemmi, da kann man sich ja nicht immer den Wecker stellen, oder?

Mama sagt, David und ich würden uns sehr ähnlich sehen und deshalb hätte sie nicht noch mehr Kinder bekommen, denn es liefe ja wohl immer auf das Gleiche hinaus. In den alten Fo-toalben finde ich auch, dass wir gleich aussehen, so mit Woll-leibchen und so. Aber da sehen ja alle gleich aus. Alle Babys, die auf dem Bauch liegen, sehen aus wie Babys, die auf dem Bauch liegen. Oder wie kleine Robben. Und bei den Fotos von der Be-schneidung ist es derselbe Mohel, meine Mutter ist genauso ver-heult, und Papa gräbt auf fast allen Fotos irgendwie in Blumen-töpfen die Erde um. Er hat mir erklärt, dass er da gerade die Vorhaut auf dem Balkon verstaut. Das gehöre sich so. Also ist auch da alles gleich.

Aber innerlich sind wir nicht gleich, mein Bruder und ich. Gar nicht.

David ist megaeitel. Okay, er sieht super aus, mit Sixpack und so. Aber ich bin viel sympathischer, sagen alle. Bei *Getränke Hoff-mann*, wo ich immer im Türrahmen meine Größe messe, sagen die Jungs, David sei der Schönling und ich der Sympathieträger.

David hat zweimal eine Klasse übersprungen, ich nur einmal. Echt, der muss immer übertreiben. Aber seine Intelligenz ist kalt, und ich habe viel mehr Einfühlungsvermögen, sagt Oma immer. Er weiß ja noch nicht mal, wie der Frühling riecht. Wetten?!

Mama, die auf einer Waldorfschule war, sagt, die Antosopofen behaupten, man suche sich die Familie aus, in die man hineingeboren werden möchte. Das glaube ich nicht. Manchmal glaube ich nämlich, ich würde woanders viel besser reinpassen. Vielleicht ist ja bei mir ein Fehler passiert?

Mama sagt, sie und Papa hätten mit einem Hund geprobt. Es wäre ganz einfach gewesen, dem Hund »Toter Mann« beizubringen. Wenn das so leicht geht mit der Erziehung, dachten sie, kann man auch eine Tochter bekommen. Die Tochter war ein Sohn und machte alles, nur nie »Toter Mann«. Nach ein paar Jahren erinnerten sie sich nicht mehr an die Anstrengungen, sagt Mama. Sie wurde wieder schwanger, und David wurde von mir entthront, was er mir bis heute übel nimmt.

Ich weiß, es klingt ein bisschen komisch, aber nirgends kann ich hingehen, ohne dass ich etwas geschenkt bekomme. Lollis, Schokolade, Freitickets, Fußbälle. Ich lächele, und die Welt liegt mir zu Füßen. Is so.

David beobachtet das, klaut von meinen Süßigkeiten, kapiert aber nichts. Wozu dann zwei Klassen überspringen, wenn man so einfache Sachen nicht begreift? Wie kann man so schlau und gleichzeitig so blöd sein?

Gestern zum Beispiel war wieder Krieg beim Abendessen: Papa und David brüllen sich tierisch an wegen irgendwelcher Präsidenten. Mama schiebt die Gläser in die Mitte des Tisches, wir haben nicht mehr viele … Es gibt Kartoffelpüree, eins meiner Lieblingsessen, ich nehme mir unbemerkt das letzte Schnitzel, grinse zu meiner Mutter rüber, schon mal den Begriff Stra-telogie gehört? David bräuchte nur zu lächeln und zu nicken, und wir wären beim Nachtisch und könnten schnell zurück an den Computer. Wieso kann er das nicht?

Papa hat gesagt, dass Mama, als ich noch ein Kleinkind war, jedem erzählt hat, ich müsse wohl behindert sein, so fröhlich, wie ich immer sei. Danach habe sie besonders laut hinzugefügt: »So etwas darf man in Deutschland aber nicht einmal denken, bei der Vergangenheit ist das ganz klar politisch inkoherrent.« Ich bin einfach zufrieden. Ist das so schlimm?

Wenn wir schon dabei sind: Ja, ich mag Kirchen, noch lieber Kathedralen, Backen finde ich gut, und ich habe mich in der Schule freiwillig für Latein und Griechisch entschieden. Französisch ist komplett out. Außer in Afrika, aber da lebe ich ja nicht. Mein Zimmer ist ordentlich, meine T-Shirts sind gefaltet. David sagt: Peinlich! Was bitteschön ist daran peinlich? Warum soll es cool sein, wenn das Zimmer aussieht wie bei den Messies von RTL? Vor dem Schlafen lege ich meine Anziehsachen für den nächsten Tag raus. Reine Organisation, David. Dann geht's morgens schneller, Penner! Im Grunewald spiele ich Hockey, in Wilmersdorf Geige, ich frage Mama, wie es ihr geht, und finde ihr Kleid hübsch. Allerdings werde ich nächste Woche von Geige auf Trompete wechseln, Big-Band statt Orchester, klingt cooler, oder?

Bin ich deutscher als David? Vielleicht mehr als fünfzig Prozent? Vertauscht bei der Geburt im Martin-Luther-Krankenhaus? Bin ich ein heimlicher Nachkomme der von Weizsäckers? Das waren nämlich die guten Deutschen, auch bei den Nazis – allerdings nicht ganz unumstritten –, machen wir gerade in Geschichte.

Keine Ahnung, ich hab's einfach leichter. Ehrlich. David sagt, er hätte es sauschwer gehabt als Erstgeborener, er durfte erst nach der Einschulung sein erstes Kaugummi kauen. Bitter! Ich hatte schon eins, da wurde ich noch gestillt. Ähnlich war's mit Fernsehgucken, Cola, Döner. Warte ab, sagen Mamas Freundinnen, noch ist Sammy klein, aber wenn er erst mal fünfzehn wird ... Aber egal, wie ich werde, ich werde nie wie David, klar?!

Was ich aber eigentlich wirklich erzählen wollte, ist: Am allermeisten liebe ich Minigolf!

Ich kenne die Öffnungszeiten der Anlage auswendig. Heute ist Mama fällig, auch wenn es nicht ihr Lieblingssport ist. Sie kommt abgehetzt von ihrer Therapeutin, sie sagt, sie zahlt fünfundneunzig Euro die Stunde, und die Therapeutin würde die ganze Zeit schweigen. Dafür hat sie aber einen Doktortitel und ewig lange studiert. Mama ist entweder in der Therapie oder im Theater. Jedenfalls murmelt sie jetzt etwas von »ist heute nicht mein Tag«.

Ist es nie beim Minigolf. Ich treffe meistens mit ein bis drei Schlägen. Mama bekommt schon in der ersten Runde sieben Punkte, denn wenn man es mit sechs Schlägen nicht geschafft hat, gilt die Höchststrafe: sieben Punkte. Sie ist daran gewöhnt zu verlieren, auch bei Memory, Kicker und Billard.

Ich hasse es, wenn sie versucht, ein Loch auszulassen, wie jetzt schon wieder. Papa sagt, Mama sei regelresistent. »Mama! Wozu gibt es denn Regeln, wenn man sie nicht ernst nimmt?«

»Du bist deutscher als dein Vater. Ob das an Wagner liegt?«

»Mama, nicht schon wieder Wagner!«

»Nicht alles liegt an Wagner, so wichtig ist er auch nicht, aber deine germanische Ader ließe sich auf ihn zurückführen, du weißt doch, bei deiner Geburt …«

Nicht schon wieder diese Geschichte! Es ist nicht zu fassen. »Hab ich dir, glaube ich, schon mal erzählt. Als dein Bruder geboren wurde, musste ich das erste Mal notoperiert werden, er war vierzehn Tage überfällig und passte nicht durch, schließlich zog man ihn raus, ob er wollte oder nicht.«

Ich finde es ekelig, wenn Mama mir solche Sachen erzählt, und dann auch noch so laut, dass es bis Loch fünfzehn zu hören ist.

»Ich hatte ja schon immer den Verdacht, dass das mit dem natürlichen Gebären eine Farce ist. Kaiserschnitt ist in Deutschland verpönt, zumindest in bestimmten Kreisen. Eine deutsche Frau kann von klein auf Marmelade einkochen, Homöopathie und natürlich gebären. Ich kann nichts davon.«

Argh! Gleich wird sie in aller Ausführlichkeit vor allen anderen Minigolfspielern über meine Geburt sprechen. Wetten? Wie ich das hasse! »Mama! Du bist dran!«

»Nicht vor Monatsende rausholen, hatte meine Astrologin warnend bei dir verkündet. Erst ab dem Einunddreißigsten, zwölf Uhr, wird er zu einem glücklichen Menschen.«

Hab ich's nicht gesagt?!

»Der Kreißsaal war vorbereitet, alle Anwesenden in lindgrünen OP-Kitteln, ich hatte schon das Plastikhäubchen auf, als ein Notfall hereingebracht wurde. Ich wurde mit meinem dicken Bauch zurück auf den Flur geschoben, wo ich festgezurrt auf der Liege warten sollte. Und jetzt kommt's. Um mich abzulenken, fiel deinem Vater nichts Besseres ein, als mich über Wagner aufzuklären. Und ich schwör dir, das hat dich mehr geprägt als jedes meiner jüdischen Gene!«

Mama merkt gar nicht, dass ich schon drei Löcher Vorsprung habe … Sie redet einfach weiter, wahrscheinlich um zu überspielen, dass sie noch kein einziges Loch ohne Strafpunkte geschafft hat. Gleich wird sie wieder versuchen zu schummeln. Aber ich pass auf wie ein Luchs.

»Wagner war ein merkwürdiger Typ. Ein Genie wahrscheinlich, aber ganz sicher ein Riesenarschloch. Trotz seiner Begabung ein unsicherer Mensch. Konkurrenz konnte er nicht ertragen. Er wollte Erfolg haben wie Meyerbeer, wie Mendelssohn … dummerweise alles Juden. Aus dem Exil heraus arbeitete er zäh daran, sich eine Gemeinde zu schaffen. Seine Musik sollte man nicht nur hören und gut finden, man sollte an sie glauben. Als Gegenleistung würde er seine Anhänger mit seiner Kunst aus dem schnöden und gemeinen Leben herausführen, sie zu Höherem erlösen. Das kam den Deutschen in ihrer großen Sehnsucht nach Glauben und Erlösung sehr entgegen. Es gibt in seiner Musik Momente von großem Zauber. Der Mann hat halt komponiert wie niemand vor ihm …«

Mama brüllt inzwischen über vier Löcher hinweg, damit ich

sie auch gut hören kann. Wenn es einen Guinness-Rekord für peinliche Mütter gäbe, wäre meine auf Platz 1: Germany's Next Topmutti.

»Was hätte er für schöne Ensembles schreiben können! Stattdessen immer wieder unendlich lange Soli. Manisch. Monomanisch. Zutritt nur für Eingeweihte. Rudolf Steiner nicht unähnlich, mit Stefan George vergleichbar. Der Deutsche braucht Jüngerschaft, jedes rätselhafte Wort gibt ihm neue Nahrung: Die Führer und ihr ewiges Geheimnis. Darum darf es auch nicht allzu konkret werden. Woran man dabei glaubt, ist gar nicht mehr wichtig, der Glaube selbst ist der Inhalt. Übrigens gehört natürlich zu gebären auch zu diesen Glaubenssätzen ...«

Ich bin fertig mit dem Parcours. Rekordergebnis. Ich könnte jetzt einfach den Vordruck für die Jahresdauerkarte ausfüllen, dann könnten wir so oft auf den Platz kommen, wie wir wollen. Mit etwas Glück redet Mama einfach weiter und merkt gar nicht, was sie unterschreibt.

»So viel wie über Wagner hatte ich deinen Vater in unserer bis dato zwölfjährigen Geschichte nie am Stück sprechen hören.«

»Mama! Spiel doch bitte einfach zu Ende.«

Wir sind hier nicht im Kreißsaal, sondern auf dem Minigolfplatz! Also mach endlich! Wahrscheinlich kann ich von Glück reden, dass ich nicht Richard heiße, Tristan oder Siegfried. Sie sind cool, meine Eltern, aber auch nicht wirklich normal. Wenn ich das nächste Mal auf die Welt komme, wäre ich gerne bei den Eltern meines Freundes Paul. Die sind beim Rechnungshof. Essen pünktlich, haben einen Leasing-Wagen mit Aircondition und reden nicht dauernd über Kunst.

unser mann aus dem münsterland
georg

»Wieso sagst du nichts? Willst du nicht auch mal was sagen? Hörst du mich? Ich habe dich was gefragt! Oder brauchst du ein Libretto, um zu antworten?«

Meine Frau deckt den Tisch zum gemeinsamen Abendessen, am *day after*. Ein neuer Abend, ein weiteres Essen, ein meiner Meinung nach völlig überbewertetes Ritual. Dann auch noch dieses Heer an belanglosen Fragen! Was soll ich dazu sagen? Reden geht immer, sagt Adriana, der Meinung bin ich nicht, ich schaue zu, wie die Gabel neben meinem Teller platziert wird, und schweige. Ich schweige nicht aus passivem Widerstand heraus, wie man mir in meiner Familie vorwirft, ich schweige gern. Schweigen ist schön.

Hört hier denn keiner den Kuckuck im Park? Dass die jetzt auch mitten in der Stadt siedeln? Füchse, Wildschweine, warum nicht auch der Kuckuck? Singt eine Quart statt eine kleine Terz, wie in der Klassik stets komponiert, haben wir es mit einer Mutation zu tun? Merkt das hier jemand? Wahrscheinlich nicht. Banausen. Wie viele lebende Komponisten kennt ihr? Einen, und der sitzt hier am Küchentisch und bräuchte ab und zu Stille.

Was auch immer ich versuche, es ist erfolglos, sie sind auserwählt, ich nicht. Ich bin der Außenseiter in dieser Ménage-à-quatre, und als solcher habe ich zwar ein Meinungs-, aber kein Vetorecht. Es gibt keine Demokratie, weder im Theater noch in der Familie.

Was ich hier mache, könnte man auch als deutsch-jüdische Verständigung betrachten. Wiedergutmachung im Privaten. Klappt aber nur bedingt.

Was für ein Abend gestern. Was für eine Nacht!

Wenn man den ganzen Sonntagabend auf seinen Sohn wartet, der ab siebzehn Uhr ankündigt, er sei gleich da, und dann um kurz vor eins betrunken erscheint und blöde grinst, und wenn der Tag mit dem Besuch einer gefühlten Hundertschaft endet, kann man nicht von einem friedlich ausklingenden Feierabend sprechen.

Ja, ab und zu bin ich cholerisch. Was bleibt mir anderes übrig? Wie soll ich mich sonst in diesem Irrenhaus bemerkbar machen? »Häusliche Gewalt«, wie das klingt. Muss ich mich schämen? Wir haben gerungen. Gerungen um die Vormachtstellung im vierten Stock einer Berliner Altbauwohnung in Schöneberg. Und nebenbei: Ich bin nach wie vor der Stärkere.

Heute versuchen wir es zuerst mit Suppe.

»Sammy, David! Essen!« Ich bin ja gespannt, ob sie auf die Rufe meiner Frau genauso wenig hören wie auf meine.

Überraschung, man gibt sich die Ehre.

Und sofort wird an unserem Tisch ununterbrochen geredet. Ich mag Suppe, aber reicht es nicht, das leise Geräusch des Löffels auf dem Teller zu hören? Nein, es muss um jeden Preis geredet werden, und immer alle zugleich, nie einer nach dem andern.

Wenn sie müde werden und aus Erschöpfung kurze Pausen zwischen den Sätzen lassen, habe ich die Chance, dazwischenzukommen. Wenn ich dann schließlich einen Satz platzieren kann, habe ich das nächste Problem: Sie hören nicht zu.

Feine Minestrone. Gut gewürzt. Lecker.

Die Kinder sehen mir ähnlich. Besonders David, doch das hört er gar nicht gern. Tja, die Wahrheit ist eben brutal.

Ehrlich gesagt ist mir seine viel gepriesene überdurchschnittliche Intelligenz noch nicht wirklich begegnet. Ist eher ein Or-

den, der ihm angeheftet wurde: Hochbegabung. Ich habe auch
ein 1,4-Abitur – ist das etwa nichts? Aber davon spricht hier
niemand.

Wer hat denn ihren ganzen jüdischen Kanon gelesen? Spi-
noza, Heine, Marx, Freud, Adorno? Von der Belletristik ganz
zu schweigen. Ja, man hatte mich gewarnt, zu Hause in meiner Familie und auch anderswo, mit vieldeutigen Bemerkungen: Weißt du, was du da tust? Bist du sicher, mit dieser Frau?
Diese permanente Nervosität, dieses Extrovertierte, das passt
doch gar nicht zu dir. Schau dagegen die Verena, die ist doch
nett, normal … Das Wort »jüdisch« fiel nie.

Als ich Adriana kennenlernte, war ich in der Anti-AKW-
Bewegung, so eine Art bürgerlicher Anarchist, Abteilung politisches Kabarett. Steine habe ich nie geworfen, das war mir
zu konkret und hätte keinen Stil gehabt. Ansonsten war mir
jede Form von Widerstand recht. Unser Grundgesetz lautete:
Sic semper tyrannis! Es gab viele Stellvertreter für meinen Vater, gegen die ich opponieren konnte. Mein Sohn kommt ohne
Stellvertreter aus, er hat ja mich … Damals war es für mich
nichts weiter als konsequent, meiner BDM-Mutter und meinem
Wehrmachts-Vater eine Jüdin an den Sonntagstisch zu setzen.
Na ja, ganz so habe ich natürlich nicht gedacht. Ich war einfach fasziniert von diesem jüdischen Tornado. Aber ehrlich, so
habe ich mir das nicht vorgestellt. Zu laut, zu schnell, zu viel.
Sie nennen es Chuzpe, ich nenne es schlechtes Benehmen. Jetzt
werde ich ungerecht, dabei war die Suppe gut, und heute sind
sie irgendwie entspannt, ja, es ist fast gemütlich an unserem
Tisch.

Ich komme aus engen Verhältnissen – oder wie soll man das
bezeichnen, wenn man in Greven im Münsterland Messdiener
war? Adriana hat meinen Horizont erweitert. Es gibt eine Welt
hinter dem Dortmund-Ems-Kanal.

Und diese Welt sieht so aus: Jeder Flug wird mindestens einmal umgebucht. Jede Entscheidung ist im Grunde gar keine,

sondern stets verhandelbar, denn diskutieren geht immer. Alles wird durch Reden in Bewegung gebracht, durch Schnelligkeit Masse vortäuschen, so lautet die jüdische Variante der Relativitätstheorie. Apropos Masse: Das viel gerühmte koschere Essen, allen voran das Scholet, ist ein Eintopf, den wir so ähnlich schon vor zweitausend Jahren in Westfalen aßen. Fett, Bohnen, braune Soße, die Reste der Woche – ungenießbar.

Es gibt sie nicht, die Herrenrasse, den Übermenschen – aber ein auserwähltes Volk sehe ich hier auch nicht. Mag ja sein, dass sie in ständiger Diskussion mit Gott sind, aber etwas mehr Angst in der Beziehung zu ihm würde ihnen guttun.

Jetzt ist es plötzlich still geworden. Die Gelegenheit: Ich könnte etwas sagen. Was ist passiert? Aha, der Hauptgang, und dazu Salat.

»Juden sind wie alle anderen auch, nur mehr«, sagt Adriana immer, und ich habe bis heute nicht begriffen, ob das ein Witz sein soll.

Gewöhnlich tun sich Kleinbürger zusammen, Ärzte oder Golffahrer. Renommierte Studien belegen, dass das Zusammenleben zwischen Menschen unterschiedlicher Kulturkreise außerordentlich kompliziert ist, meistens schiefgeht, und wenn es glückt, dann nur unter höchstem Aufwand an Energie und mit Verschleiß sämtlicher persönlicher Ressourcen. Ich kann das nur bestätigen. Ich habe mich trotzdem dafür entschieden, und nun habe ich den Salat, und nicht mal einen Golf.

Apropos Salat. Beim Salat fängt der Krieg nämlich schon an: »Darf ich bitte auch noch etwas von dem Salat oder ist der nur für dich reserviert?«, frage ich David, der sich geriert, als würde ich ihn enterben.

»Aber gerne, Paps«, antwortet er süffisant, nachdem er sich einen gewaltigen Berg aufgeladen und kaum noch etwas übrig gelassen hat. Ja, ich liebe Salat, und das weiß er. Ist das moralisch verwerflich? »Der Salat ist mein Freund«, sagt die Hauptdarstellerin in dem Film »Das Grüne Leuchten« von Éric Rohmer, ein wunderbarer Film, den hier auch keiner versteht. Wenig später erhebt sich mein Ältester lässig vom Tisch. »Bitte, steh ruhig auf, nein, ich bin nicht beleidigt. Ich bin nur noch nicht fertig. Ich esse zu langsam? Nur weil ich nicht schlinge wie ein ausgehungerter Palästinenser in der Sahelzone? Das weiße Gerät dort drüben ist übrigens die Geschirrspülmaschine.« Ich bin hier nicht das Opfer, ihr macht mich zum Opfer, möchte ich gerne rufen, hätte eure Mutter doch Moses Mendelssohn geheiratet, wir wären alle glücklicher. »Und im Übrigen kommt nach Roosevelt doch Truman!«, sage ich stattdessen.

Schon habe ich David wieder so weit, er kommt sofort zum Tisch zurück und behauptet sicherheitshalber das Gegenteil von allem, was ich sage. Sammy grinst. Er ist so klein und hat das Spiel sofort durchschaut. Aber der Große brüllt mit hochrotem Kopf, dass es in Palästina so ziemlich alles gebe, nur nicht die Sahelzone. Ich sei ein Bildungsbürger mit gefährlichem Halbwissen. Na ja, immerhin Halbwissen. Und selbst?

»Washington, dann Adams«, insistiert David.

»Jefferson wird nicht als Präsident der Vereinigten Staaten gezählt. Du kannst gerne googeln, warum das so ist«, sage ich, »und, ja, Schatz, ich hätte gerne vom Nachtisch, sonst niemand?«

you ruined my auschwitz

adriana

Heute ist der große Tag. Es ist der 9. November, und es ist neblig. Das ist für November gar nicht unüblich, heute aber ärgerlich, denn ich stehe am Flughafen Tegel, und auf absehbare Zeit geht keine Maschine.

Wird es doch nichts mit der staatlich verordneten Trauer?

Längere Zeit hatte ich an dem Auftrag gezweifelt, immer wieder erwartet, das Bürgermeisteramt Frankfurt würde sagen: Wir haben uns geirrt, so eine 9. November-Rede gehört in die Hände eines Professionellen, eines erfahrenen Mahners vom Schlag eines Galinski oder notfalls eines Tabori. Die sind zwar tot, aber das ist für die Qualität des Mahnens noch lange kein Hinderungsgrund. Nichts dergleichen war passiert. Die Frankfurter Oberbürgermeisterin hatte mit einem forschen »Ja, es bleibt dabei« geantwortet, als ein Mitglied des Zentralrats voller Bedenken bei ihr anrief und sich wohl ein paar überraschend spitze Bemerkungen nicht hatte verkneifen können. Das hatte mir ein Mitarbeiter aus dem »inner circle« am Telefon erzählt, unter größter Verschwiegenheit und mit dem größten Vergnügen.

Klar schien, meine jüdischen Kollegen freuten sich nicht sonderlich auf mich. »Was brauch ich Feinde, wenn ich hab solche Freunde«, summe ich einen unserer Familienrefrains vor mich hin. Man hat mir einen frühen Flug gebucht, und wäre kein Nebel dazwischengekommen, würde ich auch rechtzeitig zu den Schnittchen bei der Oberbürgermeisterin erscheinen.

Was passiert eigentlich, wenn der Redner zur Gedenkrede nicht kommt? Hält sie dann ein anderer? Oder wird einfach mal angemessen geschwiegen?

Mein Gott, in jedem anderen Land würde man trotzdem fliegen!

Mich umblickend erkenne ich Politiker und andere staatstragende Personen, ebenfalls ungeduldig wartend, wahrscheinlich in ähnlicher Mission wie ich. Was soll's, am besten, ich halte die Rede gleich hier, am Gate vier, das wäre nun wirklich eine Neuerung im Gedenkverhalten. Ich hole das Manuskript schon mal heraus.

Der Mann neben mir hat Mundgeruch. Wie viel Aufopferung ein politisches Engagement einem doch abverlangt.

Ach, das Flugzeug ist zum Einsteigen bereit? Wer hätte das gedacht. Ich hatte mich schon mit dem Gedanken angefreundet, dass Gott mich an diesem 9. November verschont und mir statt des Auftritts in der Paulskirche einen entspannten Tag in der Sauna schenkt …

Direkt hinter mir, Reihe 9A+B, sitzen zwei politische Funktionäre, das erkennt man nicht nur an Anzug und Krawatte. Nicht genug damit, dass das Flugzeug durch die Nebelbänke ruckelt und meinen Magen auf eine harte Probe stellt, die beiden Herren haben umgehend ein gemeinsames Thema gefunden: mich. Ob es Zufälle gibt oder nicht, mag der Verein der Astrophysiker entscheiden. Das Erste, was ich höre, ist:

»Wieso hat man ausgerechnet diese Meschuggene engagiert? Letztes Jahr diesen Antisemiten, jetzt eine durchgeknallte Schauspielerin!«

Vorsichtig luge ich nach hinten, am Fenster sitzt ein hagerer Nörgler, am Revers trägt er das Bundesverdienstkreuz, er lächelt mir freundlich zu, kenne ich den? Neben ihm ein feister Glatzkopf, der das »S« surrt, ich tippe auf Ungarn. So lispelte meine erste große Liebe auch. Das ist er nicht, oder? Und ich verwette meinen Hausschlüssel darauf, dass die beiden gleich beim Festakt in Frankfurt in der ersten Reihe sitzen werden.

»Da deutet sich ein neuer Trend an ...«, antwortet die Glatze. Auf seinem Kindergesicht hat er Sommersprossen, früher wäre er bestimmt in meiner Tischtennismannschaft gewesen.

»Ich sage Ihnen, lieber Kollege«, jetzt ist der Hagere wieder dran, »die Überlebenden sind tot, wir, die nächste Generation, sind dran. Und in diesem empfindlichen Moment denkt sich die deutsche Öffentlichkeit: Zeit, die Geschichte ad acta zu legen, wir haben genug gelitten, uns gebührend geschämt, was ich den Juden schon immer mal sagen wollte ... Jedes Feld, das man in der öffentlichen Diskussion einmal aus der Hand gegeben hat, ist für immer verloren. Und in genau diese Falle wird dieses unerfahrene Greenhorn von Altaras öffentlich hineintappen.«

Ich würde sagen, der hat es an der Galle, so gelb wie er schon ist.

»Altaras? Altaras? Den Namen habe ich schon mal gehört. Irgendein Skandal in den Achtzigerjahren zwischen dem Zentralrat und der Gemeinde Gießen. Es ging um Geld. Viel Geld. Angebliche Unterschlagung, Veruntreuung von Restitutionsgeldern seitens des Zentralrats. Altaras senior hat öffentliche Aufklärung gefordert ... Diese Altarasse sind Nervensägen, Pitbulls mit Freude am Festbeißen. Nicht mit uns! Möchten Sie auch einen Tomatensaft? Salz? Pfeffer?«

Mein Tipp: Die Glatze hat den gut situierten Posten, der Gallenkranke verwaltet. Beide große Taktiker, verstehen sich auf Machtspiele.

So geht das eine Weile hin und her. Dann wechseln sie das Thema und versichern einander ihre Stimme bei der nächsten Vorstandswahl.

Ich bin auf meinem Sitz inzwischen so klein wie Alice im Wunderland. Würde gerne sofort aussteigen aus dem Flugzeug, aus dem gesammelten Gedenkwahn, aus der ganzen fatalen Geschichte, aber es ist zu spät. The eagle has landed. Es gibt kein Zurück mehr.

Gottseidank hat eine Partisanin wie ich einen Killerinstinkt, und der beginnt sich höflich, aber beständig zu melden. Wir sehen uns wieder, Jungs!

Das Büro der Oberbürgermeisterin ist hübsch. Sie ist ausgesprochen nett, ganz mein Typ, ungewöhnlich klar und schnell. Die Schnittchen sind zwar inzwischen trocken, die Salatblätter welk, der Kaffee kalt, aber Erstens bin ich nicht angereist, um mich mal so richtig satt zu essen, und Zweitens habe ich heute eh keinen Appetit, es müsste gleich losgehen.

Während wir noch rasch ein paar brisante Probleme der Weltpolitik anreißen, höre ich den Protokollchef murmeln: »Mensch, kann die babbele, da kriiescht ja der Bandwurm Locke …« Locken? Meint der etwa mich? Und schon geht es los, wir werden durch einen Hintereingang in die Paulskirche geführt.

Einige Wochen zuvor hatte ich die Paulskirche schon mal besucht, war am grandiosen Gemälde von Grützke vorbei nach oben getigert, hatte einen Pförtner gefragt, ob ich kurz vorne am Pult Probe stehen dürfte, ich würde nämlich am 9.November hier eine Rede halten müssen. »Na, Se taste sich abe auch gründlisch ran an de Materie. Isch kann Se gar nisch sehe, Se send zu klaan für das Rednerpult. Abe ab de fünfte Reihe wird's bessa, glaube Se, es wird voll? Is doch schon en aldä Hut, un jedes Johr dersälbe Käs!«

Wir setzen uns, die Oberbürgermeisterin spricht. Wie erwartet gut und kurz. Ich blicke mich um. Etliche Freunde sind angereist. Raffi hofft bestimmt, dass ich seine Witze doch nicht zitiere. Carolina und Jo kennen meine Rede, nicken mir solidarisch zu.

Ein Funktionär des Zentralrats der Juden hat das Wort. Er ist ein sympathischer Kerl, mit feuerroter Mähne, ohne

Brille halte ich ihn kurz für Daniel Cohn-Bendit. Der Saal verstummt, um seinen, wie es im Programmheft steht, »kurzen einführenden Begrüßungsworten« zu lauschen. Der Herr Doktor braucht keinen Zettel, er spricht frei über die Gräueltaten des 9.11.1938. Er benennt unzählige Details von misshandelten Rabbinern, geschundenen Kindern, gequälten Familien. Alle sind unendlich betroffen. Nach zehn Minuten befinden wir uns erst am Nachmittag des 9.11.1938. Er macht weiter und weiter. Und es wird unerträglich. Und zwar nicht der furchtbaren Geschichten wegen, die er uns mitteilt. Es ist die Art, wie er es tut: bohrend, schürfend, er lässt die Details wirken, sie sollen unter die Haut gehen, wir abgestumpften Zuhörer sollen Schmerz empfinden, nur wenn es unerträglich wird, verstehen wir etwas, vielleicht. Dann schaut er sich um. Rechts sitzen die Kirchenvertreter, links die Bundeswehr, in der Mitte die Politik. Er hat sie in der Hand. In der eiskalten Hand der Erinnerung.

Was denke ich da? Bin ich verrückt geworden vor nervösem Überdruck?

Vorsichtig wende ich den Kopf. Raffi hat seinen in den Händen vergraben. Aus Betroffenheit oder aus Scham? Ich entdecke meine Freundin Anne. Ihre Wangen glühen wie zu Internatszeiten, wenn sie aufgeregt war.

Die kurzen Begrüßungsworte dauern bestimmt schon zwanzig Minuten, und es ist kein Ende in Sicht.

Jetzt ist er mit unserem Bundespräsidenten in Auschwitz, und es ist natürlich Januar, KZ-Wetter, klirrende Kälte über schneebedeckten Feldern. Er lässt nichts aus, als wäre er damals selbst dabei gewesen. Mir ist leicht schwindelig. Ich leide mit den armen Insassen des Lagers, und ich leide unter seinen anklagenden Vorwürfen.

Ich kann mich irren, aber der Blick des Herrn Doktor trifft meinen. Ja, Sie! Sie meine ich, scheint er zu sagen, wagen Sie es nicht, mein liebes Fräulein Altaras. Wer gegen ritualisiertes Gedenken ist, ist automatisch für organisiertes Vergessen. Mich beschleicht ein dunkles Gefühl: Hat er meine Rede gelesen? Vielleicht hat er sie sich im Bürgermeisteramt oder sonst wo besorgt.

Was soll ich machen? Genau das, was er da vorne betreibt, ist das Thema meiner Rede. Das Abspulen und Benutzen bekannter Mahnformeln, das Instrumentalisieren des Holocausts. Er wolle auf keinen Fall auf der Schuld der Deutschen herumreiten, versichert er, doch ich weiß, wenn ich ihm sein mahnendes Gedenken stehlen würde, nähme ich ihm seine stärkste Waffe: die des schlechten Gewissens der Deutschen. Was wäre dann noch von ihm und seinem Zentralrat übrig? Wieder drehe ich mich um. Carolina und Jo schauen mich klar und fest an, sie kennen die Politik und ihre Pirouetten, sie kennen die Situation. Hier geht es weniger um Mitgefühl als um Stellung. Es geht um Macht.

Verrückt. Nichts hätte mein Vater lieber getan, als in der Paulskirche zu sprechen. Auf Händen wäre er hergelaufen. Immer hat er mich beschimpft, wie wenig politisch ich sei. Und nun das. Neben mir sitzt die Oberbürgermeisterin. Ich schaue sie an, und sie lächelt mir zu, als wollte sie sagen: Nehmen Sie die Herausforderung an? Sie werden doch nicht kneifen?

Der Finalkampf im Schwergewicht des Holocaustgedenkens. Ich hatte den Gegenwind eher aus der deutschen Ecke vermutet, nun kommt er aus den eigenen Reihen.

Der Herr Doktor ist fertig. Die Frau Oberbürgermeisterin hat ihren Protokollchef losgeschickt, der ein Fußbänkchen hinter die Kanzel stellt. Ich bin definitiv an der Reihe.

Sehr geehrte Frau Oberbürgermeisterin, sehr geehrte Damen und Herren vom Zentralrat, meine Damen und Herren, liebe Freunde …

Eigentlich reicht's mir jetzt schon. Sollen sie doch alle weiter in ihrem Erinnerungs- und Gedenksumpf vor sich hin dümpeln. Was bilde ich mir ein, dass gerade ich die Spielverderberin in einem seit nahezu siebzig Jahren reibungslos funktionierenden Spiel geben will?

Vor mir sitzt der versammelte Zentralrat, und ich bilde mir ein, dahinter sogar die beiden Anzugträger aus dem Flugzeug zu erkennen. Jetzt nicht stottern, Altaras!

In meiner Familie nahm die Zeit um den 9. November herum, seitdem wir in Deutschland wohnten, zunehmend groteskere Formen an. Meine Eltern wurden ab Mitte Oktober blass und blasser, sie wurden von allen möglichen Zeitungen, von Rundfunk und Fernsehanstalten gebeten, sich zum 9. November zu äußern. Sie taten es vorbildlich, mit großem Bewusstsein und nicht ohne einen gewissen Stolz: Es verlieh ihnen Würde – sie fühlten sich gebraucht, ja, wichtig in ihrer neuen Heimat.

Sie waren zwar in Deutschland, im Land der Täter, aber genau hier – glaubten sie – konnten sie etwas verändern, genau hier wollte man ihnen zuhören. Es gab ihnen, so absurd das klingen mag, sogar eine Rechtfertigung dafür, hier zu sein.

Gleichzeitig war es aufreibend für sie, diese Zeit nahm sie mit. Zu Hause überprüften sie laut oder in Gedanken ihre Worte. Im Fernsehen liefen verstärkt Berichte über alle möglichen Lager, Zeitzeugen hatten das Wort. Ihre eigenen Erinnerungen hielten sie fest im Griff, sie wussten, sie würden in dieser Nacht nur mit Schlafmitteln schlafen können. Dennoch wurden alle Sendungen nahezu lückenlos angeschaut, gelegentlich aufgezeichnet, um sie wiederholt sehen zu können. So war, jedes Jahr aufs Neue, Anfang November eine schrecklich zermürbende Zeit. Schlagartig mit dem 10. November aber hatte alles ein Ende. Traumschiff, Beckmann und das Auslandsjournal übernahmen wieder die Sendeplätze, bis Mitte Oktober des folgenden Jahres.

Meine Eltern erholten sich allmählich, nur durch die Woche
der Brüderlichkeit im Januar aus ihrem Trott herausgerissen.
Aber diese Woche war harmlos im Gegensatz zu der brachialen
Wucht des 9. November.

Bin ich zu persönlich? Was gehen diese Leute meine Eltern an? Einmal, ich erinnere mich noch genau, traf ich meinen Vater mitten in der Nacht vor dem Fernseher. Er schaute sich zum wiederholten Male »Nacht und Nebel« an. Ich sagte: »Geh schlafen!«, aber er konnte sich von den Bildern nicht trennen. »Dabei«, so sagte er, »war ich nie im Lager, nur deine Mutter, und das sieht man ihr an, nicht wahr?«

Der rotblonde Herr Doktor schaut mich an, als würde er am liebsten laut sagen: ja, kenne ich. Auch meine Eltern saßen Nacht für Nacht vor diesen Aufnahmen … Aber das darf er nicht sagen. Denn er hat eine politische Laufbahn eingeschlagen, und das bedeutet, dass man die gleichen Erfahrungen anders benutzen muss. Nie einfach persönlich, sondern immer mit Blick auf die politische Wirkung. Schade. Eigentlich wäre er mein Typ.

Und heute stehe ich hier, in der Paulskirche, die selbst eine
Gedenkstätte ist, so viel hat sie schon erlebt. Sie allerdings
steht für das Positive: den Beginn der Demokratie in Deutsch-
land. Die Demokratie, die es möglich macht, dass ich heute
hier stehe und sprechen kann.

Fast muss ich weinen. Nein, jetzt nicht, auf keinen Fall. Ich sehe doch im hübschen Gesicht des Herrn Doktor geschrieben: Ja, meine Gute, wer bei dem zarten Wort Demokratie schon von Rührung übermannt wird, sollte lieber ins Kino gehen. Gedenkreden zum Thema Holocaust sind eben nichts für Weicheier.

Meine Eltern haben die Ustascha überlebt, in Titos Brigaden

gekämpft, sind vor dem sozialistischen Nachkriegsantisemitismus geflohen, damit ich hier stehen kann. Na gut, da ist auch Glück mit im Spiel gewesen und nicht nur die heilige Demokratie. Ich fasse mich wieder.

Ich werde jetzt auspacken, das hilft gegen Rührung ungemein.

Aber ehrlich – wenn Sie mich fragen: Ich bin kein Freund von verordneter Trauer. Punktgenau. Zeitgebunden. Handlich: Trauer to go.

Verstehen Sie mich recht: Trauertage, Erinnern, Gedenken gehören zum Menschenleben wie Feste und Feiertage. Jede Gesellschaft macht sich mit den offiziellen Feiertagen ein Bild von sich. Ich frage mich nur: Sind unsere Formen der öffentlichen Trauer so noch durchführbar? Und was ist nach dem 9. November, an den anderen dreihundertvierundsechzig Tagen im Jahr?

So, jetzt ist es raus. Die Gesichter in der ersten Reihe bekommen einen Stich ins Grünliche, steht ihnen sogar besser als das verbeamtete Rosé.

Ich bin mir sicher: Ihre Trauer ist echt und ernsthaft. Aber in dem Moment, wo Trauer zur Gewohnheit, zum starren, verordneten Ritual wird, verliert sie ihren Sinn und ihre Wirkung. Man hat es sich im Deutschland der vorbildlichen Trauerarbeit, im jährlichen Gedenken ein wenig gemütlich gemacht.

Außerdem fällt mir ein Witz dazu ein, den mein Freund Raffi mir neulich erzählt hat: Frau und Herr Weinstock aus Washington besuchen das Lager Auschwitz. Es regnet, er hat den Schirm im Hotel vergessen. Der Ausflug wird zum Desaster. Zwei Tage spricht Golde mit ihrem Mann Jossi kein Wort. Dann lenkt Jossi ein: »Schau Golde, es tut mir doch leid!« Und Golde antwortet: »Ach, was soll's, Jossi, vergessen wir das Ganze, but you ruined

my Auschwitz.« Du hast mir mein Auschwitz verdorben ... wo
ich mich doch so gut darin eingerichtet hatte.

Raffi grinst. Jetzt freut er sich doch, dass ich seinen Witz unter
das Volk gebracht habe.

Bin ich in der Paulskirche oder auf einer abgelegenen Alm
in den Alpen? Diese Stille. Dass ein Raum mit Hunderten Menschen so still sein kann. Kein Rascheln, kein Seufzen, kein Hus-
ten, kein Lachen. Atmet da noch jemand? Aber ich weiß: Der
Witz gehört genau hierhin.

Nun gibt's kein Zurück mehr.

Vielleicht ist freiwilliges Trauern überhaupt ein Paradoxon.
Wer will schon freiwillig an Millionen Tote denken? An die
vielen Vernichtungslager, Demütigungen, Krieg? Ich werde
das Gefühl nicht los, dass gerade vor lauter guten Vorsätzen
das Gegenteil passiert. Müdigkeit, Überdruss machen sich
breit, nicht nur bei der Jugend. Und trotzdem, ich bin davon
überzeugt, dass Gedenken möglich ist ohne Druck, ohne vor-
geschriebenen Termin.

Zu Hause habe ich die Rede in der Küche vor der Familie geprobt. David hat seine Anmerkungen in sein Handy getippt und
sie mir anschließend vorgelesen: »Was ist, wenn sie dich ernst
nehmen und den 9.11. auch noch absetzen? Dann ist dreihun-
dertfünfundsechzig Tage im Jahr nichts mehr. Dann gewinnst
du nichts, sondern verlierst unseren wichtigsten verordneten
Trauertag. Außerdem lieferst du der rechten Intelligenzija, ja,
Mama, so was gibt's bei uns, Argumente, die sie missbrauchen
werden.« David sollte nach einem Job im Zentralrat fragen!
Oder die FDP retten. Oder beides.

Doch was ist, wenn er recht hat? Wenn, anstatt neue Formen des Gedenkens zu finden, alles dem großen Vergessen der

glücklichen Nachgeborenen anheimfällt, inklusive des 9. November? Dann wäre zwar die Fixierung auf dieses Datum vorbei, aber alles andere auch …

Und wenn die NPD mich zu ihrer Schutzpatronin kürt?

Müssen wir uns nicht fragen: Wie kann ein Gedenken, ein Mitfühlen in unserer Gesellschaft heute aussehen? Was halten sie von einer Schweigeminute wie in Israel zum JomHaShoah, dem Holocaust-Gedenktag?

Einen Moment der Stille, die Busse, die Autos halten an, die Menschen steigen aus, Kinder hören auf zu toben, Schüler blicken auf von ihrer Lateinklausur, Handwerker von ihrer Arbeit. Eine Minute im Jahr, um die Trauer zu teilen, Mitgefühl zu zeigen für all diejenigen, die ihrer Lieben gedenken. Und vielleicht führen die Gedanken über den 9.11. zu anderen unschuldigen Flüchtlingen, die gerade jetzt verfolgt werden. Sich den Luxus zu leisten, einen Gedanken daran zu verschwenden, wozu Menschen in der Lage waren und sind. Eine Minute lang zu schweigen, ist konkret, schon Kinder können das. Eine Minute, kein Gedenkmarathon.

Immer noch scheint im ganzen Raum niemand das Bedürfnis zu haben, sich ein wenig zurechtzurücken, das Bein bequemer überzuschlagen. Keiner zappelt, keiner hüstelt. Lebt da noch jemand?

Meine Trauer ist immer da. Sie ist weder an Ort noch Zeit gebunden. Die Erinnerungen kommen und gehen, wann und wie sie wollen, sie steigen in mir hoch, unangemeldet und vom Willen nicht zu beeinflussen. Es vergeht kein Tag bei mir ohne solch einen Moment der Erinnerung, und sei er noch so kurz. Wenn ich diese ererbte Last mit mir herumtrage, wenn wir Juden das tun, dann ist es ein Leichtes, sich auszurechnen, dass die anderen es auch tun: die Kinder und Kindeskinder der so-

45

genannten Täter, der Mitläufer, oder einfach nur Kinder und
Kindeskinder der Eltern und Großeltern, die diesen nicht enden
wollenden Krieg, dieses weltweite Desaster miterlebt haben.

Kurzum: Wir sitzen alle im selben Boot. Ein schwer belade-
nes Boot, voller ererbter Traumata, Verdrängungen, voller Wut
und Trauer. Der Krieg ist über ganz Europa hinweggefegt und
hat niemanden unberührt zurückgelassen.

Eine Minute des Mitfühlens: Herr Rappaport wurde ans
Kreuz genagelt. Ich weiß leider nicht mehr, warum. Sein
Freund Moishe kam vorbei und fragte: Mensch Rappaport, tut
das nicht weh an den Armen und Füßen? Nein, sagte Rappa-
port, kaum, nur wenn ich lache!

So treffen wir aufeinander. Neurosen, Vorwürfe, Ängste auf bei-
den Seiten. Ein Heer an Therapeuten müsste rund um die Uhr
arbeiten.

Aber wir sind nicht die Opfer und die Täter, wir sind die
Kinder und Kindeskinder, das ist ein gravierender Unterschied;
und paradoxerweise etwas, das uns vereint.

Die fesche Frau neben dem Herrn Doktor schnappt nach Luft.
Sie als nachgeborenes Opfer des Holocaust mit einem beliebi-
gen Kriegsopfer auf der Täterseite gleichzusetzen, hält sie offenbar nicht aus. Der Protokollchef fächert ihr Luft zu.

Jetzt eine kleine Erholungspause für alle, denke ich, Erfri-
schungsgetränke, leckere Petits Fours …

Wie kommen wir da raus, würden Sie nun gerne wissen? Ich
habe keine Patentlösung – muss ich Ihnen leider mitteilen. Ich
weiß nur, es wird besser, und es wird möglich. Und nicht nur,
weil Zeit vergeht, denn die Zeit heilt keine Wunden – das weiß
ich aus Erfahrung. Es wird besser, weil meine Generation und
die unserer Kinder sich neu begegnen.

Dennoch glaube ich, die meisten Menschen in Deutschland, un-
ter ihnen Philo- wie Antisemiten, kennen gar keine Juden. Tote
Juden. Das ist ein Begriff. Orthodoxe Juden. Und die ganz Har-
ten sprechen immer noch von den »reichen Juden«. Schließ-
lich gibt es die besonders Schlauen, die ein Gen gefunden haben
wollen, das nur Juden haben und sie intelligenter macht …

Werden alle Juden klug geboren? Nein, aber die dummen lassen
wir gleich taufen … fällt mir nur dazu ein. Es ist und bleibt die
Angst vor dem Fremden.

Der Herr Doktor steht umständlich auf und verlässt den Saal.
Die fesche Dame neben ihm bleibt sitzen, was ist? – Kann sie
nicht einmal mehr aufstehen?

Als meine Eltern mit mir in den frühen Sechzigerjahren nach
Deutschland kamen, gab es ca. achttausend Juden und sechs-
hunderttausend Ausländer oder Menschen mit Migrations-
hintergrund, wie man das heute so hübsch nennt. Heute gibt es
ca. sieben Millionen Ausländer, und ungefähr zweihunderttau-
send zum Teil nicht in den Gemeinden registrierte Juden leben
in der Bundesrepublik.
  Wir fassten damals Fuß in Gießen, was wahrlich nicht der
Nabel der Welt ist. Meine Eltern nahmen Abschied von ihrem
bis dato geführten Leben und gaben sich Mühe, in Deutsch-
land anzukommen. Manchmal hatten sie Heimweh nach dem
Meer in Split, nach den Freunden in Zagreb, nach der Familie
in Italien, aber sie ließen es sich kaum anmerken. Ankommen
war die Devise. Wir fuhren regelmäßig nach Frankfurt, dort
gab es in der Markthalle immerhin Espresso und Mozzarella.
Wir gingen jedes Wochenende in den Zoo, die wilden Tiere wa-
ren nicht nationalistisch und störten sich nicht an meinem feh-
lenden deutschen Vokabular.

Irgendetwas ist passiert. Im Raum hat eine merkliche Entspannung stattgefunden. Weil alle die Markthalle kennen, und den genialen Espresso dort? Ich fahre schnell fort.

Meine Eltern hatten lange für ihre deutsche Staatsbürgerschaft gekämpft. Meine Mutter hatte über vier Jahre Anträge aller Art gestellt, in denen sie beweisen musste, dass sie eine deutsche Jüdin war, sie musste genauestens schildern, warum und wie sie verfolgt worden war.

Als ich Jahre später diese Unterlagen bei ihr fand, war ich außer mir vor Wut. Was für Menschen saßen in diesen Ämtern, dass man ihnen erklären musste, warum und wie man den gelben Stern zu tragen hatte, auch außerhalb Deutschlands? Die Demütigungen, denen meine Mutter ausgesetzt gewesen war, gingen mir lange nicht aus dem Kopf.

Ich könnte jetzt noch losschreien vor Wut. Was tue ich hier eigentlich? Nichts ist vorbei. Verzeihen. Vergessen. Es hat keinen Sinn, für Versöhnung zu plärren, wenn einem jede Erinnerung an die Nazizeit den Magen umdreht. Ich gehe jetzt raus und suche den Herrn Doktor, er soll weitermachen. Oder ich gehe auf den Friedhof, um in Ruhe zu weinen.

Warum aber wollten meine Eltern unbedingt nach Deutschland? Amerika, Australien, Kanada – ich wäre so gerne in New York geboren worden …

Sie wollten nach Deutschland, weil es die kulturelle Heimat meiner Mutter war. Sie wollten in Europa bleiben, weil sie sich trotz allem als Europäer fühlten.

Heute bin ich froh darüber. Kein Land in Europa hat sich mit seiner Geschichte so heftig auseinandergesetzt und auseinandersetzen müssen. Österreich, Frankreich, Spanien und auch die angeblich so neutrale Schweiz haben da noch einiges vor sich, was ihre Aufarbeitung betrifft.

Der Herr Doktor ist nicht zurückgekommen. Wahrscheinlich raucht er in Ruhe ein Pfeifchen. Aber ich brauche ihn gar nicht mehr, ich kenne seine Argumente. Fast besser als meine.

Im Grunde sind wir uns gar nicht so unähnlich, wir wollen das Gleiche: Sie sollen unsere Toten nicht vergessen, es sind auch ihre. Und nur wer vergessen ist, ist für immer tot.

Aber das heutige Datum hat für mich noch eine ganz andere Bedeutung:

Die Geburtstermine meiner beiden Söhne waren für den 9. November errechnet. Das hast du fein gemacht, dachte ich mir. Gut terminiert. Da bekommst du als Jüdin Kinder in Deutschland, und sie müssen unbedingt am 9.11. auf die Welt kommen? Waren alle anderen Termine ausverkauft?

Netterweise kam einer zu früh und der andere zu spät zur Welt. Beide aber in Berlin. Sie sind Berliner.

Sie lieben ihre Stadt, sie lieben ihr Land. Das ist das Neue: Es ist ihre Heimat!

Der Große freut sich, dass Deutschland wieder einmal Exportweltmeister ist. Er ist zufrieden mit der Konjunktur und mit dem Wirtschaftshaushalt. Der Kleine trägt voller Inbrunst das T-Shirt der Nationalelf, gerne auch nachts.

Sie wissen von unserer Vergangenheit, sie wissen vom Krieg, der Vernichtung. Den immensen Verlusten im familiären Kreis. Sie identifizieren sich trotzdem mit Deutschland. Und zugleich mit Israel.

Einmal allerdings haben sie mich nach den Berliner Wahlplakaten der NPD gefragt. Sie haben mich gefragt, wieso ein Plakat mit der Aufschrift »Gas geben!« hängen darf in einem Land, in dem man mit Gas nicht gerade zimperlich umgegangen ist. Ich konnte ihnen das nicht beantworten. Der Große kam zu dem Schluss, dass sich diese Partei damit selbst disqualifiziere und zu ihrem Verbot einen schönen Beitrag geleistet habe. »Hoffen wir's«, antwortete ich.

Beide gingen sie in Berlin auf jüdische Schulen, aber nach-
mittags besuchen sie Sportvereine, in denen die Kinder Branko
heißen, Murat oder Johannes. Ihr Umfeld war seit jeher
gemischt. »Und«, – um unseren nicht regierenden Bürgermeis-
ter zu zitieren – »das ist auch gut so.«

Sie haben einen nicht jüdischen, einen deutschen Vater.
Einen guten Vater, aber er ist halt kein Jude, was meiner Fami-
lie lange Zeit große Sorgen bereitet hat. Meine Eltern nannten
ihn monatelang Hans und behaupteten, sie könnten sich beim
besten Willen an keinen anderen Namen erinnern. Er hatte es
nicht leicht, aber als guter Westfale hat er es ausgesessen. Und
dennoch, manchmal mache auch ich ihn verantwortlich für
Dinge, die weit vor seiner Geburt liegen.

Der Prozess der Begegnung, sehen Sie, läuft in unserer
Familie noch immer auf Hochtouren.

Das Thema Juden und Deutsche wird nie ein einfaches,
das macht aber nichts. Es wird ein sensibles, leicht verletz-
liches Verhältnis bleiben, warum auch nicht. Es braucht kei-
nen Schlussstrich und keinen Gedenkzwang. Die Bürger sind
mündig genug, das Traurige, Ungelöste an dreihundertfünfund-
sechzig Tagen des Jahres auszuhalten. Da bin ich mir sicher.

Ich danke Ihnen, dass Sie mir zugehört haben, und ich freue
mich, dass ich den 9. November dieses Jahres hier mit Ihnen
verbringen durfte – denn nach alledem ist es kein einfacher
Tag. Für niemanden.

Langsam gehe ich die Stufen hinunter, zu meinem Platz zurück. Die Oberbürgermeisterin umarmt mich, der Protokollchef grinst, das Publikum applaudiert. Keiner vom Zentralrat
würdigt mich eines Blickes. Von denen werde ich so schnell
nicht mehr zum Neujahrsempfang eingeladen.

Als ich von den Toiletten zurückkomme, steht der Herr Doktor plötzlich vor mir: »Gratulation.«

»Sie wollen mich jetzt nicht fragen, ob ich bei Ihnen im Zentralrat mitarbeiten möchte, oder?«, sage ich. Er grinst. Bevor er antworten kann, wird er weggezogen.

Besser so, denke ich, ich wäre womöglich in die Verlegenheit gekommen, Ja zu sagen …

wenn ich ein vöglein wär …

sammy

Hallo?
    Hallo?
    Hier ist die Oma.
    Ist jemand zu Hause? Hm, keiner da? Trallala. Wenn ich ein Vöglein wär, und auch … Lalala
    Hallo? Hier ist die Oma. Ich habe angerufen, schon einige Male. Nie geht einer ran. Es ist ja wohl jemand zu Hause, lalala lala … und auch zwei Flügel hätt … Also wirklich, nie geht einer ans Telefon. Neulich war so eine junge Dame dran, hat sie euch Grüße bestellt?
    Morgen rufe ich wieder an. Übermorgen auch, bis jemand rangeht, trallala.

»Papa! Oma quatscht auf den AB, geh mal ran! Ich kann nicht. Muss noch Lateinvokabeln lernen und Mathe, und wenn ich drangehe, dauert's mindestens eine halbe Stunde, und dann kann ich *Circus HalliGalli* komplett vergessen. Papaaa!«
    Oma tut mir leid, fast jeden Abend probiert sie es. Redet dann stundenlang auf den Anrufbeantworter. Bei ihrer Tante rennt Mama wie eine Irre ans Telefon. Das ist ungerecht. Parteilich. Kann ja nicht jeder Jude sein, oder?
    Ich zum Beispiel finde beide ziemlich ähnlich. Die Tante ist zickiger als Oma, dafür aber nicht so dement. Beide erzählen von früher, geben großzügig Taschengeld und lassen ihr Gebiss im Bad liegen. Und Oma mag mich. Die Tante hat nur Augen

52

für David, egal, was ich mache. Der bin ich nicht jüdisch genug. Nur weil ich Hausaufgaben mache, heißt das ja nicht, dass ich kein Land verteidigen und kein Held sein kann. Mit meinem Hockeyschläger, da geht so einiges. Oma findet Ordnung im Zimmer okay und hat noch nie zu mir gesagt, ich sei ein Aufräumnazi. Das sagt David nämlich immer. Vor allem, wenn er seine eigenen Sachen nicht findet. Penner.

Ich bin es noch mal. Ich habe jetzt schon bei Susanne angerufen, bei Markus, bei Thomas, immer dem Alter nach, der Letzte in der Reihe bist du, Georg, aber du bist nie da, und zurückrufen tust du auch nie. Na, irgendwann wirst du dich schon melden. Heute Morgen war ich im Garten, alles blüht noch ordentlich. Die Stare fressen die letzten Kirschen ab, ich schieße mit dem Luftgewehr, dann bleiben sie eine Zeit lang weg.

Oma, du bist cool. Echt. Mit dem Luftgewehr im Garten rumzuballern, traut sich auch nicht jeder. Ich durfte ja auch mal probieren, ist gar nicht so einfach. Ich hab keinen deiner Vögel erwischt. Am Montag muss ich unbedingt mal in Bio fragen, ob man die Dinger essen kann.

Das Garagentor schließt nicht mehr so richtig und quietscht, das hat es in sechzig Jahren nicht getan, warum jetzt plötzlich? Die Rosen blühen noch. Trallala.

Oma, jetzt hör mal auf, ich kann mich gar nicht konzentrieren. Montag ist der Test, ich kann ja schlecht sagen, meine Oma spricht immer so laut auf den AB, da konnte ich keine Vokabeln lernen. Obwohl, warum nicht, wäre mal 'ne originelle Entschuldigung und sogar die Wahrheit.

Mama flippt immer aus, wenn sie anruft, aber ich finde Oma gut. Früher haben sie mich ganz oft für eine Woche hingebracht, weil sie so viel zu tun hatten, ich hatte 'ne coole Zeit:

morgens frische Brötchen, dann Spielplatz, dann superleckerer Eintopf mit Wiener, spülen und abtrocknen, dann sie Mittagsschlaf und ich Fernsehgucken. Dann Joghurt, dann Flöte, dann Kuchen, Vorlesen, dann Memory und Abendessen. Korrekt.

Ich möchte mal wissen, was Mama daran so schlimm findet? Bei uns muss man sich sofort schämen, wenn einmal im Monat der Tag einen geregelten Ablauf hat. Dann ist man gleich ein Spießer.

Bald werde ich ... lalala wartet mal ... drei- oder vierundneunzig, ich kann nicht klagen. Restaurant, Spaziergang um den See, Kuchen. Es kommen alle, was ist mit euch? Die Einzige, die immer auf den Familienbildern fehlt, ist Adriana.

Nee, oder? Die quatscht jetzt nicht ihre ganzen Sorgen aufs Band. Okay, okay, ich geh schon ran, das kann man sich ja nicht mit anhören.

»Hallo Oma, hier ist Sammy.«

»Wer?«

»Sammy, Oma, Sammy, dein Enkel Nummer zehn.«

»Sammy, wie schön, dass du da bist. Bei euch ist ja nie jemand zu Hause. Hat man dich wieder alleingelassen? Bekommst du überhaupt Abendbrot?«

»Keine Sorge, Oma, allet schick. Ich bin patentiert.«

»Was?«

»Es ist alles gut, Oma. Ich mache gerade Hausaufgaben. Papa hat das Klingeln nicht gehört, und Mama ...«

»Deine Mutter hat immer was zu tun, Theater, behauptet sie, dabei sitzt sie die ganze Zeit aufgeregt in Talkshows herum. Euereins, trallala, sage ich ihr immer, ist ständig so nervös, innere Unruhe, immer getrieben. Ich weiß, das gefällt ihr nicht, wenn ihr mal einer die Wahrheit sagt. Sie wird dann immer ganz schnippisch: Zu viel von allem sei besser, als von allem nichts, antwortet sie. Was soll denn das nun wieder heißen?«

»Ja, Oma! Ich meine natürlich nein.«

Oma hat sich eingeschossen. Jetzt geht's um Mama, das kann dauern. Ich könnte den Hörer danebenlegen, schnell drei Gleichungen lösen und in sechzehn Minuten noch mal rangehen …

»Deine Mutter sagt, wenn ich rede, würde ich zwischen den Sätzen singen und kichern. Das hat mir noch keiner gesagt. Dann meint sie immer, ich sei zu viel allein, es gäbe ja auch Orte mit Gesellschaft, wo ich erzählen und lachen könne, so viel ich will. Und singen im Chor. Ich finde, deine Mutter übertreibt. Ich könne ganz beruhigt sein, das nächste Mal käme sie eh erst zu meiner Beerdigung. Was will sie denn damit nun wieder sagen? Trallala. Sie ist ja nett, deine Mutter, aber ganz normal ist sie nicht.«

Mama ist echt krass. Das sagt man doch nicht, so was mit Beerdigung, selbst wenn man's denkt. Das weiß ja sogar ich. So, eine Gleichung geschafft!

»Oma, du hast ja recht, aber ich muss wirklich …«

»Was sich dein Vater wohl dabei gedacht hat, als er mit ihr zusammengekommen ist? Ich meine, er hatte schon immer diese Melancholie … Einmal habe ich zu deiner Mutter gesagt: *Wenn er wieder diese Musik hört, pass auf ihn auf, dann springt er gern aus dem Fenster.* Hihihihi. Ja, da war sie platt. Kalkweiß. Trallala. Und auch zwei Flügel hätt.«

»Welche Musik, Oma?« Man, diese Familie ist echt nicht ohne. Ob Paul auch so meschuggene Verwandte hat? Hoffentlich erzählt sie jetzt nicht wieder von früher, bitte nicht.

»War auch keine leichte Zeit für uns. Vor dem Krieg nicht und danach schon gar nicht. Wir haben uns alles wieder aufgebaut. Ohne Klagen.«

Oh nee! »Papa!!! Telefon!« Wo ist Papa, wenn man ihn mal braucht?! Außerdem muss ich Pipi …

»Ich habe fünf Kinder großgezogen …«

Oma, die Zeit läuft! Wieso gehe ich immer wieder ran, wenn sie anruft?!

»… habe elf Enkelkinder …«

»Ich weiß, Oma, ich weiß, ist doch alles gut!«

»… alle gesund und munter. Und jetzt soll ich mich schämen? Natürlich, das sagt keiner so. Aber ich spüre es deutlich. Wir haben etwas falsch gemacht. Ich nicht. Wir alle. Und jetzt will deine Mutter nicht zu meinem Geburtstagsfest kommen. Aber was hat das mit Hitler zu tun? Bei ihr, sagt Georg, hat alles mit Hitler zu tun. Der ist doch gar nicht eingeladen … Sie verpasst die Herrentorte! Stachelbeere mit Baiser …«

»Oma, alles kein Problem, mach dir keine Sorgen, ich richte ihr alles aus, von der Herrentorte und Hitler, aber ich muss jetzt wirklich Mathe machen und Latein.«

»Trallala … mein Vater war kein Faschist. Im Gegenteil, er hat Orgel gespielt. Und von ihm haben wir alle diese Musikalität. Spielst du eigentlich noch Geige?«

»Trompete, Oma. Habe ich dir aber schon erzählt. Ich habe gerade von Geige zu Trompete gewechselt und spiele jetzt in einer Big-Band und nicht mehr im Orchester.«

»Orchester ist schön. Wann kommst du denn mal wieder? Dann flöten wir zusammen. Früher warst du so gern hier. Auch dein Bruder kam gerne. Das durfte er zu Hause zwar nicht herumposaunen, aber er fand es schön hier. Er könnte dann auch gleich den Rasen mähen. Schöne Kirschen gab's dieses Jahr, und so viel Rhabarber. Trallalalala, bleib ich allhier …«

»Ja, Oma, cooles Lied, echt, aber ich leg jetzt auf, ja? Nächstes Mal singen wir *In einem kühlen Grunde*, ist ein super Song, zweistimmig, okay? Mach's gut, Oma, und pass auf dich auf.«

love and ignore

adriana

Dass ein 10. November noch schlimmer werden kann als ein 9. November, dafür hat David gesorgt. Oder anders ausgedrückt: Alltag ist keine Alternative. Da komme ich erhabener Stimmung aus der Paulskirche zurück, und zu Hause erwartet mich ein sehr spezielles Szenario. David kann oder will den Tathergang nicht genau schildern. Außer: Dass sie zu viert waren, drei jüdische Jungs, ein Goy. Dass das Bettlaken nass auf dem Balkon zum Trocknen aufgehängt wurde (wieso?), dann aber in Flammen aufging (ein nasses Bettlaken?), sodass man es rasch entsorgen musste, sprich: hinunterwerfen (warum?), und da verfing es sich dummerweise auf dem Nachbarbalkon, der gleich zu brennen anfing. Was ist denn das für eine absurde Geschichte?

Das Haus in Aufruhr. Ich in der Paulskirche, der Vater arbeitet in einem Theater am anderen Ende der Republik. Aufsichtspflicht verletzt, das gibt zwei Jahre Haft auf Bewährung, bei guter Führung ... Nur gut, dass Sammy bei Freunden übernachtet hat, die keinen Balkon haben.

Ich tobe. »Was soll ich der Polizei diesmal erzählen? Dass wir ein Faible für die deutsche Ordnungsmacht haben und deshalb immer wieder Anlässe schaffen, sie herzubitten? Dass ich unterwegs war in Sachen Versöhnung und sie das doch jetzt bitte auch tun mögen? Oder: Mein Sohn hat es eigentlich nicht so gemeint, die Nazis ja auch nicht, ein Kavaliersdelikt ...?« Meine Stimme überschlägt sich – dabei soll man gerade dann mit dem Zwerchfell stützen, wenn's heikel wird, sagte unsere tschechische Sprecherzieherin in der Schauspielschule immer: vor allem bei Schiller.

Wie also ist alles genau verlaufen? Waren Alkohol, Zigaretten, andere Drogen im Spiel? Vielleicht sogar Brennstoff? Spiritus?

David schweigt, nennt keine Namen, als wäre er beim Verhör im Gestapohauptquartier.

»Du, mein Freundchen, wirst die angekokelten Latten des Balkongeländers ersetzen, von deinem Geld für die Nachbarn eine Kiste Wein besorgen, und du hast drei Tage Hausarrest bei ausgeschaltetem Internet!«

Ich finde, das klingt milde, aber auch wie die Karikatur einer Mutter, zu der man spätestens dann wird, wenn man sich, des guten Hausklimas wegen, entschuldigend von Nachbar zu Nachbar klingelt, um Rosso di Montepulciano als Wiedergutmachung zu verteilen. Nach diesem Urteilsspruch vergehen etliche Tage, nichts geschieht, von neuen Holzlatten für den Balkon keine Spur. David regt sich auf, dass unsere Balkone aus Holz sind, wären sie aus Stahlbeton, wäre das alles nicht passiert. Dann versucht er es mit Verjährung, aber da hat er sich getäuscht! Ich bin klein, und in kleinen Dingen habe ich ein Gedächtnis wie ein Elefant!

Meine Therapeutin ist von der ganzen Chose nicht begeistert. Ihre Mundwinkel ziehen sich nach unten, gleich wird sie mir eine Standpauke halten oder betont lässig schweigen.

Sie findet, ich würde mich wieder einmal nicht genug in die einzelnen Familienmitglieder einfühlen, speziell David hätte es bei mir nicht leicht.

Bitte? Der Sohn fackelt das Haus ab, und ich soll mich in ihn einfühlen? Am Ende bin ich auch noch schuld an allem?

»Es ist kein jüdisches Problem«, kommentiert sie weiter die Sachlage. Je heftiger die Konflikte mit David momentan seien, desto gelungener würde sich eines Tages die Abnabelung vollziehen. Der Junge fühle sich sichtlich wohl, sonst würde er sich derartige Ausfälle gar nicht erlauben. Eine goldrichtige Entwicklung offenbar. Devise: Machen lassen. Durchhalten. Nicht persönlich nehmen.

»Und für solche Ratschläge musst du bezahlen?«, höre ich meine Mutter in Gedanken sagen. Sie ist zwar mausetot, aber zum Einmischen aus dem Jenseits reicht die Frequenz spielend.

»Love and ignore«, ist der ganz heiße Tipp meiner Cousine Nili aus Israel, nichts persönlich nehmen. Das machen die Israelis ja auch mit den Arabern, wie man sieht mit großem Erfolg.

Ich finde, im Vergleich haben meine Eltern mit mir damals das reine Paradies erlebt. Sie hatten dieses reizvolle Erlebnis der Pubertät mehr oder minder gar nicht – weil sie einfach nicht da waren. Sie waren nicht in der Nähe, um angebrüllt, niedergeputzt oder notfalls sogar umarmt zu werden. Die Höhen und Tiefen meiner Pubertät hatten kein Gegenüber. Ich lebte im Internat und somit auf sicherem Abstand zu ihnen.

Als ich klaute, dämlicherweise erwischt wurde und die Internatsleitung bei meinen Eltern Meldung erstattete, reagierten sie »cool«, wie alle meine Mitschüler ein wenig neidisch fanden – und erhöhten das Taschengeld. Sie waren meistens ziemlich cool, sie hielten sich raus. Fragten, ob ich lesen und schreiben lerne, und gaben sich mit meinem »Jaha« schnell und endgültig zufrieden. Im Grunde interessierte sie das alles nicht, sie waren für die Weltpolitik und die Krisenherde auf dieser Erde zuständig und nicht für die geringfügigen Delikte der eigenen Tochter. Ihr Steckenpferd war der Synagogenbau in Gießen, der sie derart vereinnahmte, dass sie mich wiederholt vergaßen. Zunehmend seltener reagierte ich beleidigt, stellte lieber auf Durchzug. Sie verdienten sich Bundesverdienstkreuze, mir wurde das Taschengeld erhöht, die Rechnung ging auf.

Georg hält sich aus dem Balustraden-Dilemma raus. Er hat

eine große Oper zu komponieren, was weitaus wichtiger ist als ein abgebrannter Balkon. Der einzig kompetente Mann in dieser Angelegenheit wäre Davids Patenonkel Aron. David liebt seinen Patenonkel über alles, Arons Wort ist Gesetz. Als David vor einem Jahr stolz zu Hause berichtete, er habe in Kreuzberg eine langweilige weiße Hauswand mit wunderbaren Graffiti verschönert, war ich ihm an die Gurgel gegangen. Aron hatte sich seines Patensohnes angenommen, ihn vier Tage in seiner Hausverwaltung mitarbeiten lassen, und siehe da, David sprach sich fortan für die Nöte der Immobilienmakler aus.

Jetzt ist Aron krank, ihm ist nicht nach Erziehung, also nehme ich mir David und seinen Bruder Sammy vor, damit dieser gleich aus den Fehlern seines älteren Bruders lernt, und wir ziehen auf den Balkon der Nachbarin. David schleift die beschädigten Latten des Geländers, Sammy reicht ihm das passende Schleifpapier, während ich ihm einen erzieherischen Monolog verpasse. David behauptet, das sei die eigentliche Strafe, aber ich lasse mich nicht stören:

»Glaubst du, dir ist alles erlaubt, nur weil wir so nette, aufgeschlossene Eltern sind? Nur weil wir keine Despoten sind, musst du nicht den gesetzlosen Outlaw geben. Fast ein Miethaus in Brand zu stecken …«

Ich höre mich dozieren, aber meine Gedanken sind woanders. Ich sehe mich in Wrangler Jeans. Mein Hintern, meine ganze pummelige Figur füllen diese Hose komplett bis zum Zerreißen aus. Wieso haben alle Levis, nur ich Wrangler? Dafür sind meine Haare kraus, türmen sich zu einer Angela-Davis-Frisur, die ihresgleichen sucht. Ich möchte sterben. Das habe ich an meinem vierzehnten Geburtstag beschlossen, aus unerfindlichen Gründen ist dieses Vorhaben nicht zur finalen Ausführung gekommen. Von Pickeln bleibe ich verschont, das ist aber auch schon alles auf der Habenseite.

Natürlich wurde auch ich nicht von den Hormonschüben verschont, von nebulösen Zuständen, alles ist verboten oder langweilig, meistens beides. Oder: Alles Scheiße – und das ist noch gelinde ausgedrückt.

Aber ich bin brav, zu brav. Der Katalog der »Verstöße«, die man sich als Internatskind leisten kann, ist überschaubar. Ich erledige die Knutschereien nicht nachts, sondern nachmittags, vor oder nach dem Klavierunterricht gibt es genügend Spielraum. Versuche, möglichst unauffällig zu bleiben. Unauffälligkeit garantiert den größten Freiraum, Pubertäre sind geniale Strategen. Ein offener Krieg mit der Internatsleitung wäre dumm, die Kontrolle, die Verbote würden nur zunehmen. Zudem sind die neidischen Spitzel unter den Internatsinsassen reich gesät. Natürlich kann man auch als Internatskind Revolution machen. Gegen Erzieher, gegen die Leitung. Aber das Gegenüber ist nicht persönlich genug. Die Eltern, die gemeint wären, sind nicht nur nicht da, sondern in meinem Fall auch noch Eltern, die einen Krieg und die Shoa überlebt haben. Gegen Überlebende zu rebellieren gehört sich einfach nicht, Hormonschübe hin oder her. Nicht, dass sie dagestanden und lamentiert hätten: »Ich habe das Lager überlebt, und jetzt tust du mir dies und das an!« Manche Eltern taten das sicher, meine hatten es nicht nötig. Ich war vorauseilend brav und belästigte sie nicht mit einem Aufstand. Denn schließlich: Was ist schon die Pubertät gegen den Aufstand im Warschauer Ghetto?!

Also: Wenn ich alles richtig verstanden habe und mich richtig einfühle, werte Therapeutin, hat mein Sohn eine perfekte Ausgangsbasis. Denn er kann hemmungslos rebellieren, egal wie viel, wie oft und in welcher Form. Er kann sich bis an seine Grenzen austoben und auch darüber hinaus, denn seine Eltern sind normale Menschen ohne ein geschichtlich großes Schicksal, arme Würstchen, sie haben keinen Krieg, keine Folter vorzuweisen, um das Recht zu haben, verschont zu werden von den Auswirkungen einer hemmungslosen Pubertät.

Doch wenn dem so ist, habe ich das Recht, mich auch hinlänglich zu wehren.

»Du machst das gut, David, schleif doch auch gleich die heil gebliebenen Latten mit ab, dann passen alle wieder viel besser zusammen, und wenn du damit fertig bist, kannst du bei uns auf dem Balkon weitermachen. Schön wäre, nach dem Schleifen die Hölzer noch zu lackieren«, grinse ich, aber David weiß, es ist mir bitterernst.

to do or not to do

adriana

Kinder, so habe ich gelesen, halten jung. Mag sein. Wenn sie in all ihrer bedenkenlosen Jugend so vor einem stehen, zeigen sie einem aber vor allem, was sie alles noch vor sich haben und man selbst bereits hinter sich hat, und damit meine ich nicht nur die Pubertät. Abitur, Lesebrille, Implantat, mit einem Wort: Sie zeigen einem, wie verdammt alt man selbst ist.

Klar, ich habe auch einige tolle Dinge getan – z.B. diese beiden süßen Terroristen von Kinder bekommen. Aber es nagt an mir, was ich alles im Leben verpasst habe! Was ich nicht getan habe und hätte tun können. Eine endlose Kette verpasster Gelegenheiten …

Da war zum Beispiel dieser Junge, Herrgott, wie war denn nur sein Name? So was wie Ayhan oder Ayran, eins von beiden ist das Getränk. Der war klein und untersetzt, und überall hatte er Haare, aber er sagte: »Isch schwör, wenn du zehn Jahre jünger wärst, isch würde misch in disch verlieben.« Zehn Jahre, wenn das mal reicht, dachte ich und lächelte honigsüß.

Ich meine, eine Affäre mit einem jungen Türken, Kurden, Aleviten, in jedem Fall einem Mann mit Familie, ist ein gewagtes Unterfangen. Allein die Vorstellung: Man steigt mit diesem dunklen Adonis ins Bett, und morgens stehen zweiundzwanzig Familienmitglieder vor der Tür und fordern ihr Recht ein.

Ich als Muslima mit buntem Kopftuch, wohnhaft am Mariannenplatz, mit vierzehn Cousinen und einer orthodoxen Schwiegermutter. Aber schade ist es schon, denke ich heute.

Ich will nicht klagen, doch je älter man wird, desto mehr verpasste Gelegenheiten sammeln sich zu einem stattlichen Bouquet.

Ich hätte 1979 in New York bleiben sollen, anstatt zu glauben, in Berlin würde die heilige deutsche Schauspielkunst ohne mich in Bedeutungslosigkeit versinken. Ich hätte die Eskimorolle länger üben sollen, vielleicht würde ich sie dann mal über Wasser beenden.

Und ich hätte den Schreibmaschinenkurs nicht nach Stunde sieben beenden dürfen. Vielleicht könnte ich dann heute statt mit drei mit fünf Fingern tippen.

Hätte, hätte, hätte …

Wobei, neben den verpassten Gelegenheiten stehen auf Augenhöhe die ergriffenen Gelegenheiten, diese Liste ist nicht weniger lang und vor allem nicht weniger schmerzlich.

Der Typ mit dem Löwenkopfgürtel war mir so peinlich, dass ich nackt, mit der Wäsche unter dem Arm, fluchtartig das Hotel Savoy verließ. Der Nachtportier, ein Asiate, schloss mir kommentarlos die Ausgangstür auf. Es muss kurz nach drei Uhr nachts gewesen sein.

Der Segeltörn, bei dem ich mich anheuern ließ – Vorkenntnisse erforderlich! –, auf dem ich von der belgischen Küste bis nach England durchkotzte und nur sehr knapp mit dem Leben davonkam.

Und als ich allein auf einem griechischen Friedhof in eine kleine Holzkiste schaute, in der die Gebeine eines Toten aufbewahrt wurden. Ob noch Fleisch dran ist, hatte ich immer schon wissen wollen … Tausende von Fliegen flogen mir ins Gesicht. Nun weiß ich es: Es ist noch Fleisch dran.

Ja, ja, man muss nicht jede Tür öffnen, weder für Liebhaber noch für Tote.

Aber die Neugierde ist groß, und vorher sieht jede Gelegenheit wie eine Chance aus.

Auch diese Liste ließe sich unendlich fortführen. Ich hätte schon vor Jahren mit einer Not-to-do-Liste beginnen sollen!

Wenn ich jetzt schon einmal dabei bin:

Warum nur habe ich im letzten Sommer zugestimmt, an dem Dokumentarfilm, den man über mich drehen wollte, mitzuwirken? Ich bin doch kein Koala-Bär! Oder doch? Seltene Tierart, vom Aussterben bedroht?

Geschmeichelt habe ich zugesagt, in der sicheren Erwartung, dass es für das Projekt »Mal wieder ein Jude vor der Kamera« eh keine Fördermittel geben würde.

Eins ist nun sicher: Auf die Filmförderung ist kein Verlass! Im Juni war Drehbeginn.

Die Regisseurin: eine gute, wenn nicht eine meiner besten Freundinnen.

Ein brummeliger Kameramann – wahrscheinlich ein Genie.

Ein freundliches Ton-Mädchen.

Und ein Mann für alle Fälle, mit Kroatischkenntnissen.

Denn – nun kommt's: Es sollte ein »Roadmovie« werden. Der Ewige Jude, Ahasver, durch die Welt getrieben, immer unterwegs. Alles klar?

Zur Road, also zur Straße, gehört ganz klar ein Fortbewegungsmittel, will man nicht zu Fuß nach Kroatien. Denn Kroatien sollte das Ziel der Reise werden, auf den Spuren meines Buches »Titos Brille«.

Das Reisevehikel sollte, geniale Idee der Regie, ein alter Benz sein, so ein richtiges Schiff, Automatik, sechs Zylinder, wie der meines Vaters, der nach sechsundzwanzigjährigem Dienst in den Ruhestand oder nach Timbuktu gefahren worden war.

Dummerweise fand sich in Berlin ein ähnliches Modell, von außen ein Traum, »Marschall Tito fuhr den gleichen«, versicherte stolz Murat, der in Belgrad studiert hatte und nun in Tempelhof eine Autowerkstatt betrieb. Wäre ich erst in Kroatien, würde ich den Wagen mit Handkuss aus den Händen gerissen bekommen, wiederholte er einmal zu oft. Ein Gebetsteppich läge auch im Kofferraum. Misstraute er doch seinem geliebten Gefährt?

Selten ist ein fünfunddreißig Jahre alter Mercedes so ausführlich die AVUS auf und ab fahrend gefilmt worden. Es wurde schon dunkel, als wir am ersten Drehtag Berlin endlich verließen. Da schon hätte ich aussteigen sollen, habe ich mir von nun an täglich gesagt. Schon in Helmstedt zeigte der Benziner, dass in der ganzen Produktion eigentlich er es war, der das Sagen hatte. Verlangte man von ihm den Rückwärtsgang, stellte er den Betrieb vollständig ein. Der Motor ließ sich nicht starten, und erst nach mühsamer Intervention, am liebsten mit einem der beiden Männer am Anlasser, ging er stotternd wieder an. In Gießen angekommen, gab ich bekannt, dass ich den Wagen ganz sicher nicht allein nach Split kutschieren würde. Denn das war der Plan: Der Kameramann sollte filmen, die Tonfrau war für den Ton zuständig, der Ersatzmann sollte den Gerätebus fahren, die Regisseurin irgendwie für alles andere verantwortlich sein. »Bei allen Filmen, die ich bisher als Schauspielerin gedreht habe …«, wollte ich ansetzen, verkniff es mir aber rechtzeitig, denn hier war ich keine Schauspielerin, hier war ich ich selbst, ohne Kostüm und Maske, somit musste ich auch selbst das Auto fahren, keine Diskussion.

Gießen, am nächsten Morgen. Beim Frühstück im Hotel Kübel teilte man mir mit, dass wir wohl doch eine knappe Woche für den Dreh in Gießen brauchen würden.

Eine Woche in Gießen?!

Schon früher, als meine Eltern noch lebten, war ich nur ungern in dieser Stadt gewesen. Was überhaupt konnte man eine Woche lang hier filmen?

Sie würden alle wiederkommen, die Freunde meiner Eltern dasitzen und erzählen, und ich würde wieder zehn Jahre alt sein, sie anstrahlen oder mich vor ihnen fürchten. Ich würde meine Eltern vermissen oder sie hassen. Wozu das alles?

Also jogge ich vor Drehbeginn an der Lahn entlang. Bewegung hilft immer, sagt meine Therapeutin, hier und heute müsste ich allerdings einen Marathon bewältigen. Dass schon ein schlichter Gießenbesuch, die bloße Rückkehr in die Stadt meiner Eltern, die alten Wunden wieder aufreißt. Das Trauma, das ich für bewältigt hielt, schlüpft munter aus seinem unterbewussten Versteck. Ich jogge an der Praxis meiner früheren Zahnärztin vorbei, die Frigga hieß und auch danach aussah. Klingele an unserer ehemaligen Wohnung, in der jetzt sieben Studenten wohnen, sie öffnen mir verschlafen, die Küche verrät, dass sich seit ihrem Einzug keiner verpflichtet gefühlt hat, zu spülen. Schließlich lande ich am Uniklinikum, wo direkt neben der Einfahrt eine überdimensionale Sonde steht, meinem Vater gewidmet: »Dem Erfinder der Doppelkontrast-Methode zur Früherkennung von Darmkrebs«.

Man hat die Freunde meiner Eltern für den Dreh auf eine Synagogenbank gesetzt. Ich weiß nicht, ob es an dem Ort liegt, der meinen Eltern so viel bedeutet hat, oder an den Geschichten, die ihre Freunde erzählen: Ich schweige, höre zu, und es ist gar nicht mehr so blöd im hässlichen Gießen.

Nein, die Eltern hatten nie von der Kriegszeit erzählt. Nicht vom Lager, nicht von der Zeit als Partisanen und auch nicht von der Flucht.

Erstaunlicherweise sind die Freunde meiner Eltern inzwischen sehr alt geworden, klein, zerbrechlich – und zu meiner Überraschung bin auch ich nicht mehr zehn Jahre alt. Die Welt steckt voller Wunder.

»Sie wollten neu anfangen, wie wir alle. Kannst du dir vorstellen, Adriana, wie zerbombt Gießen war? Wir alle wollten einen Neuanfang. Und? Wie findest du unsere Synagoge? Die haben wir alle zusammen hergebracht. Was für ein Unternehmen! Mit deinen Eltern. Schade, dass sie weg sind. Sie fehlen uns.«

Gießen. Die Regie ist glücklich. So viel tolles Material.

Ich taumele auf den Seltersweg. Das *Dach Café* ist renoviert, der Sonnenuntergang ist der gleiche geblieben. Wie viel Gießener Pilsener brauche ich, um einzuschlafen?

Nächste Station: Marburg.

Die Regie sagt: Wir müssen ins Internat. Als wäre ich nicht lange genug dort gewesen, als hätten zwölf Jahre nicht gereicht. »Was soll das werden«, frage ich, »die Via Dolorosa?« Die Regie lächelt überfordert, was soll sie auch sagen? Als Trost werde ich Anne, meine Leidensgenossin von damals, vor Ort treffen.

»Adri, schläfst du schon?« Sofort fühlt es sich wieder so an, als läge ich oben im Stockbett. Die Zeit steht still in Marburg. Und Anne flüstert mit mir, statt zu schlafen … »Adri, komm mit raus. Wir machen Streiche. Wenn wir erwischt werden, schälen wir Kartoffeln bis in die Früh. Wir wohnen hier schon … wie viele Nächte haben fünf Jahre?«

Jetzt liegen wir nicht mehr in diesen wackeligen Stockbetten aus Eisen, Anne unten, ich oben. Es gibt das Internat schon lange nicht mehr. Aber manchmal ist alles plötzlich wieder so nah. Ausnahmsweise fahre ich heute gern den ollen Mercedes, kann meinen Gedanken nachhängen; das Team muss sich über die szenischen Auflösungen beraten.

Furunkel. Oder eine Blasenentzündung. Mit irgendetwas plagte Anne sich immer. Und von meinem Bauchweh wusste nur sie. »Wie können dir alle Erwachsenen so egal sein? Wieso misstraust du allen? Adri, bist du noch wach?« Anne sollte irgendwann das Internat wechseln, nach Neuendettelsau, um dort eine Ausbildung zur Krankenschwester zu machen wie schon ihre Mutter und davor deren Mutter. Wir hatten, seit wir sieben waren, kaum Zeit ohne einander verbracht. Wir konnten gleichzeitig in eine Kloschüssel pieseln und dabei zweistimmig singen.

Jahrelang schrieb sie mir traurige Briefe über eine Schwesternausbildung, die ihre Wurzeln im Mittelalter hatte. »Ich putze jetzt schon ein geschlagenes Jahr die Toiletten unter den strengen Augen von Schwester Oberin, wie es schon meine Mutter und meine Großmutter getan haben, die wohl nicht gemerkt haben, dass der Krieg längst vorbei ist, und stolz darauf sind, ihr Elend an mich weiterzugeben.«

Nicht nur in meiner Familie wird das Grauen gern vererbt.

Fronhausen, Niederweimar. Nicht mehr lang, und ich werde in die Schwanallee einbiegen.

Die Sexualität brach immer vehementer auch über das Waldorfinternat herein. Im Partyraum der Anthroposophen bekamen die Jungs – entgegen der Steiner'schen Lehre – einen Ständer. Das Kollegium beraumte sicherheitshalber eine Sonderkonferenz ein. Ein Minimalabstand der tanzenden Paare wurde ermittelt, die Eurythmielehrer hatten die Aufsicht. Alles ging uns zu langsam, dabei war man selbst sediert und lebte benommen wie unter einer Käseglocke. Sich vom Bett zum Schreibtisch zu schleppen, die Schnürsenkel zu binden, den Kopf während des Unterrichts nicht auf die Tischplatte knallen zu lassen, erforderte ein unvorstellbares Maß an Energie. Jedenfalls bei mir. Ich habe nur noch Nutella gefuttert. Mit dem Esslöffel.

Wenn ich David beichte, dass ich damals am selben Gravitätsproblem zu knapsen hatte wie er heute, wird er sein Lebtag den Müll nicht mehr runterbringen.

»In eurer jetzigen Lebensstufe«, so predigten uns die Erzieher, »ist eure körperliche und geistige Kraft am stärksten, ihr könntet Berge erklimmen, sportliche Hochleistungen erbringen, parallel mehrere komplizierte Sprachen erlernen.«

Aus meiner Clique ist damals keiner in die Eiger-Nordwand gestiegen, zum Ironman mutiert, hat Hindi oder Farsi gelernt. Aber es soll solche Fälle gegeben haben, irgendwo, irgendwann.

Ich hatte Afrohaare, lernte Sophokles, Molière und Brecht, wollte auf die Schauspielschule – lieber heute als morgen. Wartete nur auf den Zeitpunkt, an dem das Leben richtig losging, unterbrochen von Knutschereien, Klausuren und dem großen Latinum.

Währenddessen entwickelte ich ein Faible für die Looser, bei denen ich zur Hochform auflief, ich stürzte mich auf die Stummen, die Trinker, die Stotterer. Als Erstes mussten meine Auserwählten in meine Handballgruppe, obwohl sie Sport hassten. Ich küsste sie mitten auf dem Schulhof oder vor dem Lehrerzimmer und lud diese exklusive Gruppe der schwankenden Gestalten geschlossen zu meinem Geburtstag ein.

Warum ich mich ausschließlich für die Underdogs erwärmt habe? Wahrscheinlich waren sie mir allesamt näher als die braven Bürgerkinder aus sicheren christlichen Verhältnissen, denn die Lebensläufe meiner Kumpels standen auf genauso wackeligen Beinen wie meiner.

Ockershäuser Allee, Schwanallee.

Ein blondes Mädchen kommt auf mich zugerannt, ich werfe die Arme in die Luft: Anne! Hysterisch wie früher tanzen wir umeinander.

Unser Internat sieht von außen aus wie immer, aber auch hier trügt der Schein. Es ist renoviert, nichts erinnert innen mehr an den alten Muff, und es ist auch kein Internat mehr. So schnell kann das gehen, ein bisschen Farbe, neue Eigentümer, und das Lager wird zum Club Med. Schlechter Vergleich, meint Anne ruhig. Sie hat wie immer recht. Wir sehen wie zwei alte Tanten aus, die glauben, sie seien immer noch vierzehn.

Die neuen Bewohner haben uns einen Kuchen gebacken, im Garten gedeckt, die Sonne scheint penetrant fröhlich.

Anne und ich haben uns aneinandergeschmiegt. Wir wissen, wie überleben geht. Anne murmelt vor sich hin:

»*Nein, ich bin nicht traurig*, hast du immer gesagt. *Das sieht nur wegen der Augenringe so aus. Aber die haben Juden nun mal. Das ist normal.* Weißt du noch, wie ich übertreten wollte? So dringend. Wie gut, dass du mir abgeraten hast! Und was meine Eltern immer gesagt haben: Eine Jüdin als Freundin zu haben, sei schon was Schickes, was Besonderes. Ein solches Exemplar fehlte in ihrem Reigen. Ja, meine Eltern waren sehr speziell.«

Die Regie ist unzufrieden, nicht mit Anne, nein, aber leider sei alles zu hell, zu farbenfroh für den Film. Zu wenig Misere, so sei das Material nicht brauchbar.

Was haben sie erwartet, dass Deutschland sich extra für uns in existenzialistisches Schwarz-Weiß hüllt, nur weil das für den Film intensiver wäre?

Aufbruch, weiter. Der nächste Halt soll am Chiemsee sein. Von da ist es nur noch ein Katzensprung bis nach Slowenien.

Ich würde Anne gerne mitnehmen, aber das steht so nicht im Drehbuch.

Beim Abschied läuft draußen vor dem Internat ein Ex an uns vorbei, dickbauchig, mit schütterem Haar. Er erkennt uns nicht, ist nur irritiert, dass diese ältlichen Fräuleins mitten auf dem Fußweg so hemmungslos kichern.

Ich mache es kurz: In Niederbayern will der Wagen noch nicht mal mehr vorwärts fahren, ich erst recht nicht. Der ADAC-Mann kommt, spricht schwerstes Bayerisch, sofort läuft der Wagen, als wäre nie etwas gewesen. Wer ist hier der Schauspieler?

Also geht's weiter. Ich darf im Bus Platz nehmen, die Kamera hat genug von der grünen Hölle Deutschlands gefilmt und kann den Mercedes fahren.

Ich weiß nicht, was ich anziehen soll, der Regie ist es egal. Ein Königreich für eine Kostümbildnerin. Beschließe eigenmächtig: Hosen für die Fahrten, Röcke für die Städte, was weder der Regie noch dem Kameramann wirklich auffällt.

Vila Bled war eines der Feriendomizile Titos, es liegt in Bled, Slowenien, am Bleder See, und ist inzwischen ein Hotel.

Ich bin mittlerweile wieder am Lenkrad, wegen der authentischen Aufnahmen. Kaum haben wir Bled erreicht, regnet es in

Strömen. »Herrlich!«, ruft die Regie, »wie passend!«, die Kamera. Der Ton hört den Tropfen zu.

Die Scheibenwischer funktionieren nicht, die Scheibe beschlägt von innen, weil neben mir drei weitere Menschen im Wagen herumturnen. Die Fenster darf man nicht herunterkurbeln wegen des Tons, ich sehe weder die Straße noch eine Villa noch sonst irgendwas.

»Wie fühlst du dich?«, fragt die Regie, und ich halte den Wagen abrupt an und schreie: »Aus! Aus! Macht den Ton und die Kamera aus! Seht ihr denn nicht, dass hier alles davonschwimmt? Wie ich mich fühle? Ich warte, bis der Regen aufhört, dann fühle ich wieder was, okay?«

Ich hasse Dokumentarfilme!

Die Villa sieht aus, als hätte Tito noch eben gefrühstückt und sei dann mal kurz weg. Aber vor allem sieht es dort aus wie in der Wohnung meiner Eltern. Hatten sie denselben Tapeten- und Möbellieferanten? Oder ist das einfach die gängige Sozialismus-Einrichtung? Muss ich tausend Kilometer weit fahren, damit es aussieht wie in unserer Gießener Wohnung? Wenigstens der Blick ist erlesener als in Gießen, durch den anhaltenden Regen hindurch schaue ich auf einen See, Marschall Tito wusste, was gut ist. Überhaupt hatte der alte Herr einen speziellen Geschmack: Sein Kino-Vorführraum ist rundum bemalt, es sind junge Helden des Sozialismus abgebildet, bei der Überwindung des Faschismus, dem Aufbau der Republik, der Umsetzung der sozialistischen Idee. Alle Männer, aber eigentlich auch alle Frauen sehen aus wie der Marschall himself.

Gott sei Dank ist Vila Bled jetzt ein Vier-Sterne-Hotel mit vielversprechender Küche, ein sozialistisches Abendessen hätte ich heute nicht verkraftet.

Es ist schwer zu sagen, ob Zagreb oder Gießen als Reiseetappe schlimmer ist. Zagreb ist eindeutig die schönere Stadt, klar, aber was die Regie an emotionalen Leckerbissen für mich bereithält, liest sich wie folgt: Staatsarchiv, Friedhof, mehrere

Überlebende, das enteignete Wohnhaus meiner Familie, das Versteck, ein Restitutionsanwalt und, wenn ich Pech habe, meine Halbschwester.

Ich bin nicht sicher, ob ich den Film später sehen möchte. Eine Komödie, so viel ist schon mal sicher, beabsichtigt die Regie nicht zu drehen.

Wir wohnen privat, bei dem Enkel der Retter meiner Tante, Großmutter und Mutter. Das soll nicht nur Kosten sparen, vermute ich, das bringt auch jede Menge »Realismus« rein: Der Enkel der Retter zeigt der Enkelin der Opfer das Versteck hinter dem Kleiderschrank.

Der Gastgeber ist ähnlich großzügig wie seine Großeltern, aber mitunter auch ein bisschen verrückt. Auch er ist typisch »Second Generation«, auch ihn hat die Vergangenheit nicht verschont.

Ohne Unterlass erklärt er uns politische Zusammenhänge, die ich mühsam zu verstehen versuche, um sie dann für die anderen zu übersetzen. Seine Zugehfrau hat zehn Kilogramm Sarma für uns gekocht, mehrere Mohnstrudel, ein halbes Lamm. Das brauchen wir auch, denn sein Haus liegt auf einem Hügel, mit dem Wagen nicht zu erreichen, das Equipment muss täglich rauf- und runtergeschleppt werden, und ja, ich gebe es zu: Ich bin nicht frei von Schadenfreude. Der Kameramann stöhnt, die Tonfrau ist müde, die Regie am Ende. Schön, langsam nähern wir uns in unseren Befindlichkeiten an.

Im Sportunterricht gab es ein beliebtes Mittel, um die Kondition zu steigern: Zirkeltraining. Zehn Hürden mit speziellen Aufgaben und Schwierigkeitsgraden, in hohem Tempo unter dem schadenfrohen Blick des Sportlehrers. Ich denke, diese Beschreibung trifft auf unseren Zagreb-Aufenthalt zu.

Am nächsten Morgen setzt mich die Regie auf eine verschlissene Chaiselongue, und ein alter jüdischer Antisemitismusforscher erklärt mir in feinstem Deutsch detailgenau den Abtransport der Zagreber Juden. Ich möchte ihn so vieles fragen, aber ich kann nicht aufhören zu weinen. Nachmittags darf ich in der Staatsbibliothek die alten Zeitungen mit den Artikeln über den Schauprozess an meinem Vater lesen. Diese Fotografien! Mein Vater als sehr junger Mann, hält den Kopf in den Händen. Schämt er sich oder ist er verzweifelt? Er kann nicht ahnen, dass dies das Ende seiner politischen Laufbahn bedeuten wird.

Wir müssen sehr leise sein. Mir hat es ohnehin die Sprache verschlagen, stundenlang halte ich die schwarz-weißen Dokumente vor die Linse. Der Zuschauer soll ja später wissen, warum die Protagonistin im Film so blass ist. Bitte nicht wackeln, das mag die Kamera nicht, und gerne noch mal, wir haben nicht alles drauf …

Nachmittags erzählt die neunzigjährige Mila von dem ernüchternden sozialistischen Alltag nach der Katastrophe, sie bietet mir Sliwowitz an. Er hilft so wenig wie der Kaffee oder das emsige Nachschminken in den kurzen Drehpausen.

Ob es auch etwas Schönes gab auf diesem Trip? Ob es sich trotzdem gelohnt hat? Ja, ich denke schon. Mein Großvater darf offiziell in seinem Grab auf dem Friedhof bleiben, und die Verwaltung hat vor laufender Kamera versprochen, keine Kreuze mehr auf das jüdische Grab zu stellen. Im Staatsarchiv erzählen sie mir verbotenerweise, was in den Akten steht, die ich nicht lesen darf. Ja, es waren Partisanen, die den Bruder meines Vaters ermordet haben, nicht Faschisten. Mein Vater wollte den Mörder stellen, da machte man ihm einen Prozess. So einfach ist das.

Man erreicht die Insel Rab von Zagreb aus in einem halben Tag. Ich soll so stehen, dass die Strahlen der untergehenden Sonne im richtigen Winkel auf mich und die Fähre treffen. Zum ersten Mal flippe ich richtig aus, denn Rab, die Insel, auf der das Lager, nein das KZ, war, in dem meine Familie interniert war, kann ich nicht im richtigen Winkel besuchen. Wahrscheinlich kann ich es gar nicht besuchen, ich kann nicht mehr, Roadmovie hin oder her. »Die Seele ist eben kein Gummiband«, brülle ich.

Für einige Stunden gehen wir uns alle aus dem Weg.

Touristen baden oder flanieren, und wenn ich nicht sicher wüsste, was hier auf der Insel passiert ist, ich würde es nicht glauben können.

Es ist völlig gleichgültig, zu welcher Tageszeit man das ehemalige Lager besucht. Es ist immer furchtbar, ob Sonne oder Schatten. Dabei steht kaum noch etwas Originales, nur Markierungen am Boden, hier waren die Baracken, da Hinrichtungen, ein paar Gedenksteine.

Zwischen uns, dem Team, aber herrscht zum ersten Mal Nähe – ob aus Erschöpfung oder im Angesicht des Grauens, vermag ich nicht zu sagen.

Ein slowenischer Führer ist bestellt. Er weiß zu berichten, dass die Juden – wie immer – die besseren Baracken hatten, denn sie haben – wie immer – alle bestochen. 1941 sind sie glücklich freigelassen worden und durften alle nach Hause. Ich weiß nicht, wo dieser Mann studiert hat. Schön, dass er vor laufender Kamera sein fundiertes Wissen kundtut!

Gegenüber der Insel Rab liegt die Insel Goli Otok, gern auch Titos KZ genannt. Ein Inhaftierungslager für politische Gefangene.

Die Inseln können nichts dafür, dass sie so schön im Meer liegen.

Irgendwann hat auch die Kamera alle nötigen Bilder, der Ton ist zufrieden, die Regie ebenfalls, und ich bin dankbar, die Insel verlassen zu dürfen. Das ist schon viel mehr, als meine Familie je konnte.

Nach Rab fahre ich nie wieder.

Die restlichen Drehtage in Split sind harmlos im Vergleich, denn ich kann die Regie überreden, die Kinder einzufliegen. Mit ihnen beginnt zwar das alltägliche Chaos, aber lieber Chaos als Tod. Die Kinder, mein Cousin Ben, die Sonne in Split, man könnte es fast genießen.

Wir spielen im Strandbad Bačvice »Picigin«, das nationale Ballspiel der Split-Ureinwohner, und es macht uns nichts aus, dass wir es Hunderte Male für die Kamera wiederholen müssen. Wir gehen mit Ben und anderen Cousins essen, mit oder ohne Kamera – wie auch immer: Es schmeckt. Und in der kleinen sefardischen Synagoge benehmen sich meine Jungs kurzzeitig wie echte professionelle Juden: Sammy übt für seine Bar-Mizwa, assistiert von seinem großen Bruder. Ob sie es nur für die Kamera tun, ist mir völlig gleich, es klingt göttlich ...

»Split hat seine Juden besser behandelt als Zagreb«, doziere ich vor den Kindern und der Kamera, »und deshalb geht es uns allen hier besser.« Es ist mir egal, dass das eine etwas verkürzte Darstellung ist. Die Kinder ziehen mich auf meinen Platz zurück: »Reischt, Mama!«, steht auf ihren Gesichtern geschrieben. Ich bin unendlich müde.

Allerdings steht auf dem Drehplan noch der Besuch der Insel Vis, die in den Händen der Partisanen war und jahrelang Titos Versteck. Was ich genau damit zu tun habe, weiß ich nicht, also versteife ich mich auf eine Bedingung: das Ganze nur im Kostüm, schließlich bin ich Schauspielerin. Ich reise auf die Insel Vis nur als Partisanin, sonst gar nicht, damit das klar ist.

Natürlich hängt im Schrank meines Cousins Ben die Uniform meiner Tante Dobrilla, die mir wie angegossen passt. So stehe ich also auf Deck und später in Titos Höhlenversteck, in voller Partisanenuniform mit Mütze und Orden. Es ist erhebend.

Den Kindern ist es peinlich, mit einem »Oh, Mama!« haben sie sich aus dem Bild gemogelt. Daran sieht man, dass sie keinen blassen Schimmer davon haben, was es heißt, gegen den Faschismus zu kämpfen und zu siegen. Aber Marschall Tito und ich, wir kennen uns aus!

Split hat ein Freiluftkino, in der Bucht von Bačvice. An unserem letzten Abend gibt es eine private Vorführung des Partisanenfilms *Nikoletina Bursać*, in dem ich als kleines Mädchen mitgespielt habe. Und so sitzen wir alle beisammen, Cousinen und Cousins, und wundern uns, wie gut die kleine Jüdin Erna Kroatisch kann, als sie den Partisanen erzählt, dass nur sie das faschistische Massaker überlebt habe.

»Du hast die Erna gut gespielt«, sagt Sammy, »und wegen dir haben wir alle überlebt.«

Auch das ist nicht richtig und mächtig verkürzt, aber es wird sich schon versenden.

Der Dreh ist vorbei. Ich bin heilfroh.

Ich werde zwar nicht gleich einen kroatischen Pass beantragen, aber Kroatien ist mir sympathischer geworden. Ich überlege sogar, einen Sprachkurs zu buchen, um meine Muttersprache besser zu lernen.

Die Regie und ich sind Freundinnen geblieben. Eigentlich noch bessere Freundinnen geworden, denn so ein antifaschistischer Einsatz schweißt zusammen. Und ja, das werde ich natürlich nicht laut sagen, aber ich bin dankbar, dass sie mich zu dieser Reise überredet hat, alleine hätte ich es nie gewagt.

bella giovinezza

teta jele

Quant'è bella giovinezza
Che si fugge tuttavia!
Chi vuol esser lieto, sia:
Di doman non c'é certezza …

Wie schön ist die Jugend, wie schnell sie vergeht! Wer froh sein will, sei es, wer weiß schon, was morgen …

Das ist von Lorenzo de' Medici, detto Lorenzo il Magnifico, ich würde sagen 1450, 1460. Ich kann mich wirklich nicht beklagen, dass mein Gedächtnis nachließe.

Bald werde ich vierundneunzig Jahre alt. Ich hätte nie für möglich gehalten, dass man überhaupt so alt werden kann. Und nun bin ich selbst eine Greisin.

Zum Geburtstag plant meine Nichte Adriana, mit ihrem Sohn anzureisen, sie wird mich in ein Thermalbad einladen, so G'tt will … bis dahin kann noch eine Menge passieren.

Vor allem muss Genna raus, es ist ihre Zeit. Wie klug dieser Hund ist, incredibile. Sie versteht alles und ist von einer Empathie, die man bei Menschen lange suchen muss. Ja, meine Süße, gleich, gleich. Was sagt die Uhr? Eine sagt, es ist halb fünf, bei der anderen ist es erst vier, die dritte zeigt schon sechs, aber wie schön und regelmäßig sie alle ticken. Ich werde einen Mittelwert errechnen und in einer halben Stunde rausgehen. Aspetta un po', meine kleine, süße Genna. Un attimino

Adriana behauptet in einem fort, mein Wesen habe sich verändert, ich sei bös geworden im Alter. Ich antworte, so sei ich schon immer gewesen, sie habe es nur früher nicht bemerkt.

Seit dem Untergang Italiens, seit Berlusconi ohne Grund gerichtlich verfolgt wird, geht es mir nicht mehr so gut. Es war ein Fehler, ihm nicht zu vertrauen, aber das wird meine besserwisserische Nichte nie begreifen.

Äußerlich bin ich nicht angeschlagen, meine Haut ist zwar ein wenig faltig, aber gebräunt, meine Kleidung erlesen, ich achte auf mich. Ich wirke, sagen wir, wie achtzig. Alles eine Frage der Haltung.

Ich kann den Haushalt für Genna und mich immer noch bestens allein führen. Ohne irgendwelche Ukrainerinnen, die mich angeblich betreuen und mich en passant von meinem Schmuck befreien.

Aber gut, ich gebe es zu, es ist zum Verrücktwerden, jeden Tag mehr.

Das Brot wird von Tag zu Tag schlechter, der Hausmeister ist ein Dieb, die Einwanderer allesamt Verbrecher, die jetzige italienische Regierung sowieso, und die Nachbarn wollten meinen Wagen stehlen. Woher ich das weiß? Ich weiß es eben.

Der Junge aus dem Tabakladen hat meinen Zweitschlüssel geklaut und vermietet in meiner Abwesenheit heimlich meine Ferienwohnung. Auf dem kleinen Jahrmarkt gegenüber sind die Wagen der Achterbahn gefährlich unsicher, und die Taucher, die in unserem Meer nach Fischen tauchen, werden nicht mehr zurückkommen, niemals mehr.

Nein, ich bin nicht Kassandra, ich weiß es einfach. Und es wäre wirklich schön, wenn meine Nichte als meine einzige noch lebende Verwandte mir einmal im Leben recht geben würde. Stattdessen empfiehlt sie, ich solle einmal am Tage etwas Aufbauendes sagen, das würde uns allen guttun. So etwas Albernes.

Dabei bin ich gerade zu Adriana besonders freundlich. Lobe ihre Erfolge, sogar ihre Frisur, was nicht ganz einfach ist. Ihre

Haare sind … nun ja. Und was kann ich dafür, wenn sie ihre Söhne verzieht? Vor allem der Kleinere ist bös und unangenehm. Nicht ich, er ist der Fiesling. Oh nein, ich bin nicht eifersüchtig, aber mit über neunzig kann man doch erwarten, dass sich die Welt nach einem selbst richtet und nicht nach einem dreizehnjährigen, hinterhältigen Burschen. Mir wollen sie nicht glauben, aber das wird sich alles rächen, nur wird es mich dann nicht mehr geben.

So viele Jahre habe ich mich so schlecht an alles erinnert. Und jetzt fällt mir alles wieder ein. Jetzt kommt alles hoch, jede noch so kleinste Erinnerung an Zagreb, an früher, und mir wird übel. Die Nazis mit ihren übereifrigen Helfern, den Ustascha, wie sie mir als Mädchen alles weggenommen haben, die Familie, die Freunde, die Jugend, das ganze schöne Leben. Sogar den Hund haben sie erschossen. Jetzt fällt es mir Tag für Tag wieder ein, und ich kann es ihnen nicht verzeihen. Als wäre die Schonfrist des Vergessens vorbei, als ginge es jetzt zur Sache, als würde jetzt abgerechnet mit allem und jedem. Meine Gram ist so groß, der alte Feind so stark, dass ich mich seiner nicht erwehren kann. Da kann man doch nur schlechte Laune bekommen.

Ich muss den Fernseher leiser stellen, sonst höre ich weder Klingel noch Telefonläuten, aber ehrlich gesagt, mir fehlen keine Gäste. Adriana wird sofort wieder von einem Hörgerät anfangen, der Fernsehapparat sei unmenschlich laut, jeder Nachbar über mein Programm informiert, überhaupt die ganze Umgebung, sie wird keine Ruhe geben, bis wir vollkommen zerstritten sind. Hörgeräte sind nur etwas für Alte, die nichts mehr hören!

Das Spezielle an italienischen Nachrichten sei, sagt Adriana, dass sie den Zuhörer nicht wirklich beruhigen, sondern in eine Art Dauerpanik versetzen. Also mir sprechen sie aus dem Herzen: Tsunamis, Attentate, Börsencrashs sind dabei noch die harmloseren Varianten. Die eigentliche Gefahr kommt von Dieben (Ausländer), Zigeunern (Ausländer) und sizilianischen Mafiosi (ebenfalls Ausländer). Ja doch, Genna, ich komme. Wir gehen zur Piazza Virgiliana, dann koche ich uns was Feines. Was hältst du von Hendl? Auf jeden Fall müssen wir früh schlafen gehen, denn, wenn Adriana erst mal da ist, wird es strapaziös, auch wenn sie sich für die Ruhe selbst hält. Merkwürdig, jetzt zeigt die Uhr Mittag, soll ich lieber gleich Pasta kochen? Dabei habe ich gar keinen Hunger.

Schade, dass sie nur so kurz bleibt, aber sie muss immerzu arbeiten. Gagarin war nichts gegen sie. Und wenn sie nicht arbeitet, hält sie jetzt auch noch Vorträge, stellt dir vor, Gennalein, sie erzählt in Kirchen den Deutschen, was ein 9. November ist. Was geht sie das an? Sie ist meschugge und merkt es nicht. Na fein, meine Kleine, andiamo fra poco.

Mit Adriana war ich auch jeden Nachmittag auf der Piazza Virgiliana, die drei Jahre wenigstens, als man sie bei mir untergestellt hatte. G'tt, war sie damals brav. Wie meine süße, kleine Genna, so brav.

Sie hätten sie bei mir lassen sollen, dann wäre ihr Deutschland erspart geblieben. Ich hätte aus ihr eine perfekte Italienerin gemacht, aber mit meiner Schwester war ja nicht zu reden: »Bist du verrückt, verziehst das Kind vollkommen. Wenn sie hierbleibt, wird sie eine verwöhnte Hausfrau in einem katholischen Haushalt werden. Nicht mit mir!«

Sprach's und nahm das arme Ding mit ins Deutsche Reich.

Was ist, Gennalein, warum bellst du? Ich komm ja schon, wo ist nur die Leine? Ja, Cicciolina, jetzt gehen wir raus, ganz schnell, jaja, dein Frauchen liebt dich, und ich verspreche dir, du musst nie nach Deutschland.

so und nicht anders

david

Ich möchte mal folgende Geschichte zum Besten geben, um endlich einmal klarzustellen, was für eine miese, ungerechte Position ich zu Hause habe.

Jüdische Oberschule zu wegen der Hohen Feiertage. Mit Wochenenden eingerechnet insgesamt fast zwei Wochen. Sauber, schülerfreundliche Religion. War schon Rosch ha-Schana in der Synagoge, war ganz cool, alle da. Ich in Weiß mit Lederschuhen. Das volle Programm. War in der Joachimstaler. Haben bisschen rumgebetet, war tierisch laut, Thora getragen, im Hof gestanden. Der ist mit der zusammen, die mit dem, na ja. Kennt man ja alles. Ist Jom Kippur. Stehe gleich auf, gehe wieder hin, die andern treffen, besser als den ganzen Tag alleine rumhängen.

Vielleicht ist ja auch eines der Mädels da?

Höllenlärm aus dem Zimmer meiner Mutter. Ist das Musik? Ich brülle drüber.

»Mama, gut'n Morgen. Ich gehe heute in die Synagoge, unserer Toten gedenken. Was dagegen? Die Schule ist eh zu über die Hohen Feiertage. Kann ich jetzt los?«

»Was? Hör mal: *La Cenerentola*, Finale, zweiter Akt, Septett. Grandios! Mach ich im Linzer Opernhaus …«

Sie stellt endlich die sogenannte Musik leiser. »Seit wann treibt es dich so oft in die Synagoge? Habe ich etwas verpasst? Du hast doch schon das ganze Neujahrsfest da verbracht! Jetzt willst du auch noch den ganzen Tag fasten? Muss das unbe-

82

dingt in der orthodoxen Synagoge sein? Muss ich mir Sorgen machen? Erst die religiösen Feiertage mitsamt Brückentagen, dann die Herbstferien. Wann lernst du eigentlich mal für die Schule? Das Abi kommt nicht mit dem Storch. Hier, hör mal diese Stelle: *Questo nodo* ... Besser geht's gar nicht. Rossini ist das wahre Genie, von wegen Wagner. Ich möchte wirklich gerne wissen, wann ihr etwas lernen sollt. Ihr müsst euch doch vorbereiten auf das Auserwähltsein, auf die Weltherrschaft. Du hast bald Klausuren, die der liebe Gott dir nicht abnimmt ...«

Oh Mann, ich kann's nicht mehr hören, wer hat bei der auf Wiederholung gedrückt? Wo sind meine Turnschuhe? Haare sind okay. Deo nehme ich von Sammy. »Mama, kann ich deine Jacke anziehen, die coole, die du vom Dreh mitgebracht hast?«

»Bitte ruf mal zwischendurch an, und wenn du Hunger hast, im Kühlschrank ...«

»Mama! Jom Kippur ist ein FASTENTAG! An Jom Kippur werden die zwischenmenschlichen Beziehungen geklärt, neben dem Sabbat der wichtigste Feiertag überhaupt.«

»Natürlich, natürlich, du Besserwisser! Hat sich das Geld für die jüdische Schule doch ausgezahlt. Trotzdem ein Glück, dass Sammy in seinem altehrwürdigen deutschen Gymnasium steckt und nicht freihat. Mein Herzblatt, mir musst du Jom Kippur nicht erklären. Ich werde sofort die Musik ausmachen, und während du in der Synagoge dafür betest, dass wir alle in das Buch des Lebens eingetragen werden, gehe ich spazieren, denke an all die Fauxpas, die ich in diesem Jahr begangen habe, es sind nicht wenige, und bei wem ich mich alles entschuldigen sollte. Reicht es zu beten, oder muss ich persönlich vorstellig werden und den Schofar blasen? Was meinst du als Profi ...?«

»Jap, Mama, mach das mal. Prima Idee. Tschüss.«

Und weg bin ich, die vier Stockwerke runter, so schnell ich kann. Damit ihr nicht noch was einfällt ... zum Beispiel ihre Jacke. Draußen auf der Straße: Freiheit, Ruhe!

Sie ist echt in der Lage und kommt vorbei, um den Schofar

zu blasen. Dabei dürfen das nur Männer. Wenn ich mich beeile, bekomme ich den M46 zum Ku'damm.

Warum kann ich nicht einfach in die Synagoge gehen, ohne dass zu Hause der Ausnahmezustand ausgerufen wird? Sie hat keinen Plan davon, wie es in meiner Welt aussieht. Ich habe zwei Klassen übersprungen, das muss man sich mal vorstellen. Mein Gehirn ist superschnell, mindestens wie achtzehn, eher mehr, von meinem Körper will ich gar nicht reden. Ich bin erwachsen. Ende.

In der Synagoge schleppen sich die Gebete wie die Bundestagsdebatten auf Phoenix-TV. Sind zwar alle da, auch paar Mädels, aber die falschen. Und irgendwie kein Drive drin. Treffe zum Glück Roni, den kenn ich noch von der Grundschule. Dem geht's ähnlich, stellen fest, dass beten heute nichts bringt. Dafür hat er die neueste Staffel von *Homeland* zu Hause. Seine Eltern, weil getrennt, den ganzen Tag in verschiedenen Synagogen. Nichts wie hin. Rufe nur kurz zu Hause durch.

»Mama, ich bin's … nein, ich habe keinen Hunger! Ruf nur an, weil ich 'nen Freund getroffen hab, wir beten zusammen, es wird was später. Ich komme um sieben zum Fastenbrechen nach Hause. Dann können wir Sushi essen gehen …« Klar, ist 'ne Lüge, geht aber aufs Konto vom nächsten Jahr.

Roni wohnt Am Arsch der Welt 12, dreimal umsteigen, egal, dafür große Stille, Vögel, Marder. Er hat immer noch ein Hochbett, ey, Alter, sind wir erwachsen oder was? Roni grinst, ist aber gemütlich, Laptop auf die Knie und los.

Hatufim, die israelische Variante von *Homeland,* ist ja eigentlich noch geiler, hat Roni aber schon durch, auf Hebräisch, sein Vater Israeli. Gucken jetzt die amerikanische Serie, auch original, versteht sich.

Sopranos ist und bleibt trotzdem die geilste Serie der Welt. Hat mir mein Patenonkel Aron geschenkt, der einzige Erwachsene mit Geschmack. Toni Soprano, mein Idol. Ich wollte schon immer Mafiaboss werden. Klare Machtverhältnisse, gute Einkünfte, überschaubares Risiko. Als James Gandolfini gestorben ist, ey, ich dachte, einen Familienangehörigen hat's erwischt.

Die Zeit vergeht superschnell. Nur noch eine Folge, dann geh ich. Safe.

Es ist plötzlich dunkel geworden, man kann die Sterne sehen, was'n das? Jetzt müsste Jom Kippur zu Ende sein, die abschließenden Gebete, das Tempo nimmt zu, alle sind hungrig und wollen nach Hause. Ich sollte auch gehen … Dieser Brody ist nicht zu durchschauen, und diese Carrie ist eine supergeile Schauspielerin. Wenn die Deutschen mal solche Serien an den Start bringen würden. »Roni, ich sag's dir, wir sind gefragt. Wir müssen so was machen! Wenn nicht wir, wer dann? Ich hab da schon ein paar Ideen.«

Inzwischen sitzen auch die Orthodoxesten unter den Juden bei Tisch. Nur noch diese Folge, dann ist die Staffel zu Ende. Wahrscheinlich ruft Mama gerade an. Soll sie ruhig, ich hab das Handy ausgestellt. Mach mich doch nicht zum Sklaven. Jetzt macht sie sich bestimmt Sorgen: Was ist bloß mit ihm passiert? Er ist doch noch ein Kind, mein Kleiner …

NEIN! Ich bin kein Kind mehr. Soll sie sich doch an Sammy abarbeiten. Nur dummerweise habe ich Hunger. So, letzte Folge geguckt, Sergeant Brody ist schließlich doch … ich verrat's nicht, Agent Carrie hat … sag ich nicht. Mann, wann kommt die nächste Staffel? Gibt's die schon? Muss ich gleich mal checken. »Roni, weißte noch das Ende von *Sopranos*? Komisch irgendwie und traurig, oder? Aber von *Six Feet Under* war megageil. Jetzt kommt was Neues raus, *Fargo*, besorge ich uns gleich morgen, o.k.? Mach's gut, Alta.«

Ich habe tierischen Hunger!

Zwanzig nach zehn. Als ich nach Hause komme: dicke Luft.

»Hat heute irgendwie was länger gedauert. Die Gebete … wegen, wegen … der vielen Toten und so. Und das Auto von Ronis Vater war … war … weg, weiß auch nicht. Können wir jetzt los? Ich habe so Hunger.«

Hillary Clinton muss so ausgesehen haben, nachdem Bill im Oval Office mit Miss Monica … Oder Toni Soprano, als sein Neffe Christopher das Koks …

Jetzt also meine Mutter – ohne Ankündigung und Warmlaufen sofort auf hundertachtzig.

»Wenn ich etwas hasse, dann, wenn man nicht die Eier hat, zu seinen Taten zu stehen, wenn man lügt und lügt, in der Hoffnung, der andere sei zu blöd oder zu faul oder beides, die Wahrheit zu erkennen und zu verkraften. Ich warte hier seit geschlagenen drei Stunden! Warte, um mit dir und den Sushis das Fasten zu brechen. Deine faulen Ausreden kannst du dir sparen! Und eines könntest du dir auch noch merken: Man bleibt immer bei nur einer Lüge. Je mehr Lügen, desto offensichtlicher. Anlügen, und das auch noch so schlecht, ist das Allerletzte!«

Ich stelle auf Durchzug, schaue mir Mamas Füße an, die sind ganz schön klein, ich hab viel größere. Überhaupt bin ich viel größer, zum Glück.

»David, antworte!«

Ach, was soll's, ist doch eh egal, ich bin erwachsen und kann machen, was ich will. Ich versuch's mal mit der Wahrheit.

»Wir waren bei Roni zu Hause, Serien im Internet gesehen. Waren nur am Morgen in der Synagoge, war nichts los irgendwie …«

»War nichts los?! Seit wann ist die Synagoge ein Unterhaltungsunternehmen? Rest des Tages Videos gesehen? Ganzen Tag?«

»Ganzen Tag.«

»An Jom Kippur, alles klar …«

»Mama! *Homeland*, die geilste Serie zurzeit, na ja vielleicht noch *Breaking Bad*, nach *Soprano*s, versteht sich, das musst du dir anschauen!«

Sie pumpt sich zur vollen Größe auf. Im übertragenen Sinne. Ich will mich irgendwie verteidigen, in der Art, ist doch harmlos, kann doch mal passieren, tut mir leid, ich habe Hunger. Aber sie ist nicht mehr zu bremsen, tobt, schreit, flucht. »Essen

gehen gibt's erst wieder in einem Jahr!«, knallt die Tür zu und
geht zur Nachbarin, sich ausheulen.

Wahrscheinlich hat sie auch einfach Hunger und ist unter-
zuckert und deshalb so nervös. Okay. Lügen ist nicht cool, aber
das läuft unter Notlügen. Serien schauen gehört inzwischen zur
Allgemeinbildung. Und wann bitte soll ich es sonst tun, wenn
nicht an Feiertagen, muss ja ansonsten ständig in die Schule.
Mathe, Physik, Hebräisch, da fragt keiner, ob das sinnlos ist.
Ich lerne bei *Homeland* tausendmal mehr. Das ist eins a politische Bildung. Der Tanz, den sie jetzt hier aufführt, steht ja wohl
in keinem Verhältnis.

Und dann – ich weiß ehrlich nicht mehr genau, warum, ob
aus Hunger, Wut oder Rache – habe ich einen Abschiedsbrief
auf den Küchentisch gelegt.

»Es tut mir leid«, steht da, »sehr leid, kommt nicht wieder
vor, denn ich gehe, für immer. Adieu, David.« Dann bin ich
weg. Okay, war ein bisschen melodramatisch, aber ehrlich, ich
hab mich so allein gefühlt, keiner versteht einen hier in diesem
Saftladen.

Stelle mir beim Rausgehen folgendes Drehbuch vor: Sie
kommt von der Nachbarin zurück, liest den Brief, ist gleich
alarmiert. Als Erstes schaut sie vom Balkon, soweit sie das aus
der Höhe sehen kann, liegt kein totes Kind im Hof.

Sie ruft nach mir. Vorsichtig erst, dann immer verzweifel-
ter. Nichts.

Mein Vater ist auf einer Filmpremiere mit Sammy. Sammy
spielt den entführten Sohn eines Polizisten in einem Fernseh-
krimi. Der Regisseur will Lobes- und Dankesworte sprechen.
Daraus wird aber nichts, denn das Handyklingeln stört. Meine
Mutter ruft immer wieder an: »David ist weg! Immer noch!« –
»Mach dir keine Sorgen, der kommt wieder«, sagt mein Vater,
er will den Regisseur nicht stören. Coole Socke, mein Vater,
wenn er will, lässt sich von der Hysterie meiner Mutter nicht
anstecken, das bringt sie noch mehr in Rage.

»Beruhigen? Georg, denk doch mal mit, wo könnte er sein?«, brüllt sie. »Ich kann mich nicht beruhigen!« Meine Mutter – so kennen wir sie – immer außer sich. Der Regisseur jetzt ebenfalls, er bringt keinen Satz zu Ende, ohne dass das Telefon klingelt.

Dann stellt mein Vater auf stumm, sie ist allein mit ihrer Verzweiflung. Natürlich hätte ich nicht so toben sollen, das bisschen Lügen war ja nichts, denkt sie jetzt, aber es ist zu spät. Jetzt ist es ein für alle Mal zu spät! Nahaufnahme.

Er ist im Park, denkt sie plötzlich, und ist schon im Treppenhaus. Musik. Leises Wummern. Suspense.

Im Park ist es finster wie überall in der Gegend, amerikanische Nacht. Ich sehe meine Mutter unsicher durch die Dunkelheit tappen. Sie denkt: Das nächste Mal ziehe ich in die Leipziger Straße, die ist erleuchtet wie das Reichssportfeld.

Ja, wenn es je ein nächstes Mal geben wird … Musik wird lauter, unheilschwanger.

»David, David!«, ruft sie in die Büsche.

Sie hat Angst und weint. Zusammengekauert sitzt sie im Park und betet das »Schma Jisrael« – kann sie das überhaupt auswendig?

Ich finde, ehrlich gesagt, das hat was. Für mein erstes Drehbuch?! Überirdisch! Muss sofort bei Roni anrufen und es ihm erzählen. Mir ist kalt. Und ich hab immer noch so einen Hunger. Blöderweise hab ich meine Jacke zu Hause vergessen. Da war auch mein Geld drin. Scheiße!

Fahr ich halt schwarz, ist jetzt eh egal. Ich fahr zu Oma nach Westfalen. Da hab ich Ruhe. Die jammert eh immer, dass wir sie besuchen sollen.

Um Mitternacht rufe ich an.

»David?« Mamas Stimme zittert.

»Ja?«

»Wo bist du? Geht es dir gut?«

Mein Drehbuch wird Wirklichkeit!

»Bin am Bahnhof Zoo. Wollte weg. Zu Oma. Ich komme jetzt nach Hause … hallo?«

Sie hat aufgelegt.

Ist echt alles blöd gelaufen. Bin ja nur aus Versehen ein bisschen zu spät nach Hause gekommen, ehrlich, ich hab's nicht so gemeint. Du hast es irgendwie in den falschen Hals gekriegt. Scheiß Jom Kippur. So bereite ich mich auf der Fahrt vor, lege mir ein paar Sätze zurecht.

Zu Hause steht sie kreidebleich im Türrahmen. »Vom Bahnhof Zoo wolltest du losfahren? Da fahren seit sieben Jahren keine Fernzüge mehr ab. Wenn du so hochbegabt bist, wie du immer tust, solltest du das eigentlich wissen.«

Welcome home, da ist er wieder, dieser Sound, der mich irre macht.

»Du wolltest mir Angst einjagen, dich rächen. So sieht's aus. Das ist dir auch prima gelungen.« Sie zittert am ganzen Leib vor Wut und Fassungslosigkeit. Irgendwie tut sie mir jetzt leid. Aber, wenn das Drama Fahrt aufgenommen hat, das hab ich von ihr gelernt, muss man es laufen lassen. Also schweige ich.

»Das, David, tust du nie wieder.« Ihre Stimme ist so leise und schneidend, dass es wehtut.

»Und wenn du dich in den nächsten Tagen auch nur annähernd danebenbenimmst, kaufe ich dir gerne höchstpersönlich eine Fahrkarte zu deiner deutschen Großmutter, wo du dann allerdings für immer bleiben kannst. Und wo du deutsche gutbürgerliche Küche genießen darfst. Bratwurst, Rosenkohl, bis dir das Fasten wie Erholung vorkommen wird!«

Damit schließt sie die Tür zu ihrem Schlafzimmer. Kein Wort mehr. Kein Essen. Nichts. Das nächste Mal, Herr, spare ich dir und mir das Drumherum und faste termingerecht und freiwillig, okay?

Okay, sagt Gott, dann legt auch er sich schlafen. Endlich. Ich sag's ja, ich hab's nicht leicht.

aufstieg

aron

Samstag, 18.30 Uhr: *Sportschau*-Zeit. Keine Zeit zum Sterben.

Wie konnte mir das passieren? Es ist doch seit Monaten klar, dass es nicht gut enden wird mit mir. Aber, Herr im Himmel, wenn du mich schon holst, dann nicht am Samstagabend. Sieh selbst, Fortuna Düsseldorf führt! Wann waren sie je so gut?

Meine Mutter verdeckt den Bildschirm, weil sie zum wiederholten Male mein Kissen aufschüttelt. Arme alte Frau, der Kummer hat sie noch gebrechlicher gemacht. Sie streitet sich mit meiner Frau, beide waren von Anfang an unerbittlich miteinander. Das Fenster wird aufgerissen, soll ich schon raus? Meine Mutter macht es wieder zu. Meine Frau ist blass und sehr müde. Kein Wunder, sie hat mich zu Hause gepflegt, was ich ihr hoch anrechne. Tor!!! Sagenhaft. Eins der besten Spiele der Fortuna überhaupt oder halluziniere ich, bin ich schon im Jenseits?

An meinem Krankenbett war in den letzten Tagen einiges los, die Besucher gaben sich die Klinke in die Hand. Drei Rabbiner waren zur Stelle, einer nach dem anderen – damit es zu keiner störenden Konkurrenz kam. Als Erster kam Zedik hereingeschneit, der Rabbiner der Berliner Lubawitscher »Chabad«-Gemeinde. Chassidim an meinem Sterbelager? Mein Verhältnis zu jeder Art von Orthodoxie ist doch bekannt. Wäre ich bei Kräften gewesen, ich hätte ihn hinauskomplimentiert. So musste ich seinen blumigen Worten lauschen, die mir sehr anschaulich versprachen: »Aronle, ewig sollst du leben!«

Das ewige Leben wartet nun wirklich auf mich, allerdings recht weit entfernt von meinem geliebten Bayerischen Platz.

Rabbiner Rosenzweig, ein konservativ Orientierter, nötigte mich, die Tefillin, die Gebetsriemen, anzulegen. Dafür musste er hinnehmen, dass ich die Fernbedienung in der Hand behielt, um auf Eurosport die Zusammenfassung der europäischen Fußball-Ligen weiterzuverfolgen. Zu guter Letzt war der Kantor des liberalen Flügels erschienen, setzte sich zu mir und sang. Dicke Tränen liefen mir über die Wangen. War es die Kraft der Musik? Oder meine generelle Freude über Fortuna Düsseldorf, meinen Verein, der völlig überraschend dabei war, in die erste Liga aufzusteigen?

Die drei Religionsvertreter hatten sich nach ihrem Besuch bei mir in die Küche begeben und Berge an koscherem Kuchen verschlungen, um dann genüsslich über die Kollegen herzuziehen. Es war alles wie immer – auch im Angesicht des Todes.

Sie haben das Fenster wieder geöffnet, ein ungewöhnlich milder Abend.

Meine Mutter wehklagt in der Küche, sie geht allen auf die Nerven, da kann man nichts machen, so ist das mit den Müttern …

Am mitgenommensten sehen meine alten Freunde Avi und Itan aus, beide Ärzte, meine Frau hat sie vorhin panisch angerufen. Itan ist Chirurg, Avi Homöopath und Spezialist für Osteopathie – beide gleichermaßen fehl am Platz. Mit gewichtiger Miene haben sie mich mehrfach abgehört, sich dann ernst zugenickt.

Avi wirkt verstört. Er hat sich als alternativ behandelnder Arzt in den vergangenen Wochen sehr um mich bemüht, hatte versprochen, mich sanft und schonend zu retten. Und nun das! Etwas ist schiefgegangen. Man bittet um Tee.

Ich höre Joel hereinkommen, der Dritte im Bunde, Orthopäde. Er hat auf sich warten lassen, erscheint in Weiß, ob direkt aus der Praxis oder vom Golfplatz, lässt er offen, Angeber. Die anderen zwei sind zwar seit Jahren mit ihm zerstritten, aber angesichts meines nahenden Todes scheinen sie Orthopädie für die letzte mögliche Therapieform zu halten.

Mit betrübter Miene setzt Joel sich zu seinen Berufskollegen und bestellt frischen Tee. Das kann hier ja heiter werden.

Verschwommen erkenne ich einen Zettel auf dem Nachttisch. Der Totenschein, noch unausgefüllt. Praktisch denken, Särge schenken, oder was? Weder der Chirurg noch der Homöopath, nicht mal der Orthopäde sehen sich in der Lage, den Schein auszufüllen. Ich höre sie in einem talmudistischen Diskurs die Kompliziertheit der Lage erörtern. Kinder, muss ich es am Ende noch selbst machen?

Wie lange kennen wir uns schon? Kinder- und Jugendlager in Bad Sobernheim und Israel, ich war in diesen Ferien euer Jugendleiter. Haben wir nicht oft genug über Mut gesprochen? Die besetzten Gebiete wolltet ihr verteidigen, und nun überfordert euch schon mein Sterben?

Das Fenster wird noch weiter aufgerissen, Blätter fliegen herein, dann ein dumpfer Schlag, und Adriana steht mitten im Zimmer. Dass sie nichts im Leben unauffällig und leise machen kann. Sie grinst entschuldigend in die Runde: »Bin die letzten Wochen immer durchs Fenster, Aron konnte ja nicht mehr zur Tür laufen, um aufzumachen.« Und leiser zu mir: »Na, mein Lieber, wie sieht's aus? Sollen wir einen Notarzt rufen? Der Medizinstudent im Nachtdienst kann dich sicher schnell und unsentimental behandeln, oder müssen wir diese Pappnasen hier noch länger aushalten?«

Na endlich, ich habe auf dich gewartet, möchte ich rufen, aber es geht nicht mehr, die Stimmbänder sind schon weg, wie auch alles andere sich nach und nach verabschiedet.

Im Kopf gehe ich noch einmal alles durch: Frau versorgt, Kind versorgt, Mutter versorgt. Wo ist Robbi, mein großer Bruder? Er wollte doch längst hier sein, er wird zu spät kommen und »Es wird geben a großes Leijd …«.

Adriana setzt sich an mein Bett, streichelt meinen Unterarm, mein Körper liegt unter einem blauen Laken. Die Wand hinter mir ist orangefarben, das beißt sich.

»Nur weil ich gestern Ciao gesagt habe, mach's gut, Aron, musst du es ja nicht gleich so wörtlich nehmen!«

Lachen geht auch nicht mehr.

Sie ist alleine gekommen, David und Sammy hat sie zu Hause gelassen. David ist sonst kein Feigling, und wir haben immer viel über Zivilcourage debattiert. Aber sterben ist alles andere als zivil. Und mit Debattieren, fürchte ich, lässt sich jetzt auch nicht mehr viel machen …

»Man hat dich vor Jahren gewarnt, mein Lieber, ich war dabei.« Adriana hat ihre Lautstärke wiedergefunden. »Man hat dir dringend nahegelegt, den Imbiss am Amtsgericht und *Bier's Ku'damm 195* und wie die Schuppen alle heißen, weiträumig zu umfahren. Du kontertest mit: *Herr Doktor, und wenn ich es nicht tue, lebe ich dann wirklich länger?* Jetzt haben wir den Schlamassel!«

Ich erinnere mich dunkel. Als man bei mir im April Magen- und Darmkrebs diagnostizierte, war niemand sonderlich verwundert, ich am wenigsten.

Ich aß weiterhin, maßlos. Wurde mir übel, hielt ich mich an die Devise: weiteressen, bis der Magen aufgibt! Warum? Eine komplizierte Geschichte. Mehrere Portionen Currywurst am Ku'damm, Krakauer mit Kartoffelsalat bei *Rogacki* in der Wilmersdorfer, zwei Knacker auf die Hand, dazu Sülze mit Senf zum Mitnehmen in der Knesebeckstraße. Bratwürste mit Pommes, Pfannkuchen mit Lachs, Frikadellen mit doppelt Senf – die Reihenfolge variierte, doch zu jedem dieser Gänge gab es Coca-Cola. Abends testete ich Restaurants auf ihre Michelin-Sterne. Der Diabetes tat das Seinige dazu. Gesund war das nicht und konnte nicht gut enden – ich wusste es, wir alle wussten es. Aber manche Dinge lassen sich eben nicht ändern …

Adriana, bleib sitzen, bitte. Die anderen sind endlich in der Küche, wir haben Ruhe, es wird nicht mehr lange gehen. Ich wollte dir noch so viel sagen.

Wie lange kennen wir uns schon? Seit dreißig Jahren? Du warst ein paar Jahre älter als David jetzt, als wir uns in der jüdischen Studentenvereinigung Berlins begegneten. Jeder von uns war wenige Tage zuvor nach Berlin gezogen. Auch Avi und Joel, damals noch Medizinstudenten, nahmen teil an den Treffen, die einmal in der Woche stattfanden, meist an trüben Sonntagnachmittagen in einem winzigen Raum im zweiten Hinterhof der Synagoge Pestalozzistraße.

Man wunderte sich, dass es so viele gleichaltrige Juden gab. Du mehr als ich. Ich war viel jüdischer sozialisiert worden als du. Auch älter. Aber auch mich überraschte es, wie viele wir waren. In den Orten, aus denen wir kamen – Gießen, Düsseldorf, Heilbronn –, waren wir bisher Kuriositäten, exotische Einzelfälle gewesen. Einige kannten sich schon aus den jüdischen Ferienlagern in Bad Sobernheim, andere staunten und fremdelten ein wenig.

Und dann? Dann passierte erst einmal nichts. Alles war so unspektakulär wie der Weihnachtsmarkt in Spandau. Wir waren alle Juden, mehr nicht. Juden, deren Eltern nichts Besseres eingefallen war, als sich just wieder in Deutschland niederzulassen. Es gab einige, die kurzzeitig in Israel gelebt hatten, bevor Deutschland ihre Familien aufgenommen hatte.

Kannst du Hebräisch? Nein? Und du? Jiddisch? Bist du in Deutschland geboren? Du? Nein? Wirst du hierbleiben?

Auf keinen Fall wollte man hierbleiben! Man war gerade dabei, seine Aliyah vorzubereiten, wollte mindestens teilhaben an der Verteidigung der Golanhöhen. In wenigen Monaten würde es losgehen, im Winter schon wäre man im Heiligen Land, spätestens zu Pessach ... Es gehörte zum guten Ton, die deutsche Gegenwart mindestens langweilig, wenn nicht inakzeptabel zu finden, auf dem Weg zu sein, wenn nicht nach Israel, dann wenigstens in die USA. Israel war für uns, was für die Surfer Hawaii und für die Kiffer Goa war.

Doch kaum einer von uns ist ausgewandert – bis heute. Mein

kurzes Israel-Intermezzo zählt nur bedingt. Einige sprachen Jiddisch, wie ich, die meisten Polnisch oder Russisch, vereinzelt hörte man Tschechisch oder Ungarisch. Mit deinem Serbokroatisch warst du eine Rarität. Gemeinsam war uns das Gefühl, zwischengeparkt zu sein in einem Land, das bis zur Halskrause angefüllt war mit Schuld, Scham und einer Vielzahl unaufgearbeiteter Neurosen. Das war anstrengend, barg aber auch eine gewisse sportliche Komponente.

Wir entwickelten eine Art Wettbewerb, ein Punktesystem, wer am meisten Kapital aus dem schlechten Gewissen der Gojim schlagen konnte. Nicht nur Willner und Nachmann hatten diese unerschöpfliche Quelle für sich entdeckt. Unser Sport hieß: Wer holt am meisten raus?

In der Regionalbahn Frankfurt–Düsseldorf wurden die Fahrkarten kontrolliert. »Tut mir leid. Ich habe meine Monatskarte vergessen.« – »Dann müssen Sie an der nächsten Station aussteigen.« – »Sie wollen einen Juden aus dem Zug schmeißen? Ist es tatsächlich wieder so weit, dass Juden aus dem Zug geworfen werden?« Man zeigte seinen Ausweis als Staatenloser. Der Schaffner errötete, stammelte etwas und machte sich eilig davon. Fünfzig Punkte. Den Geschichtslehrer zu fragen: »Und Sie, was haben Sie während des Krieges gemacht?«, gab nur zehn Punkte – zu einfach. Auch Befreiung vom Unterricht am 9. November brachte nur fünf Punkte. Itan, der zukünftige Chirurg, allerdings brachte es einmal auf hundertfünfzig Punkte: Er hatte die ganze Woche der Brüderlichkeit über blaugemacht, ohne dafür bestraft zu werden, und war zum Skilaufen in die Alpen gefahren. Das deutsche schlechte Gewissen und die viel gerühmte jüdische Chuzpe passten schon immer gut zueinander.

Unsere Eltern hatten abenteuerliche Überlebensgeschichten zu vermelden, aus Russland, Polen oder einem anderen Gebiet des Balkans. Sie hatten kaum noch Verwandte, hatten wie durch ein Wunder erneut eine Familie gegründet, und ihr Deutsch klang nach k. u. k.

95

Mit Hochmut und Misstrauen begegneten sie jedem, der nicht im Lager oder Partisan gewesen war oder wenigstens siebzig Prozent seiner Familie verloren hatte, was für so ziemlich jeden Deutschen galt. Und wir, ihre Nachkommen, sollten das ebenfalls tun.

Ansonsten hatten wir jungen Studenten wenig bis gar nichts gemein. Dennoch entwickelte sich ein reges Treiben. Du versuchtest dich als Geliebte des angehenden Orthopäden, Joel. Seine Eltern waren aus Frankfurt, er hatte Locken und auf alles eine Antwort. Als du mich fragtest, wie ich ihn fände, gab ich euch vier Monate. Ihr habt es nur auf drei gebracht, schwach. Du hörtest ihn die Dysfunktionalitäten und Anomalien der menschlichen Anatomie ab, er paukte mit dir nächtens das »Käthchen von Heilbronn«. Beide seid ihr durch die Zwischenprüfung gefallen. Er hat dir dein mediterran rollendes »R« nicht abgewöhnen können. Dagegen wehrtest du dich mit Händen und Füßen, sagtest Dinge wie: »Wenn ich nicht mehr sprechen kann, wie ich will, bin ich tot. Dann haben es die Deutschen geschafft, dann sind wir wie sie …« Du warst mit deiner forcierten italienischen Alltagsgestik ohnehin zu zappelig für die versonnene deutsche Heldin. Es war doch schon damals klar, dass du es im deutschen Kulturbetrieb nicht leicht haben würdest. Ich kann mich gut erinnern, wie übel du es mir genommen hast, als ich es dir sagte. Du hieltst mich für paranoid. Joel seinerseits brach dem Probepatienten das Schlüsselbein bei dem Versuch, die Schulter ordnungsgemäß einzurenken. An Purim habt ihr euch getrennt, im gegenseitigen Einvernehmen.

Und Istvan? Dein nächstes Versuchsfeld: Er war in Germanistik eingeschrieben, kochte aber weitaus lieber als zu studieren. Palatschinken waren seine Spezialität und mein absolutes Lieblingsdessert. Diese Beziehung hatte so viel Potenzial!

Dummerweise liebte Istvan seine Mutter abgöttisch, die täglich seinen Vater verantwortlich machte für den Auszug aus der gelobten Stadt Budapest ins feindliche Berlin. Beide Eltern waren Übersetzer und hatten viele Jahre in Ungarn mit Arbeitsverboten und Schikane zu kämpfen gehabt. Man hatte ihnen ihre große Altbauwohnung gekündigt, mit revolutionärem Eifer und dem roten Parteibuch unter dem Arm erklärt, der Sozialismus habe gerade für kosmopolitische Fremdkörper und Agenten des Kapitalismus, wie sie es seien, den Plattenbau und die Zweieinhalb-Zimmerwohnung erfunden. Der Vater nahm den Siamkater, packte seine Lieblingsbücher in einen Koffer und rasierte sich. Dann fuhr er mit der Familie nach Berlin. Istvans Mutter fasste die Lage mit folgendem Witz zusammen: »Vater Wurm und Sohn Wurm wühlen sich durch Berge von Kot. *Papa!*, sagt der Sohn Wurm. *Das ist doch keine Erde. Das ist reine Scheiße! – Ja, du hast recht, mein Sohn*, sagt der Vater. *Aber es ist unsere Heimat.*« Budapest blieb für die Mutter ein Haufen geliebter Scheiße, den sie schmerzlich vermisste.

Zwischen Istvan und dir endete es, wie es enden musste: Er ging mit seiner Mutter zurück nach Budapest. Sie eröffneten in Buda ein Restaurant, »geschichtete Palatschinken«, eine Art Palatschinken-Torte, wurden ihre Spezialität. Ich habe das, glaube ich, am meisten bedauert. Diese Palatschinken waren ein Gedicht. Wie gern würde ich jetzt welche essen, mit Füllung, Marmelade oder Topfen, egal, aber mit Nüssen. Ob es im Himmel wohl Palatschinken gibt? Den Vater und seinen Siamkater traf ich von Zeit zu Zeit. Beiden ging es blendend. Sie spielten Schach im Tiergarten oder im Lochow-Freibad mit anderen jüdischen Emigranten, als wären sie im Budapester Szeszeny-Bad.

Wie spät ist es? Es wird schon so früh dunkel.

Warum ausgerechnet wir beide uns angefreundet haben, weiß ich nicht mehr genau, und es liegt auch absolut nicht auf der Hand. Vielleicht, weil wir uns in gar nichts ähnelten. Rein äußerlich wirkten wir wie zwei Karikaturen, wenn wir gemeinsam unterwegs waren. Du zu klein und ich zu dick.

Du sorgtest mehr oder weniger für das Künstlerische, und

ich deckte den jüdischen Part ab. Beide Themenbereiche waren unerschöpflich, der Stoff würde uns nie ausgehen.

An einen Dialog während eines Musicals kann ich mich noch gut erinnern. Ich brüllte über den Schlussapplaus: »Riesige Weiber, da vorne, toll!« Du sagtest: »Aron, das sind Transen, glaub's mir!« – »Gibt's doch gar nicht, die sind doch wunderbar!« – »Vielleicht gerade deswegen?«, sagtest du noch, dann rannten wir nach vorne, um mitzutanzen.

Oder in puncto Judentum für Anfänger, weißt du noch? »Adriana, halt die Haggadah wenigstens richtig herum!« Es muss einer der ersten Sederabende gewesen sein. Die Pessach-Rituale waren dir ein Rätsel, du wolltest schon aufgeben.

»Kannst du mir den Auszug aus Ägypten nicht einfach erzählen? Verstehe eh nichts von dem Zeug, egal, wie herum ich das Ding halte.«

»Macht nichts. Man muss nicht an Gott glauben. Man muss nur so leben, als ob es ihn gäbe.«

»Klingt logisch.« Du schienst nicht restlos überzeugt.

»Logisch nicht, aber es hilft.«

So oder so ähnlich führten wir unsere Gespräche.

Ich fehlte in keiner deiner Theaterpremieren, du hast mich zum Freitagsgebet begleitet oder zu den Chanukka-Partys, die im großen Saal der Jüdischen Gemeinde stattfanden und auf denen die Frauen aussahen, als wären Samt, Schleifen und Goldschmuck an Busen und Hintern ein religiöses Gebot. Du warst so begeistert! – Wir tanzten Hora und Kasatschok, und ich glaube, genau dort habe ich dich zum ersten Mal gekriegt mit meiner Art Judentum. »Es ist nie zu spät, Jude zu werden«, war jedes Mal mein Credo, wenn du verzweifeltest an deiner jüdischen Identität, die du für mickrig hieltst, für zu dürftig.

Mein jüdischer Unterricht hatte zwar nicht auf ganzer Strecke Erfolg, die meisten Gebote sind dir bis heute ein Buch mit sieben Siegeln geblieben, aber dafür hast du nun David und

Sammy, die den Sederabend mühelos zelebrieren können. Das wenigstens wäre erledigt.

Wie gut, dass du heute noch vorbeigekommen bist. Du hörst mich zwar nicht, aber sicher weißt du, was ich dir erzähle, oder? Ja, ich sehe dich lächeln. Gut so.

Vor vielen Jahren trugen wir folgenden Wettbewerb aus: Würde ich zuerst Vorsitzender der Jüdischen Gemeinde zu Berlin oder würdest du eher einen Oscar bekommen? Du gabst deinem Erstgeborenen kurzerhand »Oscar« als zweiten Namen und gewannst die Wette. Zum Trost hast du mir angeboten, Davids Patenonkel zu werden – was ich grinsend annahm. Ich bin ein souveräner Verlierer. Ich versprach, mich mit Ruhe und Gelassenheit und reichlich jüdischen Grundkenntnissen dieser Aufgabe zu widmen, hielt mich bei dramatischen Fragen in Sachen Erziehung diskret zurück, zog aber natürlich im Hintergrund die Fäden. Zuerst brachte ich meinem Schützling bei, dass die *Sportschau* in Socken und Unterhose zu schauen ist und nur vom Klingeln des Pizza-Lieferservice gestört werden darf.

Das predigt er jetzt seinem kleinen Bruder, so werden wichtige Traditionen aufrechterhalten.

Ich versuchte, mein Patenkind in den absurden, widersprüchlichen Ge- und Verboten der jüdischen Religion zu unterweisen. Habe ich je behauptet, das Judentum sei eine sinnvolle und äußerst praktische Religion, bei der man freiwillig und ohne große Revolte auf einen Messias wartet, der es nach dem jüdischen Kalender schon seit 5773 Jahren versäumt hat, sich blicken zu lassen? Wir reservieren diesem Eliyahu Hanavim einen Platz bei Tisch, gießen ihm Wein ein und flüstern uns gegenseitig ins Ohr, das alles sei ganz normal und kein absurdes Theater. Von den sechshundertdreizehn Regeln ganz zu schweigen.

Ich weiß, dass David einen sportlichen Ehrgeiz seiner Religion gegenüber entwickelt hat. Er trägt an Rosch ha-Schana, wie es die Bücher vorschreiben, Weiß, und an Jom Kippur fastet er in der Synagoge wie ein Alter. Er tut es nicht nur freiwillig,

sondern sogar unter den spöttischen Bemerkungen seiner Rest-
familie. Immerhin verlangt er von euch keine ähnlich sportiv-
orthodoxe Hingabe. Mach dir keine Sorgen, als Nächstes wird
er behaupten, Religion sei Opium für das Volk. Er ist nur auf
der Suche, hab Geduld. Denkt mal an den Exodus. Wie lange ist
Moses mit seinem Volk durch die Wüste geirrt?

Fürs Erste macht der stolze Junge schlapp. Er ist nicht mit
dir hergekommen, will das Dahinsiechen seines Patenonkels
nicht sehen, verständlich. Er ist sehr empfindlich trotz seines
Machogetues, weißt du das? Grüß ihn schön, ja? Und den Kleinen auch.

Da ist noch was. Mein Sohn wird ohne mich Bar-Mizwa machen. Heul jetzt nicht, bitte! Er weiß es schon, ob er es versteht,
kann ich nicht sagen, er ist ja noch klein. Hab ein Auge auf ihn.
Das schaffst du schon, wozu haben wir so lange geübt? Ich bin
müde. Und ja, es reicht.

Wir waren ein starkes Team, unschlagbar zu zweit. Jetzt wirst
du allein zurückbleiben. Ich werde unspektakulär in Schöneberg sterben, begleitet von drei ehemaligen Medizinstudenten
und nun schon ältlichen Herren, die nicht in der Lage sind, einen Totenschein auszufüllen. Während meine Seele, die Seele
deines besten Freundes, sich immer weiter entfernt und zum
jüdischen Himmel fliegt, um endlich eine Heimat zu finden.

godfather

david

Ich bin doch eben erst ins Bett. Wer brüllt jetzt schon wieder im Flur rum? Klingt nach Marschall Tito, könnte aber auch meine Mutter sein ...

»David, aufstehen! Es ist kurz vor sieben!«

Wo bin ich? Hölle? Vorhölle? Drehe mich, sehe meine Mutter im Türrahmen, die jetzt stammelt.

»Aron ist ... Aron ist gestorben. Sie sagen, es war der Krebs, aber ich weiß, es waren die Spätfolgen dieses verdammten Krieges, der sich in seine Gedärme gefressen hat. In die Gedärme von Generationen von Nachkommen. Mein dicker Freund wird nie mehr für uns singen, er ist jetzt Solist im Jubelchor der Engel ...«

Aron, wie kannst du sterben, mich mit dieser Irren alleinelassen? Mein Kopf, alles tut weh. Scheiße, scheiße, scheiße! Jetzt aufstehen. Schule. Was ist das?

»Willst du etwa so in die Schule? Na ja, im Grunde ist es einerlei. Aron ist tot. Da kommt es auf die richtige Kleidung nicht mehr an. Ich soll dich schön von ihm grüßen.«

Was redet sie da? Jetzt sind wir mal bitte alle wieder still. Ganz still. Aron ist tot. Godfather is dead. Alles klar. War zu erwarten. Ich will das nicht. Ich will das nicht. Wir waren doch gerade erst in Hannover bei dem Spiel gegen Hertha ... Dann beim Döner am Zoo. Er kann mich hier nicht einfach so alleinelassen. Mit dieser hysterischen Frau in der Küche und diesem deutschen Schmock am Klavier. Mann, mein Patenonkel ist der einzig entspannte Typ hier weit und breit und gibt den Löffel ab. Das ist unfair. Scheiße, scheiße, scheiße. Wir wollten doch zusammen nach Israel, einwandern und so. Was ist jetzt damit? Ey, Alter, so war das nicht gedacht. Was mache ich jetzt? Was mache ich jetzt? Mir ist schlecht. Ich sollte wieder ins Bett gehen. Stattdessen höre ich, wie jemand mit meiner Stimme sagt: »Ich gehe zur Zionistischen Jugend Deutschlands!«

Das bin nicht ich, oder doch? Warum sage ich das? Weil Aron tot ist? Scheiß Gefühle. »Ich gehe zur ZJD, ja, ich gehe zur ZJD, und ich meine es auch so.«

Der Mund meiner Mutter ist auf halber Strecke offen stehengeblieben, man sieht die Goldfüllung in den Zähnen. »Ja, ich weiß«, macht meine Stimme weiter, »letztens waren es noch die Partisanen-Brigaden, aber jetzt ist Aron tot. Ich muss den Stab übernehmen, also wird es der zionistische Nahkampf. Ist im Grunde das Gleiche. Die Überweisung für den Mitgliedsbeitrag hab ich schon ausgefüllt, du musst nur noch unterschreiben. Und zahlen.«

Ich habe mal gelesen, dass man unter Schock komische Dinge tut oder sagt. Aber das stimmt nicht. Selten so klar gewesen. Selten so genau gewusst, was Sache ist. Meine Mutter starrt mich an, lässt ihr iPhone fallen, fängt es kurz vor dem Parkettboden wieder auf. Setzt sich schweigend hin, sagt dann leise: »Bist du verrückt geworden? Was soll das Gerede vom Auswandern? Oder kannst du es deinem Patenonkel einfach nicht verzeihen, dass er, statt ein Held im Gelobten Land zu werden, am Bayerischen Platz gestorben ist?«

»Mama, spar dir deine Ironie, jemand muss ja in dieser Familie zum Held werden. Die Israelis machen andere Sachen, haben anderes im Kopf als die verschnarchten Juden Europas. Der Geist der Aliyah – schon mal gehört? Alle anderen sind Schmocks. Israel ist von Kämpfern gegründet worden. Dort wird man gebraucht. Standard.«

Sie murmelt schwach: »Schmocks? Aliyah?«

»Da gehöre ich hin!«, mache ich weiter. »Die Ausbildung hat drei Stufen: Erstens, du wirst Mitglied. Zweitens, du wirst selber Betreuer anderer Jugendlicher. Drittens, du wanderst aus. Für jede Stufe gehst du auf Seminare. Ziemlich einfach, das Ganze.«

Klingt wirklich einfach, wenn ich mich so höre. Ein überschaubares Projekt. Nicht mit einem Wort streife ich Arons Tod, denn das tut man einfach nicht. Sterben. Das ist so gar nicht Partisan Style. Das ist einfach nur zum Heulen. Over and out.

Sie ahnt, das sehe ich, dass etwas mit mir nicht stimmt. Trotzdem fragt sie mich, bewusst ruhig, um welche Zeitspanne es sich bei diesem Unternehmen handelt: Vom Mitglied zum Auswanderer, wie viel Zeit uns bliebe? Ob sie damit rechnen könne, dass ich mein Abitur noch in Deutschland mache. Oder ob so ein deutsches Abitur eine Behinderung darstelle bei der Eroberung der zu besetzenden Gebiete. Ein deutsches Abitur, das wäre doch immerhin etwas, das könne man immer gebrauchen, auch im Krieg sei so ein Schein schön und nützlich, sinnvoll wie ein Führerschein, sogar in Judäa. Natürlich, sie verstehe, dass es viel spannender sei, Siedler in der Westbank zu sein als im beschaulichen Mecklenburg-Vorpommern. Was sei schon ein Fußballcamp in Templin gegen die besetzten Gebiete? Ob ich das Kaddisch trotzdem noch sagen würde, morgen an Arons Grab?

»Mama, reischt! Hör auf! Morgen bin ich da. Logo. Aber mehr kann ich dir jetzt noch nicht sagen. Das hängt von den Vorbereitungslagern ab und von den Ausbildern.«

Sie japst: »Lager – Ausbilder?« Ich will schnell was Aufbauendes sagen. Das wird einem für solche Momente geraten, habe ich im Internet gelesen, unter »Wenn Eltern austicken«.

Oder schweigen. Das könnte man natürlich auch machen. Das würde mein Vater tun. Schweigen und an Aron denken.

103

Aber schweigen ist jetzt nicht. »Die Leute, die zur RAF sind, wollten auch mal was erleben. Nicht diese angepasste Chose, Nazischweine überall. Nein, Missstände aufdecken und so. SS-Größen von ihren Richterstühlen kippen. Aufräumen im Staat. Und bei den Eltern zu Hause. Im Grunde tue ich gar nichts Neues, Hunderte vor mir haben diesen Schritt schon getan …«

»Im Prinzip richtig«, sagt meine Mutter, verdächtig leise, »aber auch ganz falsch. Deutschland 1968 und Israel heute, das ist nicht vergleichbar! Plötzlich stehst du mit einem Gewehr an einer Grenze und dann? Nicht jeder israelische Soldat ist ein Mörder, aber Gewalt ist Gewalt. Und wenn du Pech hast, landest du in einem palästinensischen Gefängnis, und dagegen ist die Moabiter Jugendstrafanstalt richtig niedlich.«

Sie argumentiert ja plötzlich fast politisch, meine Mutter, sieh mal einer an. Aber für Details habe ich jetzt keine Zeit.

»Möchtest du einen Espresso?«

Mit keinem Wort haben wir Arons Tod erwähnt, doch darum geht es die ganze Zeit. Das Koffein wird uns nicht guttun, so viel ist klar. Aber wir werden zusammensitzen, sie wird versuchen, an meiner Zukunft herumzuschrauben. Aussichtslos. Ich werde mehr oder weniger aggressiv dagegenhalten. So trauern wir um dich, Aron. Ehrlich.

»Schreibst du mir eine Entschuldigung für die Schule?«

Scheiß auf die Partisanen, scheiß auf die ZJD. Ich will, dass du wieder da bist, Godfather.

uhlandstrasse

adriana

Moment, David. Geh noch nicht. Warte kurz. Weg ist er. Jetzt liegt er bestimmt auf seinem Bett, ein Häuflein Elend, nur zugeben kann er es nicht. Ich bin schrecklich müde und traurig, an schlafen ist nicht zu denken.

Draußen fängt völlig unpassend das an, was man einen goldenen Herbsttag nennt.

Ich beschließe, mich mit meinem Freund Zebu zu verabreden, er ist seit Längerem Buddhist – und wirklich: In seiner Gegenwart entspannt man sich. Selbst ich atme nach einer Weile friedlich ein und aus. Regelmäßig atmen wäre für heute schon eine ausreichend umfassende Tagesaufgabe. Ich werde uns ein Mittagessen spendieren; Zebu lebt seit Jahren weit unter der Armutsgrenze, was er wahrlich nicht verdient hat, aber wer hat das schon? Seine Eltern stammen aus Pommern. Sie waren knapp über zwanzig, da wurden sie in den »Pott« umgesiedelt, dort gab es genug Arbeit für alle. Bislang waren sie Bauern gewesen, die sich auf Gänseaufzucht verstanden und aufs Wetter. Aber nun sah man den Himmel nur noch stückchenweise aus dem Fenster der Siedlung, und das Wetter spielte keine Rolle mehr, unter Tage schon gar nicht. Zebu war kränklich, während sein Bruder sich auf der Straße prügelte. »Weißt du, Hauptsache da raus und anders als die Eltern werden: Aus Westfalen wurden Hippies, aus Pfarrerskindern Terroristen, aus Christinnen verbissene Muslimas. Ich weiß, wovon ich rede, ich bin

Schauspieler geworden, obwohl meine Eltern Prolls waren«, hat Zebu mir einmal erzählt. Warum auch nicht?

Die Uhlandstraße ist immer voll. Sogar zu den absurdesten Zeiten. Immer drängeln sich die Leute auf dem Bürgersteig. Wer hat all den Touristen gesagt, Berlin sei schön? Es ist hässlich und dreckig, und ich bin in Trauer, also aus dem Weg!

Ich bestelle mir schon mal drei Minipizzen, das ist für halb elf am Morgen eine echte Herausforderung, um mich herum etwa zwanzig Menschen, die auch unglücklich sind oder einfach auf schlechte Pizza stehen. Natürlich ist alles andere viel gesünder: schlafen, vegan leben. Aber leiden kann man ungleich besser so. Mit dem Finger ziehe ich Kreise auf der Papiertischdecke.

Ein Paar fährt auf einem Tandem vorbei. Wenn es etwas gibt, das ich nie im Leben machen möchte – und das ist nicht allzu viel – ist es Tandemfahren. Sollte mir jemals jemand ein Tandem schenken, muss er damit rechnen, dass ich ihm die Freundschaft kündige, auf der Stelle. Mal ehrlich: nichts sehen, sich dicht hinter dem Rücken des schwitzenden Vordermanns abstrampeln, ohne jegliches Mitspracherecht irgendwohin gelenkt werden. Tennis, Schach, Pingpong, da ist es von Vorteil, zu zweit zu sein, keine Frage. Aber beim Fahrradfahren?

Noch eine Minipizza, bitte. Mit Peperoni. Das Tandempaar hat gedreht, geparkt und setzt sich zu mir an den Tisch. Sie sprechen Schwäbisch. Ich habe heute nicht gerade eine Glückssträhne.

Was hasse ich noch? Avocado, Blutwurst, den viel gerühmten Holundertee. Ich finde es ekelhaft, in Käfige zu steigen, die ins Meer hinuntergelassen werden, um sich von Haien anknabbern zu lassen. Und auf dem Weihnachtsmarkt kriege ich Platzangst.

Ich finde Stefan Raab das Allerletzte. Mit Leber, egal wie zubereitet, kann man mich jagen, und Fallschirmspringen fange ich erst an, wenn ich zum Mossad muss!

Ach Aron, die nächste Minipizza geht auf dich, heute wollen wir nicht kleinlich sein. Wo steckt Zebu nur? Meine Nase läuft, und schlecht ist mir auch schon.

»I bin de Babsi, des isch de Grischtopf. Geh, Grischtopf, schau ma in die Plaschtikguk, da habe mir noch a weng Schokoriechel und de Tempotaschetüüüche.«

Die Schwäbin bietet mir ein Taschentuch an und erklärt mir voller Stolz, dass dies nun schon ihre dritte Fahrradtour mit dem Tandem sei.

Wie soll das erst auf der Beerdigung werden, wenn ich bereits in der Uhlandstraße vor mich hin schniefe und auf Taschentücher aus Baden-Württemberg angewiesen bin.

Babsi hat mich blind ins Herz geschlossen, und nun plappert sie munter drauflos, von ihren zwei Söhnen, die ihnen das Rad geschenkt haben. Man müsse den Kindern einfach viel Liebe und Vertrauen mitgeben, dann würde es sich lohnen. Man würde nur noch ernten.

Ich möchte sterben. Ernten!? Aron, Aron, meine Söhne haben zwar nicht auf ein Tandemrad gespart, dafür jedoch will David am einen Tag Partisan werden, am nächsten Zionist. Die einzige Konstante: jeden Tag etwas Neues, jeden Tag etwas Extremeres, bis mein Herz stillsteht.

Ich sage nur ZJD, liebe Babsi, sei froh, dass du aus Esslingen kommst und ahnungslos bist!

ZJD – Zionistische Jugend Deutschland. Ich erinnere mich an das letzte Mal, als ich versucht habe, diese Organisation jemandem zu erklären. Damals meiner ägyptischen Freundin Amira, das ist etliche Jahre her. Sie wurde bei dem Wort Zionismus ein wenig bleich und verschüttete dezent ihren frischen Minztee.

Nach einer Weile des Schweigens gab sie mir mit einem winzigen Lächeln zu verstehen, dass ich zwar ihre Freundin sei, jedoch Judentum und Zionismus nicht unbedingt in unsere Freundschaft mit eingeschlossen seien.

Was weiß David schon wirklich von der ZJD? Der Zionismus, mein lieber David, ist nicht so nebenbei zu erledigen, es genügt nicht, ein überlebensgroßes Porträt von Herzl im Zimmer hängen zu haben.

Und ich? Was weiß ich wirklich vom Auswandern?

Nach dem Krieg, zu Beginn der Fünfzigerjahre, hatten sich die paar Überlebenden in Frankfurt zusammengetan und eine Jüdische Gemeinde gegründet. Was sollten sie anderes tun? Irgendwo mussten doch ihre Bar-Mizwa-Feiern stattfinden. Sie hatten investiert im Bahnhofsviertel, verdienten gutes Geld, es war ihnen egal, ob sie Bordelle betrieben oder Immobilien verkauften, die Rücksichtnahme auf ihre deutschen Mitmenschen hielt sich in Grenzen. Als sie genug beisammenhatten, beschlossen sie, sich einen Gemeindesaal zu leisten. Kurzum, die erste Hochzeit fand dort statt, der erste Purimball, der erste Wizo-Basar. Man richtete sich ein. Ja, man fühlte sich wohl. Dabei sollte Deutschland wahrlich nur eine Zwischenstation sein auf dem Weg in die USA, nach Kanada oder Australien. Israel als Option rückte nach und nach in den Hintergrund: Erst ließen die Engländer sie nicht rein, danach begann der Unabhängigkeitskrieg, und schließlich wollten sie nicht wieder in ein Land, in dem man Lebensmittelkarten benötigte. Nein, dafür hatten sie es sich in der jungen BRD schon zu gemütlich gemacht.

Zu Beginn der schönen Sechziger allerdings begann es in der Jugend zu rumoren, in der jüdischen ebenso wie in der deutschen. Man kratzte an der behaglichen Fassade der Eltern, die bei jeder Gelegenheit auf die Deutschen und deren Staat schimpften, jedoch ohne Anstalten zu machen, das Land zu verlassen. Kurzum, diese jungen Leute nahmen den zionistischen Gedanken auf als Gegenentwurf zur Jüdischen Gemeinde, man begann, Mitglieder abzuwerben. Für Israel, für eine baldige Aliyah, für ein Leben als Bürger in einer eigenen Heimat, nicht als Opfer unter Tätern im Exil. Jüdische Eltern, die noch von etwas anderem träumten als von ihrem Anteil am deutschen Wirtschaftswachstum, schickten ihre Kinder zur ZJD. Vielleicht würden ja wenigstens diese auswandern, die eigenen fast vergessenen Ideale wiederbeleben.

Eine heftige Auseinandersetzung begann: Die Gemeinde-Anhänger verlangten von den Jugendlichen, sich für Deutschland, nicht für Israel starkzumachen: »Zeigt ihnen, dass wir nicht alle tot sind! Gönnt ihnen kein judenfreies Deutschland. Und macht ihnen klar, dass wir nicht so sind, wie sie glaubten, dass wir seien!«

»Das haben wir gar nicht nötig! Müssen wir ihnen immer noch erklären, dass die Zeit des *Stürmers* vorbei ist?«, erwiderten die jungen Zionisten. »Sollen sie doch mit ihrem Mist alleine fertig werden. Es ist uns gleich, was sie über Juden denken. Wir wissen, was wir von den Deutschen zu halten haben!«

Deutschland, stolz, dass es wieder jüdisches Leben in der BRD gab, sogar pluralistisches jüdisches Leben, finanzierte sowohl die Gemeinden, als auch die ZJD. Wenn die Juden anfingen, sich untereinander zu streiten, war das ein sicheres Zeichen, dass es ihnen besser ging ... Das Ganze hatte Ähnlichkeit mit der Ansiedlung einer anderen Spezies, den Wölfen. Es war gelungen, sie wieder heimisch zu machen, anzusiedeln: Wolfspärchen mit Wolfsjungen in den Voralpen. Sie waren wieder erwünscht. Aber ganz geheuer waren sie nicht. Rissen die Wölfe auf bayerischen Höfen Hühner, ging ein Schrei der Empörung durch die CSU: Wer hatte diese Wölfe eigentlich wieder gewollt?

Ähnlich fragte man sich in Frankfurt: Wer war für den Abriss des Bahnhofsviertels verantwortlich? Warum gab es dort so viele Bordelle? Schön und gut, die Juden – aber wer genau hatte das eigentlich so gewollt? Im Grunde keiner. Aber nun war es zu spät.

Ach Aron, ich weiß, was du jetzt sagen würdest: Das ist schon Historie, denn inzwischen ziehen mehr Israelis nach Deutschland als deutsche Juden nach Israel. Aber die ZJD gibt es immer noch, auch wenn das Wort Zionismus heutzutage, vor allem in linken Kreisen, zu grotesken Reaktionen führen kann. Von denen, die damals wirklich ausgewandert sind, kenne ich selbst nur drei, einer von ihnen war dein Bruder Robbi. Und jetzt will ausgerechnet David auswandern, und all das radikal nachholen, was seine Mutter verpasst hat.

Ich schrecke auf, Babsi hat aufgehört zu reden, sie und der Grischtopf müssen los, nicht ohne mir zu versichern, wie außerordentlich sympathisch ich sei, und wie gut ich zuhören könne, eine echte Gabe. Wenn ich mal ein Tandemrad kaufen wolle, wären sie mir gerne behilflich, jetzt aber sei es Zeit, nach Sanssouci zu fahren, und weg sind sie.

Endlich, endlich taucht Zebu auf. Ich bestelle sechs weitere Minipizzen mit extra Peperoni. Zebu ist sichtlich erfreut, er ist beim Essen nicht so wählerisch. Er kannte Aron, aber sein Tod schockiert ihn nicht, Zebu ist ihm selbst mehrfach von der Schippe gesprungen. Dreimal hat man ihm eine neue Herzklappe eingesetzt, aus Schweinebauch, sie ist immer wieder gerissen. Wen wundert's? Schwein! Jetzt ist man endlich zu einer koscheren Variante aus Teflon übergegangen, die natürlich besser hält. Zebu lächelt sein berühmtes Dalai-Lama-Lächeln, ich werde augenblicklich ruhiger. Er hat sich zurückgelehnt, schläft er? Vielleicht meditiert er auch nur.

»Irgendwann ist es immer so weit, Schwein hin oder her …!«, sagt er schließlich und beißt beherzt in die Pizza. Ich nicke und hole uns ordentlich Lambrusco, dann beginnen wir zu schweigen, und ich atme ruhig, immer ruhiger, ein und aus. Buddhist müsste man sein.

man briderl

adriana

Seine El-Al-Maschine ist pünktlich gelandet. Ich stehe am Gate, und Robbi weiß sofort, dass Aron tot ist. Er ist zu spät gekommen. Er weiß es, obwohl ich nicht ein Wort gesagt habe, nicht einmal bewegt habe ich mich.

»Man Briderl, man klein Briderl, hob ich nischt gesugt, as di sollst of mi'jer warten, in jetzt bist di gegangen. Riboine scheloilim, far wuss host di dech gedarft einzimischen. In di bist a gerechter Gott? In tomme jo, as geb mi'jer a Beweis. Wivill Schmeck in wivill Idioten losst di leben! In man Briderl host di genimmen, asoi wi wenn er wott gewesen di schenste Blim of der Welt. Afille of mi'jer warten, hot er nischt getut.«

Wir hatten ihm gesagt, er solle sich beeilen, wenn er seinen Bruder noch sprechen wolle – nun war es doch zu spät. Verzweifelt krallt er sich an mich und kann gar nicht mehr aufhören zu weinen: »Man klein Briderl, di host gesugt, as di geist nischt aweg, di geist nischt aweg, bis ich kimm zirick. Ich hob mich asoi gejugt, s'is gewesen dus erschte Flugzeug, wus is gefloigen moize Schabbes. Gott, wus is mit di'jer, dafke Schabbes host di nischt gekennt machen Urlob, in di host gedorfen man Briderl zi di'jer nemmen.«

Mir schnürt es das Herz zu. Die beiden Brüder hatten von klein auf Jiddisch miteinander gesprochen. Nun kann einer nicht mehr antworten.

Jiddisch: die am zärtlichsten klingende aussterbende Sprache,

111

die ich kenne. Als man Isaac Bashevis Singer den Nobelpreis verlieh, fragte man ihn, warum er in einer toten Sprache schreibe. Er antwortete: Am Tag des Jüngsten Gerichts, wenn die Toten auferstehen, werden sie sofort fragen: Nun, was gibt es Neues auf Jiddisch zu lesen?

Robbis Wehklagen hat die umstehenden Reisenden verstummen lassen, sie starren uns an, dann gehen sie schnell mit ihren Rollkoffern davon.

Robbi dagegen hat offenbar nicht vor, sich je wieder fortzubewegen, er schüttelt mich immer und immer wieder, in der Hoffnung, ich würde irgendwann sagen, alles sei nur ein böser Scherz. Ich drücke ihm den neuen *Kicker* in die Hand, unter Tränen sieht er sich die Wochenendergebnisse der Bundesliga an. Mit diesem Reflex habe ich gerechnet. Während er die Platzierungen liest, schiebe ich den Bruder meines besten Freundes behutsam zum Ausgang.

Wir fahren direkt zu Arons Wohnung. Die Seelen der Toten brauchen immer eine Weile, bis sie sich trennen können. Und so hoffen wir, dort noch das eine oder andere von Aron zu erwischen. Und die Seelen der Lebenden? Was ist mit denen? Was tun sie, wenn eine befreundete Seele geht? Es ist noch keine Woche her, da saß ich mit den beiden Brüdern zusammen. Sie schauten die Bundesliga, Bayern München hatte gegen Dortmund eine Schlappe hinnehmen müssen, längst fällig, darin waren sie sich kommentarlos einig wie jeher, und einig auch darüber, kein Wort über das Desaster, das sich in Arons Eingeweiden zutrug, zu verlieren.

Wir können es so wenig ändern wie den Holocaust, Antisemitismus und Dummheit generell. Vor einer Woche war Aron noch da. Jetzt ist er auf und davon, und wir würden am liebsten hinterher.

Von Weitem schon sehe ich, wie voll die Wohnung ist. Im Eingang steht David, wirkt verunsichert und linkisch und so jung, wie er wirklich ist. Was können wir ihm Tröstliches sagen? »Only the good die young«, nuschelt er, als Robbi ihn umarmt.

Die Nachricht von Arons Tod hat sich wie ein Lauffeuer herumgesprochen. Ich freue mich, dass so viele Leute gekommen sind. Aron mochte Gesellschaft. Obwohl es erst kurz nach acht Uhr früh ist, drängeln sich im Flur schon die Kondolierenden, manche mit Marmeladenbrötchen in der Hand – sie fühlen sich sichtlich wohl und werden lange bleiben, vermute ich.

Es ist immer wieder erstaunlich, wie viel Essen der Mensch bei traurigen Anlässen verdrücken kann. Die belegten Schrippen, blass und aufgequollen wie ihre Esser, sind im Nu verschwunden. Neue werden geholt. Alle reden, unterhalten sich; einige weinen. Es ist traurig und schön. Die größte Normalität entwickeln wir Juden angesichts des Todes.

Die drei Ärzte, Itan, Avi und Joel, sprechen Robbi ihr Beileid aus. Die Sache mit dem Totenschein hat sie mächtig mitgenommen, und überhaupt werden sich Ärzte, konfrontiert mit dem Tod, ihrer Ohnmacht bewusst. Sie wirken niedergeschlagen, fast tun sie mir leid. Langsam schlurfen sie in die Küche, um sich zu stärken.

Auch David wirkt, als würde er gleich auf dem Türvorleger ausrutschen und nie wieder aufstehen. Er will die Leiche seines geliebten Patenonkels nicht sehen, drückt sich im Türrahmen herum und kämpft mit den Tränen. Ich halte ihm zwei Schrippen hin, Robbi legt tröstend den Arm um ihn, nimmt eine der Schrippen und beginnt mit vollem Mund zu erzählen.

»David, du weißt doch, dein Patenonkel war immer schon ein bisschen speckig, pummelig. Mochte Schrippen mit dick Butter. Die Turnhose saß knapp, das Sporttrikot spannte, er war linker Außenverteidiger, auf dem Rücken die Nummer 3. Unser Verein war DJK Sparta Bilk. Sonntags Spiel gegen Meidericher SV Duisburg. Haben wir plattgemacht, keine Frage. Nach dem Spiel gab es Braten, Kartoffeln, eingelegte Gurken. Und Herrentorte. Unmengen an Essen. Wie in jedem Haushalt 1966. Ich war gut im Mittelfeld, klaute aber lieber den SPIEGEL, habe den armen Aron genervt mit meiner Aliyah, Israel, unserem Land. War der Einzige weit und breit, bei dem der zionistische Gedanke ernsthaft zu greifen begann. Alle machten sich lustig über mich, aber Aron wusste, ich würde gehen. Fort aus Düsseldorf-Bilk, das aussah, als wäre alles eine einzige große Autobahnauffahrt. *Ich komme nach, versprochen*, hat er immer wieder gesagt. Unsere Eltern hatten ein Textilgeschäft. Zur Hochzeit 1946, damals noch im Displaced-Persons-Camp Ziegenhain, bekamen sie einen Kochtopf aus amerikanischen Armeebeständen geschenkt. Sie wollten nur kurz in den Camps bleiben. Es wurden neun Jahre daraus. Den Topf haben wir immer noch. Er ist erstklassige amerikanische Ware.«

Robbi hat hastig geredet, durcheinander, solange er spricht, ist Aron noch da, gibt es das Düsseldorfer Textilgeschäft der Eltern noch, ist alles unverändert. Er hat Furcht vor Pausen, vor Tränen. Langsam schiebt er sich das letzte Stück des Brötchens in den Mund und David zur Tür.

»Ich kenne den Topf«, sagt David noch, mehr bringt der stolze Junge nicht heraus.

Dann gehen wir zu Aron, er ist alleine im Wohnzimmer geblieben. Von dem dicken, großzügigen Mann zeichnen sich unter dem Laken nunmehr spärliche Umrisse ab. Auf dem Nachttisch liegt friedlich und unausgefüllt der Totenschein.

Am nächsten Morgen sieht es nach Regen aus. Auch das noch. So schön der Friedhof Weißensee ist, so romantisch jüdische Friedhöfe überhaupt sein können, so unglaublich hässlich und ausschließlich funktional ist der jüdische Friedhof an der Heerstraße. Schlecht mit den Öffentlichen zu erreichen, kaum Parkplätze, das Gelände öde, ohne Bäume und Bänke, dafür hundert Prozent koscher. Musstest du gerade in diesem hässlichen Teil

Berlins landen, mein Freund? Ich habe von herrlichen Friedhöfen im Heiligen Land gehört, mit garantiertem Eintritt ins Jenseits, der Messias holt einen persönlich ab.

Für dieses Mal zu spät.

Trotz des Regens sind alle da. Hier ließe sich heute problemlos eine Volkszählung der Berliner Gemeinde vornehmen. Außer zwei, drei Säuglingen und wenigen Senioren fehlt niemand, um Aron die letzte Ehre zu erweisen.

In den Betraum passt höchstens ein Drittel der Trauernden, winzige Lautsprecher werden hektisch im Innenhof aufgestellt. Unvermittelt beginnt der erste Rabbiner zu beten, für einige ist er der falsche, sie schütteln demonstrativ die Köpfe, obwohl er ausschließlich alte hebräische Gebete aufsagt – an denen man nun wahrlich nicht viel herumdeuten kann, egal, welcher Schule man angehört. Beim zweiten Rabbiner sind nun andere Trauernde entsetzt, beim dritten verlassen wieder andere sogar den Raum. Welcher ist besser, welcher schlechter? Ich kämpfe mit der aufkommenden Verzweiflung, da helfen mir weder aramäische noch hebräische Stoßgebete.

Die bald hundertjährige Fotografin ist natürlich auch da. Sie ist die reichsbevollmächtigte Dokumentarin der Jüdischen Gemeinde. Sie hat sie alle vor der Linse gehabt: Heinz Galinski mit Theodor Heuss, Heinz Galinski mit Willy Brandt, Heinz Galinski mit Willy Brandt und Henry Kissinger, Heinz Galinski mit Gattin und Eli Wiesel, Heinz Galinski und die Regierenden Bürgermeister Schütz, Diepgen, dann Momper. Auch heute knipst sie unverfroren, klein und flink schiebt sie sich nach vorne. Schließlich packt sie ein Israeli am Kragen und zieht sie nach draußen, wo sie mitleidslos weitere Trauernde ablichtet. Arons Mutter ist bleich wie ein Geist. Fiele sie in Ohnmacht, wäre das die Rettung für mich, ich würde sie gerne ins Krankenhaus begleiten, dort bleiben und nicht mehr wiederkommen …

Die Vorsitzende der Gemeinde hat das Wort. »Tja, der Aron

war nicht immer leicht«, sagt sie. »Gott sei Dank«, murmelt einer im Saal gerade laut genug. Die Vorsitzende setzt sich wieder. Ja, Arons politische Karriere fand auf der Oppositionsbank statt, er war ein stets gut informierter, unbequemer Gegner. Dann spricht Dan, Vorsitzender der Jugendabteilungen der Jüdischen Gemeinden, Organisator aller Jugendreisen seit Menschengedenken. Er war einst zusammen mit Aron Betreuer in unzähligen Sommercamps. Er ist an die zwei Meter groß, hat sich irgendwie zusammengefaltet, um in den Betraum zu passen, sein Bubengesicht zittert. Er will etwas sagen, seinen Zettel dicht vor den Augen. Tränen rollen ihm die Wangen hinunter. Er macht weiteren Rednern Platz. So geht das eine Weile, bis Robbi drankommt, und dann steht die Zeit still, und wir sind alle in Föhrenwald, 1952:

Ich bin finif Juhr alt gewesen, wenn di bist geboiren worren. Man Briderl. Ich bin asoi stolz, ich trug dech iberall in Lager arim, in di Schil, in den groissen Kinosaal. Mir sennen du sechs- oder sibentosend Jidden in Ferrenwald, in sei alle misen dech kennenlernen. Di Mama hot stendig Moire gehat, ober ich hob dech kein Mul nischt fallen gelosst, kein Mul.

Ich bin fünf Jahre alt, als du geboren wirst. Mein Briderl. Ich bin so stolz, trage dich überall im Lager herum, in die Synagoge, in den großen Kinosaal. Wir sind sechstausend oder siebentausend Juden in Föhrenwald, die müssen dich doch alle kennenlernen! Mama hat immer Angst gehabt, aber nie habe ich dich fallen lassen, nie.

Ich bin gewesen dus erschte Kind, wus is geboiren worren in DP-Lager Ziegenhain, dem 4.9.1947. Di Nazis hoben dus Lager in Ziegenhain far Kriegsgefangene geboht, in glach nuch di Milchume, hoben die Alliierten a Entnazifizierungslager fin dem gemacht. In nuchdem alle als gitte Demokraten arosgelost worren sennen, sennen mir, di Jidden, arangekimmen. Ferrenwald, dus zweite Lager is gewesen asoi ehnlech.

Ferrenwald is nischt waht fin Minchen, mit der Isartalbahn kimmt men schnell ahin. In der Mehlstrasse is gewesen der Joint, di Jewish Agency. Wivill Mul sennen mir dort gewesen, zi heren, tomme es hot nischt emeze eftscher iberlebt.

Di kennst noch di Nehmen fin di Gassen in Ferrenwald? Pennsylvania, Indiana. Dus is gewesen anstatt Memelstrasse, Adolf-Hitler-Platz. Ins hot men gewoint ofn Independence-Platz. Begel sennen gewesen hinter der Newerski. New Jersey hot dech keiner nischt gekennt sugen.

Ich war das erste Kind, das im DP-Camp Ziegenhain geboren wurde, am 4.9.1947. Die Nazis hatten Ziegenhain als Kriegsgefangenenlager gebaut, dann wurde es gleich nach dem Krieg von den Alliierten zum Entnazifizierungslager umfunktioniert. Und als dann alle als gute Demokraten entlassen waren, kamen wir Juden rein. In Föhrenwald, unserem nächsten DP-Camp, war es ähnlich.

Föhrenwald liegt nah bei München, mit der Isartalbahn ist man im Nu da. In der Möhlstraße war die Joint, die Jewish Agency. Wie oft waren wir da, um zu hören, ob nicht vielleicht doch noch jemand überlebt hat.

Weißt du noch die Namen der Straßen in Föhrenwald? Pennsylvania Street, Indiana Street. Sie lösten die Memelstraße ab, den Adolf-Hitler-Platz. Wir wohnten am Independence-Platz. Bagels gab es hinter der Newierski Street. New Jersey konnte ja keiner aussprechen.

In Schabbes, di demannst dech noch? Schabbes is noch a emes-
tiger Schabbes in Ferrenwald. A groisse Simche far ins Kinder.
Alle pitzen sech aros, barren Frisje. Dus Essen is asoi gitt, Hering
in afille Katschke. Der Becker halt warem dem Tschulent. Wi in
Schtetl, sugt die Mame.

Wenn men is gewesen klein, hot men stendig gewart of Post,
gewart as di Toite ebben eftscher arankimmen, gewart oszewan-
dern, gewart as di Welt soll helfen. Di Menschen sennen trorig, un
koiches. In asoi wi's passirt gur nischt, heibt men sech un zi ar-
ranjiren. Men trefft sech far di Tiren, in red in red. A Schtetl wi
in Poilen oder Russland. Inter di Schil macht sech of a Kino, mit
zwei Filmen jeden Tug, in deleben hot de Tate ofgemacht di Flo-
rida-Bar. Ich gleib, as ich will du blaben. Ins wachst men of in
Deutschland, dem Land fin insere Merder, ober men seht kein Mul
nischt keinem fin sei.

Men hot a eigene Schule. A eigenen Rebben, a eigenen Moi'jel.

Und der Schabbes, erinnerst du dich? Der Schabbes ist der
Schabbes in Föhrenwald! Ein wahres Fest für uns Kinder. Alle
machen sich fein, beim Friseur. Es gibt so gutes Essen, Hering
und sogar Ente. Der Bäcker hält den Scholet warm. Wie im Stedl,
sagt unsere Mama.

Immerzu wird gewartet, als wir klein sind, auf Post, darauf, dass
einer, der tot ist, doch noch vorbeikommt, auf das Auswandern,
darauf, dass die Welt sich hinter einen stellt. Die Menschen sind
traurig, irgendwie ohnmächtig. Als nichts davon passiert, beginnt
man sich zu arrangieren. Alle treffen sich vor ihren Türen, reden ununterbrochen. Ein Stedl wie in Polen oder Russland. Hinter der Synagoge eröffnet ein Kino mit zwei Filmen pro Tag, daneben hat unser Vater die Florida-Bar aufgemacht. Ich will hier nie weg, denke
ich. Wir wachsen zwar in Deutschland auf, im Land unserer Mörder,
aber wir begegnen nie einem von ihnen.

Wir haben eine eigene Schule. Einen eigenen Rabbiner, ei-

Ferrenwald, hob ich speter geleint, hot gehat di hechste Gebur-
tenrate fin alle Jiddische Kehiles of der Welt! Men hot gehat dra
Heiven, zwei Spiteler, a kuscheren Becker ... Afille a Bud, wi men
kenn sech fratig warm duschen in buden. S'is besser wi in Schtetl,
sugt der Tate. Pinkt e'jer, wus hot nischt gewollt noch a Mul in a
Lager leben ... Wagsaal fin di Imglickliche, hot der Tate geheissen
dus Lager.
    Wenn hot men di erschten Deutschen gesehen? Man Taten
in Mame hoben sei nischt gefehlt. Schoin git, di eine Heiven,
a freiliche Fro, si wott schi'jer farhingert, wenn men wott se
nischt gegeben zi essen.Iberhopt hoben di pur Deutschen, wus
sennen gekimmen in Lager, mit Freiden mitgegessen. In Anfang
sennen sei gewesen choisched, weil sei hoben gehat a schlechten
Gewissen, ober dann is es se lahchter geworren. Oi sennen sei
gewesen hingrig. Ins hot men stendig epes gehat fin di Amerika-
ner, fin Schwarzmarkthandel. Mir sennen nischt gestanden inter

---

nen eigenen Beschneider. Föhrenwald, habe ich später gelernt,
hatte die höchste Geburtenrate aller Jüdischen Gemeinden der
Welt! Wir haben drei Hebammen, zwei Krankenhäuser, einen koscheren Bäcker ... Ja, sogar ein Bad, wo man am Freitag warm
duschen oder baden kann. Es ist besser als im Stedl, sagt unser
Papa. Gerade er, der auf keinen Fall wieder ein Leben im Ghetto
oder im Lager gewollt hatte. Wartesaal der Unglücklichen, hatte
er das Lager sogar früher genannt.

    Wann haben wir nur die ersten Deutschen gesehen? Mei-
nen Eltern haben sie so oder so nicht gefehlt. Na gut, da gab
es die eine Hebamme, lustige Frau, wäre fast verhungert, wenn
wir sie nicht ernährt hätten. Überhaupt haben die paar Deutschen, die ins Lager kamen, gern mitgegessen. Zunächst waren
sie misstrauisch vor lauter schlechtem Gewissen, dann erleichtert. Und hungrig. Wir hatten immer was, durch die Amerikaner,
den Schwarzmarkthandel. Wir unterstanden nicht der deutschen

deutscher Kontroll, ins hot men gehat a eigenen Mischpat. Ober
mamesch Kriminelles is nischt kein Mul passirt. Kennst dech
noch demannen fin Schloime mit di Papirosen? Ba a Razzie fin
di Amerikaner hot er sech finif Tug in Wald behalten, in keiner,
nischt amul di Kleinsten fin Lager, hoben em osgemussert. Far
inser Hos is gestannen a Jeep. Der amerikanische Soldat hot
geschmeichelt, in ins hot men geschmeichelt, in dus is es gewe-
sen. In der Meschures fin Bud? E'jer is gewesen a Deutscher. As
e'jer is geworen krank, in men hot ihm gebrengt in Spitul, hot
men gefinnen inter san Achsel dem Ssimmen fin di SS. A geris-
sener Hind. E'jer hot sech ba ins in Lager bahalten, a Woch hot
men defin gered.

Alle Yontoiven sennen gewesen herrlech, dra Schilen, wus sei ho-
ben sech stendig zikriegt. Ich kenn mech noch demannen, as men hot
gehat dra Parteien in zwei Intergrundorgansiazi'es. Etzel (Nationale
militerische Organisazi'e) in Lechi (Kemfer far die Freiheit Isruels).

Aufsicht, hatten sogar ein eigenes Gericht. Aber etwas richtig
Kriminelles ist nie passiert. Kannst du dich noch an Schlomo erinnern, den mit den Zigaretten? Bei einer Razzia von den Amerikanern hat er sich fünf Tage lang im Wald versteckt und keiner,
nicht mal die Kleinsten aus dem Lager, haben ihn verraten. Vor
unserem Haus stand ein Jeep. Der amerikanische Soldat hat gelächelt, wir haben gelächelt, und das war's. Erinnerst du dich an
den Bademeister? Der war auch ein Deutscher. Als er krank war
und in unser Krankenhaus gebracht wurde, fand man unter seiner Achsel das SS-Zeichen. Gerissener Hund. Er hatte sich bei
uns im Lager versteckt, Gesprächsstoff für eine Woche.

Alle Feiertage waren wunderbar, bei drei zerstrittenen Synagogen. Ich glaube mich zu erinnern, dass wir sogar drei Parteien hatten und zwei Untergrundorganisationen: Etzel (Nationale militärische Organisation) und Lechi (Kämpfer für die Freiheit Israels).
Streng geheim, versteht sich. Irgendwann kamen deutsche Lehrer,

*A groisser Sod. In dann sennen gekimmen deutsche Lehrer, sei hoben
mit ins gered Deutsch, in sennen nuch di Schule farschwunden. Mir
senne far sei asoi exterritorial gewesen wi sei far ins. Deutsch is gewesen mane in dane erschte Fremdsprache.*

*Di Mame hot stendig gesugt: »As men mis du leben, et men du
leben, ober men wert sech nischt mit sei chaweren. Ins wett men bo-
hen a Mo'jer, nor asoi et men kennen oshalten insere Merder.« Wenn
1954 di deutsche Fussballmannschaft is geworren Weltmeister, is
dus gewesen in Ghetto Ferrenwald a troriger Tug.*

Ober di bist noch gewesen zi klein zi troren, man Briderl.

*Wus hot men gekennt machen? Men hot gemisst epes fardi-
nen. Der Tate hot ofgebot a Gescheft, er hot basorgt Stoffen, er
is gewesen a Zischnader. Dus is er schoin gewesen in Poilen, der
wichtigste Mann in der Schnaderei. In dann sennen gewesen di,
wus sennen gewesen spezialisirt of Knepp in Taschen. Ins hot
men gehat a Hos mit zwei Stock, oiben hot men gehat di Hoisen*

---

sprachen mit uns Deutsch und verschwanden nach dem Unterricht gleich wieder. Wir waren so exterritorial für sie wie sie für uns.
Deutsch war meine und deine erste Fremdsprache.

Unsere Mutter sagte immer: »Wenn wir schon hier sein
müssen, werden wir uns auf keinen Fall versöhnen, versteht
ihr? Wir bauen hier eine Mauer um uns herum, nur so können
wir sie ertragen, unsere Mörder.« Als 1954 die Nationalelf den
Weltmeistertitel errang, war das im Ghetto Föhrenwald ein
Trauertag.

Aber du warst noch zu klein, um zu trauern, mein Briderl.

Was gab's zu tun? Man musste ja was verdienen. Unser Vater
baute ein Unternehmen auf, besorgte Stoffe, war der Zuschneider.
Das war er schon in Polen gewesen, der wichtigste Mann in der
Schneiderei. Dann gab es auch die, die auf Knöpfe und Taschen
spezialisiert waren. Wir hatten ein zweistöckiges Haus, oben wurden die Hosen und Jacken gelagert, dorthin kamen die Händler,

in Jacketten, in dort sennen ahingekimmen di Marktfuhrer, hoben gekoift di S'choire, wus sei hoben farkoift of di Merekt. Di bist
gesessen of der Erd in dicke Stoffwindeln, in host dech zigekickt.
Ich hob gesollt ofpassen, as di sollst nischt arupschlingen Knepp,
schoin denzmul host di gelibt zi essen.

Ich demann mech noch: Dus Lager is geworren ofgelest, ein
Gass nuch die andere. Die Jidden hoben gemisst aweg, ober keiner hot nischt gewollt. Fartribene fin Schlesien sennen tugteglich
gekimmen, in sei hoben gesollt aran in insere Haser. Rachmunes
of sei. Men hot sei stendig gereizt, sei hoben doch nischt gehat di
Huse keigen ins. A pur Mul hot men sech mit sei geschlugen. A
Fargnigen! Ober emes, hoben sei gemisst sei'jeren Teil fin Ferrenwald osgerechnt »Waldram« rifen?

Di meisten Jidden sennen noch Minchen gegangen. Inser Tate hot
dus nischt gewollt, widder mit diselben zisammen? Er hot gewollt
aros fin Ghetto. In Solingen is gewesen Industri. Noch Disseldorf

---

kauften die Waren, die sie dann auf den Märkten verkauften. Du
saßt im Flur mit deiner dicken Stoffwindel und hast alles beobachtet. Ich sollte aufpassen, dass du keine Knöpfe verschlucktest,
schon damals hast du gerne gegessen.

Ich weiß noch: Das Lager wurde aufgelöst, eine Gasse nach der
anderen. Die Juden sollten fort, aber keiner wollte weg. Schlesien-
vertriebene kamen nun täglich an, sie sollten in unsere Häuser.
Arme Kerle. Die haben wir uns seelenruhig angeschaut, und dann
haben wir sie gereizt. Sie haben sich ja nicht getraut, etwas gegen
uns zu unternehmen. Manchmal kam es doch zu Schlägereien. Ein
Spaß war das! Aber mal ehrlich, mussten sie ihren Teil von Föhrenwald ausgerechnet in »Waldram« umbenennen?

Die meisten Juden sind ins nah gelegene München gegangen.
Das kam für unseren Vater nicht infrage, wieder mit denselben
zusammen? Er wollte raus aus dem Ghettodasein. In Solingen
gab es Industrie. Nach Düsseldorf sind nur ein paar gegangen,

sennen nor a pur gegangen, in ins ochet. 1956. Men hot nischt lang
gewollt blaben in Ferrenwald. Nahn Juhr is es geworren.

Disseldorf, dus is gewesen di emestige Emigrazi'e! Ich bin ge-
gangen of a katholische Volksschule, di far ein Tug in dem ka-
tholischen Kindergarten. Der Tate hot dech dort ahingenim-
men. »Jeden Tag beten wir zu unserem Jesukind am Kreuz«, hot
die Kindergertnerin gesugt, in schoin sennt etz wider indrosen
gewesen, in di bist in Stib gebliben, bis di bist in di Schule ge-
gangen. Im ins arim nor Deutsche. Der Becker deutsch. Der Ko-
lonialwarensoicher deutsch. Di Schreinim, di Chaweirim fin di
Klass. In keiner hot nischt osgesehen wi a Merder. Dus is gewe-
sen a Schock!

Der Lehrer hot arangeschribben in Klassenbuch, as ich bin mo-
saisch, ober ich hob insistirt, as ich bin Jude. Dus Wort Jude is ge-
wesen a Problem far sei.

Mit de Kinder fin de Schule hob ich mech nuch der Schule

---

wir waren dabei. 1956. Wir hatten in Föhrenwald nur kurz bleiben wollen. Neun Jahre sind es geworden.

Düsseldorf, das war die echte Emigration! Ich kam in die katholische Grundschule, du für einen Tag in den katholischen
Kindergarten. Unser Vater brachte dich hin. »Jeden Tag beten
wir zu unserem Jesukind am Kreuz«, sagte die Kindergärtnerin,
dann wart ihr schon wieder draußen, und du bliebst zu Hause,
bis zur Einschulung. Um uns herum nur Deutsche. Der Bäcker
deutsch. Der Lebensmittelhändler deutsch. Die Nachbarn, die
Klassenkameraden. Und keiner sah aus wie ein Mörder. Das war
ein Schock!

Der Lehrer schrieb ins Klassenbuch, wir seien mosaischen
Glaubens, doch ich habe insistiert, dass ich Jude bin. Jude, das
Wort war ihnen unangenehm.

Ich habe mich mit den Kindern außerhalb der Schule eigentlich nie getroffen. Keiner sprach darüber, aber es war klar, dass

*eigentlech kein Mul nischt getroffen. Men hot nischt gered fin dem,
ober jeder hot gewisst, as men trefft sech nicht, in keiner hot gefregt, fin wanne ins kimmen.*

*Ba di'jer is es gewesen besser. Di bist stike zi di anderen gegan-
gen, host mit sei gespielt, in treiffe essen probirt. In deheim host
di mi'jer stike dezeilt, wus is gewesen zi essen, in di host di'jer di
Lippen baleckt. Ich hob gewollt wissen, ober ich bin gewesen zi
jiddisch in der neschume, dus osziprobiren. Di bist gewesen man
Schaliach in der fremden Welt.*

*In der Woche der Bruederlichkeit hoben sech beide Saten bemiht,
einer dem anderen zi versichern, wi wichtig es is, as di Jidden leben
widder in Deutschland. Ich miss lachen: wichtig far wemennen?*

*Ober dus zizegeben, wott gewesen bitter far insere Eltern. Ei-
gentlech hoben sei nischt gewisst, wi ahin. Zirick noch Poilen?
Russland? Isruel, dus wot gewesen git, ober Isruel is nischt Eu-
rope, in dus Luschen …*

---

man sich nicht gegenseitig besuchte oder genauer fragte, wo wir
eigentlich herkamen.

Bei dir war es schon besser. Du bist heimlich zu den anderen
mitgegangen, hast mit ihnen gespielt und nicht koscheres Essen
probiert. Zu Hause hast du mir zugeflüstert, was es gab, und dir
die Lippen geleckt. Ich war schrecklich neugierig, aber viel zu jüdisch konditioniert, um es selbst zu wagen. Du bliebst mein Bote
in der fremden Welt.

In der Woche der Brüderlichkeit waren dann beide Seiten em-
sig bemüht, sich gegenseitig zu versichern, wie wichtig es doch
sei, dass die Juden sich wieder in Deutschland angesiedelt hätten.
Dass ich nicht lache: wichtig für wen?

Aber sich das einzugestehen, wäre für unsere Eltern bitter gewesen. Im Grunde wussten sie doch gar nicht, wohin. Zurück nach
Polen? Russland? Israel, ja, das wäre schön, aber Israel, das war
doch nicht Europa, und die Sprache …

*Ich hob dewahl of dem schlechten Gewissen fin di Deutschen
arimgetanzt. Wus me'jer ich hob gespi'ert wivill »Leichen im
Keller« sei hoben gehat, hob ich noch me'jer man Jiddischsan pro-
pagi'jert. Ich hob mir geschwoiren, seiere Verdraengungsmecha-
nismen zi zersteren, Samt in seiere perfekte Gedankenmaschinen
zi stroi'jen.*

*Di host mir zigekickt, ober far di'jer sennen di Spielalech
nischt interessant gewesen. Ziwus?, host di mich gefregt. Los ub
di Menschen; in far di'jer is es och nischt git. Di farsteist dus
nischt, hob ich di'jer mit a Stoch geentwert.*

*Asoi wi di elteren Deutschen hoben farstanden, as ich bin a
Jidd, hoben sei sech ungehoiben zi farteidigen, zi farsichern, as
sei sennen imschildig, men hot sei baloigen, men hot gedorfen
dem Ofschwung – in iberhopt: Sei hoben och sehr gelitten. Der
einzige Fehler is gewesen, as Hitler hot nischt kooperiert mit
di Jidden, asoi wott men zisammen di Milchume gewinnen. Sei*

Ich habe in der Zwischenzeit auf dem schlechten Gewissen
der Deutschen herumgetanzt. Je mehr ich spürte, wie viele »Leichen im Keller« sie hatten, desto penetranter schob ich mein Jü-
dischsein in den Vordergrund. Ich hatte mir vorgenommen, ihre
Verdrängungsmechanismen zu zerstören, Sand in ihre perfekten
Gedankenmaschinchen zu streuen.

Du schautest mir zu, aber für dich kamen solche Spielchen
nicht infrage. Wozu?, hast du mich gefragt. Lass die Leute in
Ruh; und dir tut es auch nicht gut. Das verstehst du nicht, habe
ich dir hochmütig erwidert.

Sobald vor allem die älteren Deutschen verstanden, dass ich
Jude war, begannen sie sich zu verteidigen, ihre Unschuld zu be-
teuern, sie seien getäuscht worden, es habe damals doch einen
Aufschwung gebraucht – und überhaupt: Sie hätten auch sehr
gelitten. Der einzige Fehler sei eigentlich nur gewesen, dass Hitler dummerweise nicht mit den Juden kooperiert hätte, sonst

hoben sech fartscheppet, hoben ungehoiben zi stammeln, schlies-
lech mis men machen a Schlussstrich.

   Di bist gewesen drazen oder firzen, in ich hob dich in politische
Diskussi'es farwickelt. Mir sennen di Kemfer, hob ich di'jergesugt.
Di host mech git farstannen, ober dus Bananensplit is far di'jer
och wichtig gewesen.

   Ich weiss, man Briderl, ich polemisir widder. Es kimmt dir
nischt. Ober emestik: Bist di nischt och gewesen enttoischt, wenn
di Linken hoben sech nischt far ins interessiert?

   Sei hoben geheissen Isruel a faschistische Zionistenmedine, Is-
raelis sennen far sei gewesen asoi wi Nazis, asoi wi wenn Ausch-
witz wott gewesen a Osbesserungslager, in di Iberlebende wotten
gewesen schlechte Talmidim, wus hoben nicht ofgepasst ba di Lek-
tie. Ich hob man Konsequenz gezoigen.

   A Juhr far dem Abitur hob ich baschlossen, noch Isruel zi
gein, zi helfen in di Sechs-Tugige-Milchume. »Wus willst di

---

hätte man den Krieg zusammen gewonnen. Sie verhedderten
sich, kamen ins Stottern, man müsse doch endlich einen Schlussstrich darunter ziehen.

   Du warst dreizehn, vielleicht vierzehn, und ich verwickelte
dich in politische Debatten. Wir seien hier, um zu kämpfen,
erklärte ich dir. Du verstandest sehr wohl, ließest dich aber
nicht vom konzentrierten Genuss deines Bananensplits ab-
bringen.

   Ich weiß, mein Briderl, ich polemisiere wieder. Das hast du
heute wahrlich nicht verdient. Aber mal ehrlich: Warst du nicht
auch enttäuscht, als die Linken, auf die wir so gebaut hatten, sich
in Wahrheit gar nicht für uns interessierten?

   Sie nannten Israel einen faschistischen Zionistenstaat, verglichen
die Israelis mit den Nazis, als wäre Auschwitz ein Besserungslager
gewesen und die Überlebenden schlechte Schüler, die nicht richtig
aufgepasst hatten. Ich zog meine Konsequenzen.

tin?« Di bist gestannen deleben, wenn der Tate hot interschrib-
ben di Haskume. »Di kennst nischt amul a Flig dehargennen.« –
»Sei brochen Volontere in ganzen Land«, hob ich di'jer wi a
Oiberchuchem geentwert, in Kibbutz hob ich mit Pommedoren
gekemft.

Isruel hot gesiegt, ich hob es iberlebt. Ich bin zirickgekim-
men, in ein Juhr speter hob ich man deutsches Abitur gemacht.
Nuchdem bin ich of stendig noch Isruel gegangen. Dich hob
ich zirickgelosst, di host nischt geweint, ober baleidigt bist di
gewesen.

Di bist nischt gewesen a Achtinsechziger asoi wi ich. Man
Militanz is in dane oigen zi fiel gewesen.

Di bist dewahl geworren a gitter linker Farteidiger ba Sparta
Bilk. In host di nischt gehat di sisse klein Schickse fin dem Medel-
gymnasium schreg keigeniber?

»Mach dech nischt asoi, nuch dem Abi kennst di dech nuch-

Ein Jahr vor meinem Abitur beschloss ich, nach Israel zu gehen, um im Sechs-Tage-Krieg zu helfen. »Was willst du tun?« Du
standest dabei, als unser Vater die Erlaubnis unterschrieb. »Du
kannst nicht einmal einer Fliege etwas zuleide tun.« – »Sie brauchen Volontäre im ganzen Land«, habe ich eitel erwidert und im
Kibbuz mit Tomaten gekämpft.

Israel hat gesiegt, ich hab's überlebt, bin zurück und habe
ein Jahr später mein deutsches Abitur gemacht. Aber dann bin
ich für immer nach Israel. Dich habe ich zurückgelassen, du hast
nicht geweint, aber beleidigt warst du schon.

Aber du warst kein Achtundsechziger wie ich. Meine Militanz
war dir suspekt.

Immerhin wurdest du ein richtig guter linker Außenverteidiger bei Sparta Bilk. Und hattest du nicht auch was mit
dieser süßen kleinen Schickse aus dem Mädchengymnasium
schräg gegenüber?

kimmen«, hob ich di'jer telegrafiert. Telegramme sennen schoin nischt me'jer du, in di, man klein Briderl, och nischt. Deutschland is noch du.

Nein, ich hass di Deutschen nischt, ins hot men lang genig dus Thema diskuti'ert. Ich bin sterker wi di erzoigen geworren, as ins gehert men nischt du ahe'jer, as Deutschland is a Ofenhaltsort of begrenetzte Zait. Asoi hoben Tate in Mame gered, in och di ZJD. Ich hob gemeint, wus ich hob gesugt. Nischt asoi wi alle anderen du. Afille wenn di ZJD hot mir dezidiert a Posten in Minchen, hob ich Nein gesugt. Men chulemnt doch nischt di ganze Juhren fin Aliyah, in dan geit men nischt?!

In dann bist di noch Isruel gekimmen. Ich bin asoi glicklich gewesen, as man Briderl is widder gewesen ba mi'jer. Of di Universitet Tel Aviv, wi ich bin gewesen Dozent, bist di extra far di Studienberatung zi a Kollegen in dus Zimmer neben mi'jer gegangen. Host gehat Moire fin man Einfluss? Ober ich hob

---

»Tu nicht so betroffen, kannst ja nachkommen, wenn du dein Abi hast«, hatte ich dir in einem Telegramm geschrieben. Telegramme gibt es nicht mehr, und dich, meinen kleinen Bruder, auch nicht. Deutschland, ja, das gibt es noch.

Nein, ich hasse die Deutschen nicht, das haben wir immer und immer wieder durchgekaut. Nur wurde ich, viel mehr als du, so erzogen, dass wir nicht dazugehören, dass Deutschland ein zeitlich begrenzter Aufenthaltsort ist. So predigten lange Zeit meine Eltern, und auch die Jungs bei der ZJD. Ich habe das – im Gegensatz zu euch allen hier – ernst genommen. Sogar, als man mir einen Chefsessel bei der ZJD in München anbot, habe ich abgelehnt. Man übt doch nicht jahrelang die Aliyah, um sie dann nicht zu vollziehen?!

Irgendwann bist auch du nach Israel gekommen. Ich war so glücklich, mein Briderl wieder bei mir zu haben. An der Universität von Tel Aviv jedoch, wo ich Dozent war, bist du bei der Studi-

trotzdem dafar gesorgt, as di sollst Politik studiren, afille als a
Nebenfach.

   Es hot gurnischt genitzt. Di bist zirick noch Deutschland, zi
helfen di Mame, wenn der Tate is gestorben. Si hot och gesollt
kimmen noch Isruel. Farwus is dus nischt geschehen? Farwus
sennt etz nischt gekimmen? Eftsche bist di nischt lang genig in
Isruel gewesen, eftsche host di Deutschland me'jer gelibt? Nor
of a kurze Zat, host di gesugt, in jetzt ligst di du. Ich will di'jer
oslossen a Sod: Ich bin dech mekanne gewesen. Ich hob dech a
pur Mul in Tug ungerifen, der Fussball is nor gewesen a Ssibe
zi reden mit di'jer. Emesdik hob ich gewollt heren, wi schein
der Schnei ligt of dem Grus, in tomme a Eisbein mit doppelt
Sauerkraut noch asoi git schmeckt wi friher, welche Najes
stein in SPIEGEL, in wus machen alle anderen, wus sennen
mit ins in de ZJD gewesen, fargessen hoben, osziwandern, in
sennen gebliben kleben in Deutschland. Ober ich miss zigeben,

---

enberatung extra ins Nebenzimmer zu meinem Kollegen gegangen. Hast du Angst gehabt vor meinem Einfluss? Trotzdem habe
ich dafür gesorgt, dass du auch Politik wählst, zumindest als Nebenfach.

   Was hat es genützt? Du bist zurück nach Deutschland, als unser Vater starb. Unsere Mutter unterstützen, sie sollte endlich
auch nach Israel kommen. Warum ist das nie geschehen? Warum
seid ihr nie gekommen? Vielleicht warst du zu kurz in Israel,
vielleicht hingst du zu sehr an Deutschland? Nur für kurz, hast
du gesagt, und nun liegst du hier. Und soll ich dir was sagen:
Ich habe dich beneidet, manchmal. Ich rief dich mehrmals täglich an, die Fußballergebnisse waren nur ein Vorwand, um dich
zu sprechen. Um zu hören, wie schrecklich-schön der Schnee
auf den Wiesen lag, ob ein Eisbein mit doppelt Sauerkraut immer noch so gut schmeckte, welche Neuigkeiten im SPIEGEL
standen, und wie es all den anderen ging, die mit mir, mit uns in

as ich bin geworren a »Deutscher Jude« fin Kind of. In di och,
man Briderl, di och. A Jecke dorch in dorch.

  Di host doch gewollt warten, bis ich bin du. Ober di bist
fri'jer gegangen, a sach zi fri. Hob a geneidim, man Chawer,
man Begleiter, man klein Briderl. Di fehlst mi'jer jede Minit
me'jer.

---

der ZJD gewesen waren, vergessen hatten, auszuwandern, und
irgendwie in Deutschland kleben geblieben waren. Aber es wird
Zeit, mir das einzugestehen, ich bin ein deutscher Jude geworden
in meiner Kindheit und Jugend. Und du auch, mein Briderl, du
auch. Ein waschechter Jecke.

  Du wolltest doch warten, bis ich hier bin. Aber du bist früher
gegangen, viel zu früh. Mach's gut, mein Freund, mein Weggefährte, mein kleines Briderl. Ich vermisse dich jede Minute mehr.

Jetzt wäre ich an der Reihe, im Namen der Freunde. Aber was
soll ich sagen? Was kann man noch zu einem Toten sagen,
wenn sein Bruder gerade mit ihm gesprochen hat?

  Hörst du mich, Aron?

  Ich spreche von unseren Tanzabenden, von unseren Partys,
von den endlosen Diskussionen darüber, was einen jüdischen
Berliner oder einen Berliner Juden nun wirklich ausmacht, und
von dem Glück, dich als Freund gehabt zu haben.

  Glaube ich jedenfalls. Genau erinnern kann ich mich nicht
mehr. Alle nicken mir freundlich zu, unzählige teilen meine
Erinnerungen. Eifersüchtig beobachte ich, wie vielen du
Freund, Vertrauter, Weggefährte warst. Alle geben vor, im Mittelpunkt deines Interesses gestanden zu haben. Für alle warst
du da, dich selbst hast du vergessen, hast dich zurückgenom-
men, bist zu kurz gekommen, nur heute zum ersten und wohl
letzten Male stehst du im Mittelpunkt unser aller Gedanken,

nur du allein. Hier an der Heerstraße, aber auch in Föhrenwald und in Düsseldorf, in diesen ersten Jahren nach dem großen Krieg.

Es hat zu nieseln begonnen, just als wir aus der Trauerhalle treten. David weint, wie ich ihn noch nie habe weinen sehen, ich fürchte, er wird es nie und nimmer bis zur Grabstelle schaffen. Ich wundere mich, dass er plötzlich Jiddisch versteht, wie all die Goyim, die heute auch gekommen sind. Hauptsache, du hast uns gehört, Aron, dort oben, oder auf dem Weg dahin. Dann ist nur noch der Bariton des Kantors zu hören, und reflexhaft stimme ich in das Kaddisch ein: Jitgadal vejitkadasch sch'mei rabah …

tacheles

adriana

»Es gibt überhaupt keinen Grund, in den Westen der Stadt zu fahren«, hat sich Raffi wieder mal empört, als ich ihn anrief. »Wir haben hier eine Restaurant-Kultur, die ihresgleichen sucht. Der Osten wurde mehr oder weniger deswegen neu erschaffen. Und du bestellst mich in den Tiergarten, einen der verschlafensten Bezirke Berlins?!«

»Raffi, du musst kommen, bitte! Wir treffen uns am kleinen See, da gibt es ein schönes Café, tolle Mädels, man kann sich eine Holzofenpizza bestellen oder ein Ruderboot, alles zum halben Preis, da außerhalb der Saison.« Ich versuche wie immer zu klingen. Heiter und entspannt.

»Du hörst dich an, als würdest du heute Nachmittag noch deportiert, was ist los?« Raffi ist zwar extrem selbstbezogen, aber mit einem feinen Gespür für die Zwischentöne seiner Mitmenschen ausgestattet.

»Ach, nichts Besonderes«, plappere ich harmlos weiter, »wir haben uns ewig nicht getroffen, ich würde dich einfach gerne mal wiedersehen.«

»Das sind über vierzehn Stationen mit der U-Bahn. Es ist kalt. Ich bin schon mit Rückenschmerzen aufgewacht, willst du mich umbringen? Außerdem hasse ich Pizza. Und überhaupt sind Gerichte, die aus dem Ofen kommen, einfach nur geschmacklos, ich bin Jude!« Kurze Pause am Ende der Leitung. »Halber Preis, sagst du? Und schicke Mädels? Na gut, weil du's bist!«

Die Terrasse ist bei diesen Temperaturen verlassen, nur ein paar Spatzen leisten mir Gesellschaft, während ich in drei Decken gehüllt auf Raffi warte. Hoffentlich kommen noch die versprochenen hübschen Mädels, sonst wird er Ärger machen. Seine jetzige Freundin ist Russin, sehr jung, sehr apart und so gewieft, dass sie offenbar mit ihm auskommt.

Ich bestelle Kuchen, bekomme eine Margherita. Pizza scheint bei Trauerfällen die vorgeschriebene Diät zu sein. Teile mir mit zwei Spatzen den zähen Teig, ein Hauch Herbstsonne, und die ersten Mädels kommen, jetzt fehlt nur noch Romeo.

Endlich taucht Raffi auf, er starrt mich an, als würde ich Dachpappe essen, bestellt sich nach intensivem Studium der Karte und mehrfachem Hin und Her mit der Kellnerin einen Espresso.

»Wenn man deprimiert ist, ist es besonders wichtig, auf die Ernährung zu achten«, gibt er schulmeisterlich zum Besten. »Der Ort erinnert mich an München: Biergarten, Bootsverleih und Singletreff. Die Mädels appetitlicher als das Speisenangebot. Ich sollte vielleicht das eine oder andere Fräulein kennenlernen, man weiß ja nie, was passiert, meine Freundin ist ziemlich jung ...«

»Sie könnte deine Tochter sein«, schieße ich trocken aus der Hüfte, bereue es aber sofort, das hören Männer in Raffis Alter gar nicht gern. Raffi übergeht meine Spitze, Bösartigkeiten austeilen ist ausschließlich sein Ressort.

»Habe sowieso keinen Hunger, muss noch das Dinner von gestern verdauen. Kleinmachnow von seiner schönsten Seite, geladene Gäste, dezente Ost-West-Mischung, Kultur im weitesten Sinne, zum Erbrechen langweilig. Ganz zu schweigen davon, dass sie die Knoblauchknolle für sich entdeckt und überall, aber wirklich überall, mehrere Zehen davon untergebracht haben. Ethnische Aufgeschlossenheit. Wenn das ihre Ausländerfreundlichkeit demonstrieren soll, lobe ich mir den anständigen Alltagsrassismus. Ständig muss ich heute aufstoßen. Der einzige Trost: meinen lieben Freunden dürfte es nicht anders gehen.«

Ich lächele Raffi aufmunternd zu. Soll er doch reden, dann muss ich wenigstens nichts sagen, für bissige Konversation braucht es ein Mindestmaß an Energie, zumindest bei mir, und mir steckt Arons Beerdigung in den Knochen. Und außerdem: je länger Raffi nörgelt, desto besser geht es ihm.

»Der Gastgeber«, macht er also weiter, »ein gewaltiger Typ, großer Kopf, imposanter Bauch, Gerhart-Hauptmann-Modell, der, wie inzwischen alle, die Zentrale seiner Kleinstfirma nach Berlin verlagert hat, und nun mit großem Gestus sein Ankommen feiert. Bei der Begrüßung schließt er mich gönnerhaft in die Arme und merkt nicht, dass ich fast ersticke. Als wir uns vor vielen Jahren kennenlernten, war er Redakteur bei einem Sender, und auch darin war er keine große Leuchte. Er klebte wie eine Klette an mir, wich mir nicht von der Seite, er liebe, nein, verehre alles Jüdische, flüsterte er mir gerne zu, ob er wohl jüdische Vorfahren habe? Ich schwöre, ich habe alles getan, um ihn loszuwerden. Habe ihn zu den schlimmsten jüdischen Lokalen geführt, die Frankfurt zu bieten hatte – was nicht weiter schwierig war, sie waren alle mies – habe ihm die zickigsten jüdischen Mädchen vorgestellt, die ich finden konnte. War zu ihm von beleidigender Bösartigkeit –«

»Sagen wir so: Du warst du selbst«, entfährt es mir.

Raffi stockt kurz, grinst dann. Immerhin, selten genug, dass er über sich selbst und nicht über andere lacht. Unbeeindruckt fährt er fort.

»Aber was sagt der Mensch: Er wolle übertreten! Er wolle ein Teil des auserwählten Volkes werden, nur das Besondere sei für ihn gut genug. Er habe schon eine Freundin in Israel, eine echte Sabra, nach der Staatsgründung zur Welt gekommen, es sei alles geklärt, der Rest Formalität. Ich will ihn warnen, für jüdische Frauen gibt es eine detaillierte Gebrauchsanweisung mit etlichen Seiten Kleingedrucktem, die man minutiös beachten sollte, ich weiß, wovon ich rede. Aber davon will er nichts hören. Sie sei das Mamma, ich vermute, er meint Manna ...«

Eine Rothaarige kommt vorbei, und natürlich lächelt sie Raffi an. Er ist fast glatzköpfig, trägt eine Brille, ist spindeldürr und hat einen unglaublichen Erfolg bei Frauen. Erklär mir das mal einer. Als sie außer Sichtweite ist, und Raffi seinen Hals um annähernd hundertachtzig Grad zurückgedreht hat, macht er weiter:

»Warum es dann nicht geklappt hat mit der großen Jüdischkeit, weiß ich nicht mehr. Jetzt sieht er aus wie Feldmarschall Erwin Rommel, seine Frau auch, und wenn ich ehrlich bin, sogar ihr Hund trägt arische Züge. Es gab Pastete mit Knoblauch, und Minestrone mit Knoblauch, und bevor sie weitere herrliche Knoblauchgerichte auffahren konnten, war ich plötzlich Gesprächsthema. *Sag mal, Raffi, wieso musst du immer jüdische Themen bearbeiten, du bist doch ein echt begabter Mensch ...* Ich weiß nicht so recht, was ich erwidern soll, brauche ich auch nicht, denn das Gespräch geht wunderbar auch ohne mich weiter, eigentlich besser, eigentlich so, als wäre ich gar nicht da. Ich höre, dass ich ein böser Mensch sei, ein Zyniker, nicht zu *händeln,* ich stünde mir selbst im Weg, wenn ich mich immer so an die jüdischen Themen klammere, ich sei fixiert, dabei sei ich doch so begabt. Erstaunlich, aber wir alle seien ein bisschen so. Zynisch, narzisstisch und voller Hass auf Deutschland, warum nur? Ja, warum nur? So geht das bis zum Dessert, einer Mousse mit einem Krönchen aus Knoblauchsahne. Nein, ist ein Witz ...«

Raffi ist nun in seinem Element, wie ein Jagdhund hat er Fährte aufgenommen, gnadenlos, er wirkt irgendwie beflügelt, und von Rückenschmerzen keine Spur.

»Ich frage mich gerade, wer mit *alle* gemeint sein könnte, als, ich schwöre es, der abschließende Knoblauchschnaps serviert wird. Wie kommt eine ganze Knolle in diese schmale Flasche, frage ich dich? Ich habe ja auch bis heute nicht verstanden, wie diese Segelboote in eine Weinflasche kommen. Was ich allerdings ebenso wenig verstehe, ist, wieso ich eingeladen wurde, und da ich genug Knoblauch für die nächsten zehn Jahre intus hatte, verabschiedete ich mich höflich.«

Raffi ist unterhaltsam, egal, was die Hälfte der Republik von ihm denkt. Doof ist er auch nicht. Wenn er etwas weniger narzisstisch wäre, wäre er fast ein Mensch. Meine Laune wird langsam erträglicher, also mische ich mich ein: »Wer *alle* sein sollen? Wir sind alle. Wir, die Juden. Wir haben sie enttäuscht.«

Der Antisemitismusfachmann mir gegenüber starrt mich an, als hätte er vergessen, dass da jemand sitzt, der ihm die ganze Zeit zugehört hat. Versehentlich probiert er sogar von meiner Pizza, findet, sie schmecke nach Siebzigerjahre, aber im Vergleich zum Essen gestern erschütternd normal.

»Wir haben sie enttäuscht«, mache ich kurz entschlossen weiter, »wir sind gar nichts Besonderes, wir sind alles andere als auserwählt, im Gegenteil, wir sind genau wie sie, oder noch schlimmer. Das können sie uns nicht verzeihen. Aus der einstigen Verehrung ist nun Abscheu geworden, und sie schämen sich dafür, dass sie einmal Juden werden wollten, werden wollten wie wir. So banal und einfach ist es.«

»Nein, ja, doch. Du könntest recht haben«, pflichtet er mir bei, sonst gar nicht seine Art. »Hätte ich nicht besser formulieren können.«

»Dieses Land ist voll von deutschen Männern, die aus ihrer Haut wollen, die alle gerne mal Opfer wären, weil ihre Eltern Täter waren.«

Raffis Blick wird streng. »Bist du sicher, dass mit dir alles in Ordnung ist? Das klingt so gar nicht nach dir. Was hast du getrunken und wie viel? Und überhaupt: Warum?«

»Wir sind alle Enkel des Krieges«, bricht es aus mir heraus. »Was spielt es letztlich für eine Rolle, ob die Großmutter von Nazis oder von Russen vergewaltigt wurde?«

»Wow, das ist mal eine These, etwas unvermittelt, aber

warum nicht? Klingt ein bisschen nach Feuilleton der FAZ. Am besten, ich bestelle mir auch was von deinem Fusel. Jetzt aber Tacheles, Adriana, was ist los mit dir? Ich bin doch nicht einfach so quer durch Berlin in den beschissenen Westen gefahren? Dieses ganze Gerede von vergewaltigten Großmüttern, Opfern und Tätern ist doch absurd. Was ist passiert? Was – ist – los?«

Und ich sage: »Aron ist tot.«

»Gott. Nein! Der dicke Aron. Weißt du, er war vor langer Zeit mein Ferienbetreuer in Bad Sobernheim. Wieso hast du mich nicht gleich angerufen, ich wäre sofort angereist, wahrscheinlich, also eventuell …«

»Ab jetzt bist du mein bester jüdischer Freund, ja?«

Raffi wird leichenblass. »Ich? Ich habe doch nicht mal genug Geschirr für einen Sederabend zu dritt. Von den fettigen Sufganiots wird mir schlecht, und von Religion halte ich gar nichts. Liebe Güte, Aron, konntest du mit deinem Abgang nicht warten? Ehrlich, bei aller Liebe …«

Dann aber schaut er mir in die Augen.

»Na klar, natürlich, was denkst du denn, es tut mir leid, ich mach das schon«, sagt er. Seine Stimme klingt nach einem Wolf, der ordentlich Kreide gefressen hat.

epizentrum

teta jele

Es ist so weit. Übermorgen werde ich vierundneunzig Jahre alt.
Mein G'tt! Mit mir hast du dir wirklich Zeit gelassen.

Meine Nichte rückt an. Seien wir ehrlich, sie hat mein Ge-
burtstagsgeschenk, das Wochenende in Abano Terme, nötiger
als ich. Sie arbeitet durchgehend, als würde ohne sie die Welt
stillstehen, und der Tod ihres Freundes Aron hat sie nicht fröh-
licher gemacht. Nach der Beerdigung letzte Woche hat sie eine
halbe Stunde am Telefon geweint, sie war nicht mehr zu beruhigen. Aron war ihr eine große Hilfe bei der jüdischen Erziehung der Jungs. Wie sie das jetzt allein mit ihrem Goy schaffen
will, bleibt abzuwarten. Ich mag Georg, er ist ein netter, ver-
bindlicher Junge, er hat wirklich nur den eindeutigen Nach-
teil, Deutscher zu sein. Da bin ich ganz auf Davids Seite, aber
ich werde mich hüten, etwas zu sagen, es geht mich auch wahrlich nichts an.

Kaum ist Adriana mit David in Mantua eingetroffen – den
Kleinen hat sie G'tt sei dank zu Hause gelassen –, haben wir ein
Erdbeben. Das Epizentrum ist zwar in Mirandolina, etwa zwanzig Kilometer von Mantua entfernt, aber um aus dem Bett zu
fallen, reichen meiner Nichte die 5,9 auf der Richterskala vollkommen. Sie ist irgendwie immer im Epizentrum. Das hat sie
von ihrem Vater …

Der Hungerturm direkt neben meiner Wohnung bewegt
sich gefährlich hin und her. Hoffentlich bleibt er stehen, er ist

schließlich Baujahr 1386. Im Wohnzimmer hängen die Bilder schief, und die Uhren haben die umgekehrte Richtung eingeschlagen, behauptet Adriana. Sie ist immer so nervös.

Im Hof, wo sich kurz darauf die Bewohner des Gebäudes in Schlafanzügen und Bademänteln versammeln, herrscht Panik. Die Renaissancehäuser haben Risse bekommen. Im Wohnzimmer meines Nachbarn Dottore Giovanni ziehen sich feine schwarze Fäden über das blasse Gesicht der Contessa Ziliola Bonacolsi. Dabei wurden die Fresken gerade erst frisch restauriert, erklärt er allen betrübt. »Povera famiglia Bonacolsi«, murmelt die Mutter des Dottore Giovanni, die beiden wohnen selbstverständlich noch zusammen. »Jetzt hatten wir die Contessa gerade so schön restauriert, ganz im Sinne des Malers Mantegna, und dann das.« Alle geben ihr recht.

Wer nichts gemerkt hat, sind der Hund und ich. Wir haben wunderbar geschlafen, bis zu dem Moment, als mich Adriana aufgebracht geweckt hat. Ich kann nicht erkennen, dass die Bilder schief hängen, und meine Uhren ticken gleichmäßig, was will man mehr?

»Es wird alles halten«, tröste ich die aufgebrachte Menge. »Schließlich hat das Gebäude auch die Faschisten überlebt. Mir macht das keine Angst, im Gegenteil: von einem Turm aus dem Mittelalter erschlagen zu werden, ist allemal besser als von Antisemiten.«

Das ist der Moment, in dem mich meine Nichte in meine dunkle kühle Wohnung zurückschiebt, dabei war ich mit meinen Ausführungen noch lange nicht fertig. Wie sie mich immer gängelt und bevormundet! Dass sie mich noch Auto fahren lässt, liegt nur daran, dass sie so weit weg wohnt. Dabei fahre ich besser als sie, unbenommen. Von den Nachbarn erschlagen zu werden, sei auch keine Alternative, erklärt sie mir. Sie hat allerdings keine Ahnung, vor allem nicht, was Erschlagen betrifft. Erst gestern haben sie in den Medien von einem schrecklichen Mord am Haus von Sparafucile berichtet. Es waren sicherlich Menschen vom Balkan, da verwette ich meinen Ehering drauf, wenn sie den nicht auch schon gestohlen haben, wo ist der überhaupt?

Tante, hör auf, zischt Adriana. Sie verteidigt sie gerne, diese ganze Bande Erzverbrecher.

Um sie ein wenig zu provozieren, ergänze ich: »Ich bin generell für die Todesstrafe – außer für Hunde und Katzen. Nein, ich bin nicht dement, ich nehme auch keine Tabletten, ich weiß, dass du es in solchen Momenten hoffst, dann hättest du eine billige Erklärung für meine Haltung.«

Inzwischen hat unser Streit David aus dem Bett gelockt. Auch er hat das angebliche Erdbeben nicht gespürt. Er verlangt zu Recht nach einem Frühstück, er ist groß geworden, ein Mann, und muss anständig essen. Wenn er so halbnackt im Flur steht, in diesen Unterhosen, sieht er aus wie einer aus der italienischen Fußballmannschaft in der Werbung für Armani. Er beginnt sein Frühstück mit dem Vorschlag, den Hungerturm abzureißen. Dann könne er auch niemanden mehr erschlagen, es habe ihn nun wahrlich lang genug gegeben. Seine Mutter kann ihn mit Müh und Not daran hindern, dies auch den Nachbarn und den inzwischen eingetroffenen Carabinieri vorzuschlagen. Sie haben alles abgeriegelt. Mit fachmännischen Mienen prüfen sie die heruntergefallenen Ziegel und bestellen sich beim Hausmeister einen Espresso. »Es wird dauern«, höre ich sie sagen, »möglicherweise sehr lange.« Was genau sehr lange dauern wird, lassen sie im Unklaren. Ob die Lage im Allgemeinen gemeint ist oder das Erdbeben? Italien gehe es schlecht, sehr schlecht.

Die Gesichter lang, der Humor dünn, die Kassen leer. Dürfte Silvio noch so, wie er will, wäre das nicht passiert, denke ich mir, doch besser nichts sagen, meine Nichte versteht nichts davon. Auch ich vermute, dass Italien in den nächsten zehn Jahren wenig Freude haben wird. Im Radio hören wir, dass zentnerweise reifender Grana Padano, unser guter Parmesankäse, von den Regalen gefallen ist und Arbeiter dabei schwer verletzt wurden. Und dass man nun der Bevölkerung rate, die Arbeit auszusetzen. Zu gefährlich. Konnte man diesen Grana denn nicht besser sichern? Er ist unser lukrativstes Exportgut! Wie dumm diese Arbeiter sind, lässt sich gar nicht in Worte fassen.

»Habe ich mich verhört?«, ruft meine Nichte, »Arbeit ist zu gefährlich? Die Italiener richten ihr Land schon selbst zugrunde, da braucht es gar kein Erdbeben!« Ich sage ja, sie hat keine Ahnung!

Vor dem *Café Roma* drängen sich die Menschen. Sie schlürfen ihren Kaffee und kommentieren die Lage. Keiner macht Anstalten, zur Arbeit zu gehen, die Meldung in den Nachrichten war vollkommen unnötig. Der italienische Bürger ist ein mündiger Bürger, er hat seine Schlüsse schon selbst gezogen. David scheint sich pudelwohl zu fühlen. Ihm gefällt es, dass hier die Dinge besprochen, erörtert, beleuchtet werden, ausführlich und von verschiedenen Seiten. Ohne sofort Konsequenzen ziehen zu müssen. Das liegt ihm, das ist politischer Geist. Er möchte hier wohnen, hier studieren, mitdiskutieren. Mich würde es freuen.

Seine Mutter beginnt schon wieder, nervös zu werden. Endlich machen wir uns auf den Weg nach Abano Terme, großzügig überlasse ich Adriana das Autofahren, sie würde doch keine Ruhe geben.

In diesem Heilbad mit seinen Thermalwasserquellen verbrachten schon Generationen von Juden ihre Ferien, wärmten ihre empfindlichen Knochen. Hier habe ich bereits vor dem Krieg mit meinen Eltern geschwitzt, erst mit den Rothschilds (dem ärmeren Zweig), dann nach dem Krieg Alphons Silbermann und Arno Lustiger zugehört. Im heißen Bassin ihren Erzählungen gelauscht. Alles Widerstandskämpfer, auf ihre Art, mit Bademütze.

Silbermanns Theorien über Musikästhetik und Homosexualität, die er mit leichtem S-Fehler, dafür umso lauter vor den schockierten badenden Damen kundtat. Lustigers Singsang über die vielen kleinen Helden, die Juden geholfen haben, und die niemand geehrt hat. An die kleine Prostituierte in Berlin, die ein Versteck auf dem Dachboden hatte, wird bald niemand mehr denken. Nun ist er tot.

Überhaupt sind alle tot, außer mir. Nun gut, auch Abano ist praktisch unverändert.

David genießt den morbiden Charme, er hat sich bei mir untergehakt, und gemeinsam flanieren wir an den Schaufenstern vorbei. Ich habe schon immer hübsche Kerle gemocht, mein Enkel ist ganz nach meinem Geschmack. Ja, ja, er ist im Grunde nur der Enkel meiner Schwester, aber so oft, wie sie ihre Tochter zu mir geschickt hat, habe ich mir den Enkel redlich verdient.

Er erinnert mich an Fritz Epstein, der nach Australien ausgewandert ist und mich nicht hat mitnehmen dürfen. »Fritz, der wär's gewesen. Dein Großonkel, mein Mann, primitiv, Katholik. Verlorene Liebe, verlorenes Leben. Bewahre dir deine Arroganz, mein lieber Junge, nichts ist mehr zu fürchten als schlechte Gesellschaft: Meglio soli che mal' accompagnati! Das versuchte ich deiner Mutter schon früh beizubringen, aber sie weiß ja alles besser. In dieser Beziehung kommt sie dummerweise eher nach meiner Schwester, die immer schon das gemeine Volk der elitären Upperclass vorzog. Idiotisch.«

David grinst, er hat mich verstanden, dank seines natürlichen Hochmuts.

Die Auslagen sind typisch für einen Badeort: Murano-Nippes und Birkenstock-Schuhe. Die Badeanzüge sehen aus wie Zelte, sie haben sich dem Publikum angepasst, das immer primitiver wird. Abscheulich. Nur bei den Antiquitätenhändlern ist der Schmuck wie früher, vom Feinsten eben. Na, wenn die Brosche mal nicht einem von uns gehörte …

»Deiner Mutter ist das Thermalwasser zu warm, der Schwefel zu muffig und das Essen zu üppig. Sie verabscheut Snobs und mag keinen Schmuck. Wie kann man so übel gelaunt sein, wenn man noch nicht mal selbst im Lager war? Nächstes Mal kommst du alleine, dann haben wir mehr Spaß, nicht wahr?«

Meinen hübschen Enkel und mich kann nichts aus der Ruhe bringen. Er begreift einfach, was zu uns passt. Wir kichern über die Passanten, die auf Krücken an uns vorbeischleichen. Über die eitlen Kellner, die uns beim Gala-Abendessen bedienen, und über seine humorlose Mutter. Wir sind Snobs, und wir lieben es! Ich fühle mich wie 1920 oder 1958, wenn wir den Kaffee zurückgehen lassen. Zu kalt! Zu warm! Zu dünn! Drehen uns zwischendurch unter dem warmen Strahl der Massageanlage hin und her, und stellen weder uns noch Abano Terme infrage. Der Alleinunterhalter gibt eigens für uns Patty Pravo, Adriano Celentano und Milva zum Besten. »Se c'è una cosa che mi fa tanto male è l'acqua minerale …«, zitiert der Sänger jetzt Fred Buscaglione, er hat recht! Zu viel Mineralwasser tut nicht gut, macht miese Laune! Cameriere: Champagner!

Die Zeit ist stehen geblieben, ich bin ein junges schönes Mädchen, der fesche Mann neben mir ist Fritz Epstein. Wir fliehen nach Australien oder anderswohin, es hätte alles anders kommen können. Dieser miese Krieg … Meine Laune ist dahin. Der Holocaust kann einem wirklich die Stimmung verderben. Meine Nichte schaut mich besorgt an, während David herumkrakeelt, er wolle mehr Champagner, er gehe ganz sicher nicht schlafen, ganz sicher nicht jetzt, eher nie mehr. Er wolle sein Leben leben, und das beginne in diesem Moment, hier in Abano. Dann erklärt er uns, dass er klug genug sei, das Casino zu knacken, auf jeden Fall die Millionen bringende Kombination kenne. Ich traue ihm alles zu. Im Gegensatz zu seiner Mutter, die ständig an ihm und mir herumerzieht.

»Aber ja, Herr David Bond, ich vergaß!«, fährt sie ihn an. Und geht beleidigt davon. Er schreit ihr hinterher: »Reischt, Mama!« Es ist eben nichts mehr, wie es war. Habe ich das laut gesagt? Der Spumante ist schal.

»Wie war es denn früher?«, fragt David, als er sich beruhigt hat.

Wie es früher war? Bei mir und meinen Eltern? Nun, eins ist gewiss, das Wort Pubertät gehörte nicht zu unserem Vokabular. Und eine solche Schreierei wie eben wäre undenkbar gewesen. Übrigens finde ich es auch heutzutage nicht sehr angemessen. Wie es bei mir war? Darüber habe ich lange nicht mehr nachgedacht. Meine Schwester und ich wuchsen in einem großbürgerlichen Milieu auf. Bei uns sah es aus wie in diesem Hotel hier, nur feiner. Es gab Angestellte für alles, Erziehung inbegriffen. Was wir von unseren Eltern übernahmen, waren eher die Charaktereigenschaften. Unsere Verhaltensweisen entsprachen denen höherer Töchter. Meine noch mehr als die meiner Schwester, die benahm sich schon als Kind wie eine Rosa Luxemburg. Außerdem war unser Vater herzkrank, der Tagesablauf richtete sich nach seinen Launen und seinem Wohlbefinden.

Wir waren sehr wohlhabend, es mangelte uns an nichts, aber es war auch eine einsame Zeit. Besucher wurden ungern gesehen, sie hätten den Vater stören können. Und schon gar nicht von nicht jüdischen Jugoslawen, die hatten nichts, aber auch gar nichts in unserer Villa verloren. Nur heimlich und selten gab es unkontrollierte Freiräume. Gerade hatte ich, die Ältere, die Welt des Flirtens für mich entdeckt, war knappe einundzwanzig, immer meine kleine siebzehnjährige Schwester Thea im Schlepptau, als der Krieg ausbrach. Die Jugend, das bisherige Leben, die Ausbildung, die Prinzipen und Werte – alles war über Nacht vorbei.

Auch die erste Liebe verschob sich auf unbestimmte Zeit. Von Revolte gegen die Eltern, von persönlicher Entwicklung, von Aus- und Aufbruch konnte von nun an nicht mehr die Rede sein. Herumbrüllerei? Rebellion? Undenkbar! Das alte Leben war vorbei, und es war fraglich, ob es je ein neues geben würde. Stattdessen waren Lager, Hunger, Scham die Begleiter der folgenden Jahre. Und viel Angst. Soll ich das dem Jungen erzählen? Ihn mit Krieg und Verfolgung belasten? Hat er nicht genug an sich selbst zu tragen?

Oder von seinem Großvater Jakob berichten, dem Mann meiner Schwester Thea? Dem er gar nicht so unähnlich ist? Die Eitelkeit hat er hundertprozentig von ihm geerbt. Jakob war einer von sechs Geschwistern. Dass er arm war, war nichts Besonderes, arm waren viele, und nicht die Dümmsten. Bei Kriegsausbruch ist er zu den Partisanen. Ein gefährliches, spannendes Leben, das aus dem Jungen schnell einen erwachsenen Mann machte. Wenn Jakob etwas konnte, dann, sich durchschlagen, egal wo und wie, ein Straßenjunge eben.

Beide überlebten, Davids Großmutter das Lager, sein Großvater den Widerstand. Mit Kriegsende gingen sie zu Titos Brigaden. Statt einer persönlichen, pubertären Revolte waren sie Teil einer weltweiten Offensive, an deren Ende, Hitler zum Trotz, die Geburt meiner Nichte stand. Später jedoch muss ihnen der Atem ausgegangen sein. Es war sicher kein böser Wille, dass sie Adriana mit sieben Jahren in ein Internat gaben. Aber dennoch – ich habe es ihnen nie verziehen …

Internat und Internierungslager klingen ähnlich, muss sich Adriana gesagt haben, sie hat von ihnen gelernt, sich durchzuschlagen – egal wie, egal wo. Sie ist recht hübsch, Humor hat sie eigentlich auch. Nur warum sie immer so verbissen ist, kann ich mir nicht erklären.

Muss ich mich bei dieser Familiengeschichte wundern, dass mein Goldjunge Partisan, Zionist oder am besten beides werden will? Dass er mindestens die Palästina-Frage, die Eurozonenkrise und den arabischen Frühling abschließend und im besten Falle alleine lösen will? Er wäre ein guter Politiker, vielleicht wird er mal ein zweiter John F. Kennedy, aber sein Ende kann man keinem wünschen. Nein, ich muss mich nicht wundern. Ich kann höchstens die Weltgeschichte beklagen, und dass wir nicht in unserer alten schönen K.-u.-k.-Monarchie bleiben durften. Dann wäre vieles leichter. Vielleicht.

»Als ich jung war, mein lieber David«, sage ich nach einer Weile, »ist die Weltgeschichte gerade in die Pubertät gekommen, für meine Revolte blieb kein Platz mehr. Und jetzt komm, lass uns schlafen gehen, sonst überkommt mich der Katzenjammer. Die Kellner haben schon die Stühle hochgestellt. Bei kleinen Wunden sagt man gerne, passerà – es wird vergehen. Bei großen auch, also steh auf, passerà …«

displaced persons

georg

In Erziehungsratgebern steht, die Aufgabe des Vaters sei es, gegenüber den gärenden Gefühlen der Sprösslinge ruhig und klar die Ansprüche der Wirklichkeit zu vertreten, Grenzen zu ziehen, Verbote auszusprechen, aber auch freundschaftlicher Berater zu sein. Das klingt gut, aber sehr allgemein. Wie diese edle Aufgabe zum Beispiel per SMS zu bewältigen ist, davon steht dort nichts.

> Kannst du auf Sammy aufpassen?

> mama ist doch da. wo bist du gerade?

> Probe. Mama ist auf Lesereise, schon gemerkt? Du hast die Oberaufsicht. Ihr werdet in der Synagoge um 18 Uhr erwartet, dann seid ihr zum Kabbalat Schabbat eingeladen. Mama hat euch angemeldet.

können wir nicht zu Hause bleiben? ich helfe ja gerne, aber ihr müsst gleich wieder übertreiben … und so kurzfristig … war purim schon mit sammy, sogar voll verkleidet. außerdem lasse ich mir nicht sagen, wann ich in die synagoge gehen soll. gehe freiwillig oder gar nicht. 5–10 stunden synagoge nach ner woche mit klausuren. ihr spinnt ja ….

Habe bis 20 Uhr Probe. Und: Wäsche waschen und Zimmer aufräumen!

jawoll! mein …

Ihr könnt gern morgen früh um 9 Uhr noch mal in die Synagoge gehen!

waren in der synagoge, langweilig, sind raus. nach haus. wann bist du da?

Mann Gottes, lass mich proben! Alles aufgeräumt?

ja. monothematiker. buecher weg, bett bezogen. wäsche nicht angemacht, damit du noch was reintun kannst. geh jetzt raus.

Mach an!

sammy guckt ladykracher. geh jetzt raus, zu amir, wäre es okay, wenn ich heute da schlafe, wollte mal fragen?

Zimmer aufgeräumt?

mach ich alles noch. ich entscheide aus eigener reife, wann ich was mache, du lagerleiter. mit mama wäre das nicht passiert.

Du schläfst zu Hause, basta.

was jetzt los? kannste nicht normal reden? gerade wunderbare fdp-rede gelesen. hätte dir gefallen. gegen das jetzige finanz- und banken-system. auch über friedenshaltung und besinnung zu den eigentli-chen werten. tolle rede. koenntest du mir vielleicht einen döner oder so mitbringen? bayern führt. räume jetzt zimmer auf.

Ganz normale SMS-Konversation zwischen Vater und Sohn in der bundesdeutschen Gegenwart. Hand aufs Herz: Klingt in den Beiträgen meines Ältesten auch nur irgendeine Zeile nach Hochbegabung? Schon allein die Schreibweise ist absurd, daran könnte das Genie mal arbeiten, wozu schicken wir ihn auf eine Privatschule? Natürlich, natürlich, ich weiß, er ist cool, und das liegt außerhalb meines altdeutschen Goethe-Schiller-Kleist-Horizonts.

Adriana findet, dass David und ich bestens zueinander passen und uns gegenseitig schwer mögen. Wir könnten es nur nicht gut zum Ausdruck bringen. Eifersüchtig behauptet sie, so viel Kontakt wie wir untereinander hätte sie zu keinem von uns beiden.

Habe ich schon erwähnt, dass die Abendessen bei uns am schlimmsten sind? Ich koche meist. Adriana, wenn sie überhaupt mal da ist, eher selten, eher mittelmäßig und mit einem übertriebenen Aufwand für alle Beteiligten. Bei ihr sieht es immer ein bisschen nach Aufopferung aus, momentan ist sie mal wieder unterwegs, auf Lesereise.

Ich stand heute zwei Stunden in der Küche, habe es gern getan, mehr oder weniger, ein guter Anlass, um nebenbei Musik zu hören. Kulturradio. Sehr interessanter Beitrag: Schostakowitsch und Stalin. Der Hinterwäldler aus Georgien erklärte dem Komponisten, was gute Musik sei, nur weil er die Macht dazu hatte.

Es gibt Salat, Kartoffeln, mehrere Gemüsesorten und Entenbrust. Im Hintergrund ist die Glocke des Rathauses Schöneberg zu hören. Die Friedensglocke. Sie gibt dem Ereignis Abendbrot im trauten Kreis der Familie die nötige Weihe. Könnte man meinen.

Ich rufe zu Tisch. Keine Reaktion, niemand lässt sich blicken. »Zu Tisch rufen« ist wohl auch zu altdeutsch, es versteht mich niemand in diesem Haushalt. Wie soll man à la minute kochen, wenn die Familie à l'heure anreist?! Ich werde nervös,

Sammy erscheint mit seiner Trompete. Er spielt mir stolz sein neues Solo für die Big Band vor, was schön klingt, aber in diesem Moment unpassend ist. Ich bitte ihn, sein Konzert später fortzusetzen, gelangweilt nimmt er Platz, er habe schon von »Macces zwei Big Mac intus«, das seien Vitamine genug. Wozu koche ich überhaupt?

»David! Essen!«, brülle ich zum wiederholten Male.

Schließlich kommt er angeschlurft, Jogginghose auf Halbmast, fläzt sich hin, deponiert die Ellbogen auf dem Tisch, um den allzu schweren Kopf zu stützen. Adriana bekommt in einem solchen Fall für gewöhnlich rote Flecken am Hals – über alles kann man mit ihr reden, nur die Tischmanieren sollten gewahrt werden. Da wird sie wie ihre Tante und das englische Königshaus in Personalunion. Nun ja, heute sind weder sie noch die Queen da.

Es riecht köstlich, finde ich, nicht umsonst waren viele Komponisten gute Köche. Sammy schnitzt nörgelnd an seiner Entenbrust herum, David nimmt sich Kartoffeln mit einer Hand, die andere sendet SMS. Ich bekomme meinen westfälischen Nacken. David liest die Antwort auf seine SMS, Sammy fragt, wer es sei, ich sage: »Nicht beim Essen«, bekomme von meinem Ältesten in einem katastrophalen Deutsch irgendeine unverständliche Antwort, aber aus der Satzmelodie schließe ich kurzerhand auf den Inhalt.

»Werd nicht frech«, antworte ich leise, sehr leise, der Kampfmodus ist aktiviert. Ich nehme mir Salat. David sich ebenfalls. Gleichzeitig und immer schneller bedienen wir uns, zerren angestrengt an der Salatschüssel. Chicorée fliegt über den Tisch, die Porzellanschüssel springt auseinander, genau an dem Riss, den sie schon seit Jahren hat. Konnte ich noch nie leiden, diese Schüssel, nicht schade drum.

Sammy kommt das Gerangel gerade recht, er bringt sich rasch aus der Schusslinie und verschwindet zufrieden in seinem Zimmer. David verzieht sich ebenfalls. Das letzte Stückchen Ente hält er zwischen den Fingern. Ich bleibe allein zurück an einem mittelmäßig verwüsteten Esstisch. So kann es nicht weitergehen. Entweder er oder ich. Alles spricht für seinen raschen Auszug! David wäre nicht der erste Minderjährige, der allein wohnt.

Nur die Ruhe bewahren, Zwei-Komponenten-Kleber suchen, hinsetzen und die Salatschüssel kleben. Egal, wie ich die Schüssel finde, sie stammt aus dem K.-u.-k.-Familienbesitz, und Adriana wird zu Rumpelstilzchen, wenn sie zurückkommt und sieht, dass das kostbare Teil dem Generationenkonflikt zum Opfer gefallen ist.

Jetzt klingelt auch noch das Telefon. Ich gehe natürlich nicht ran. Das ist auch so eine jüdische Theorie, dass man rangehen muss, wenn das Telefon klingelt. Wozu gibt es Anrufbeantworter? Wieder und wieder versucht es der Anrufer. Ich kenne nur eine Person, die noch eisern auf dem Festnetz anruft: meine Mutter.

Hallo, hallo, ist da jemand?

Meine Mutter hält die freundliche Stimme der automatischen Ansage für einen realen Gesprächspartner und redet wie immer fröhlich drauflos.

Hier ist die Mutti. Georg, bist du da? Letztens rief David aus dem Nichts an, trallala …. mitten in der Nacht, Oma, ich komm gleich. Ich habe gewartet, er kam nicht, nie wieder etwas von ihm gehört. Wahrscheinlich hat's ihm die Mutter verboten. Oder er kommt noch. Die gold'nen Sternlein prangen. Die Nachbarin hat kürzlich Zwillinge gekriegt. Ist nicht einfach am Anfang, das kenne ich. Immer zwei auf einmal bei allem. Wir mussten euch manchmal ans Bett binden, sonst wären wir im Garten nie fertig geworden. Lalala. Habe heute zwei Stare erwischt. Waren dick und fett von der Rasensaat. Habt ihr auch so viele dieses Jahr? Bei uns in Westfalen …

Bei uns in Westfalen … Wenn ein Satz schon so anfängt, kann daraus nichts werden, würde meine liebe Frau jetzt sagen. Bei uns in Westfalen … so ein Satzanfang wirft mich um Jahre zurück, um genau zu sein: in meine Kindheit. Greven, Westfalen. Sofort bekomme ich eine belegte Zunge. Dieses dürftige, berechnete Dasein: nur nicht aus dem Vollen schöpfen, immer schön bemessene Portionen. Nee, das wird nicht weggeworfen, ist doch noch gut!

Bei uns in Westfalen passierten solche Salatschüssel-Dramen schon allein deshalb nicht, weil wir gar keinen Salat hatten. Natürlich hatten wir Gurken und Tomaten, den guten Kopfsalat, aber darum hätten wir uns nicht so geprügelt wie jetzt um diese elitären Ruccola-Radicchio-Chicorée-Kompositionen. Und abends gab's Abendbrot, wie der Name schon sagt: Brot mit Margarine und Wurst oder Käse drauf. Mozzarella hielten wir für eine italienische Tanzform.

Greven, Westfalen, 1974.

Meine Mähne reichte bis zu den Schultern, ich verdiente mir mit Orgelspielen in der Kirche etwas dazu, hielt Hausaufgaben seit Jahren für unnötig, dafür Alkohol in größeren Mengen für lebenserhaltend. Was sonst war zu tun im Münsterland? Wenige Mädels, dafür viel Platonisches, Literatur en masse, und jeden Nachmittag wurde das Klavier mit Chopin, Bach, Beethoven malträtiert. Unsere Mutter eine schwermütige Lehrerin, der Vater ebenfalls Lehrer. Er war viel außer Haus, ihm gefiel es draußen offenbar besser als zu Hause im ungelüfteten Heim mit Herd. Na ja, mir ging es nicht anders, ich zog das Fahrradfahren vor und verschwand für Stunden im platten Land.

Der Alte war kein Tyrann, aber auch nicht gerade ein Sympathieträger, er hatte einen scharfen Humor, verkörperte zugleich Macht, Verbote und Strafen, wie fast alle Väter in good old Germany, wenn ich nicht irre.

Er geriet in die Mühlen der Geschichte: Hitlerjugend, was sonst? Viel Sport, Tennis, Handball und Leichtathletik. Er konnte den Schlagball so weit werfen, dass sie ihn in den Gleisanlagen hinter dem Preußenstadion suchen mussten. Anfang

1940 machte er Abitur, wollte Astronomie studieren, bestieg jedoch stattdessen eine Junkers Ju 52, zum Norwegenfeldzug. Das Studium, die zweite Jugend fanden an der Front statt. In Murmansk, am Eismeer, wurde er von zwei russischen Kugeln getroffen: Lungendurchschuss und Wirbelsäule angeschlagen. Transport nach Hamburg, dort nach sechs Wochen erste ärztliche Behandlung. Dass er es überhaupt bis dorthin geschafft habe, sei ein Wunder, meinte der Arzt und pumpte ihm zwei Liter Wundwasser aus der Lunge. Rekonvaleszenz auf dem Land, Telefonposten. Dort lernte er eines Morgens meine Mutter kennen, Liebe auf den ersten Blick? Er wurde Leutnant der Reserve, Ausbilder in Hannover Nord, nebenan Continental und die VARTA-Werke, die Arbeiter dort waren russische Kriegsgefangene. »Krieg ist ein großer Scheiß!«, fasste er später zusammen. Anfang 1945 musste er wieder an die Front, meine Mutter war inzwischen schwanger, im April 1945 ließ er seine minderjährigen Soldaten des Volkssturms auf dem Schlossplatz in Ludwigsburg antreten und schickte sie nach Hause. Er selbst geriet in amerikanische Kriegsgefangenschaft, floh aber gleich in der ersten Nacht aus einer Scheune. Innerhalb von drei Tagen schaffte er es ins westfälische Münster zurück. Zu Fuß? Mit dem Fahrrad? Per Anhalter? Bei seinen Eltern versteckt, wartete er das Kriegsende ab.

Geheiratet wurde im Juni, meine Schwester kam im Oktober 1945 zur Welt.

Ab dann ging alles ganz schnell: Ausbildung zum Lehrer in nur zwei Jahren, er unterrichtete alle Fächer, Lehrer waren Mangelware. 1948: Geburt meines Bruders Jürgen. Es sah nach einem erfolgreichen Wiederaufbau der bürgerlichen Existenz aus. Dann folgte 1950 die Katastrophe: Es wurde Tuberkulose bei meinem Vater diagnostiziert, Quarantäne, Entfernung aus dem Schuldienst. Mit viel Glück wurde er geheilt, wieder in den Schuldienst übernommen und verbeamtet. 1956 wurde er strafversetzt wegen sexueller Kontakte zu einer Schülerin. Der

Alte war nicht besser als Adrianas Vater, der auch keine MTA an sich vorbeigehen ließ … Mein ältester Bruder Jürgen hat es mir als Student gesteckt.

Jürgen wurde ein richtiger Achtundsechziger mit grünem Parka und Kreidler Florett, mein Idol. Inzwischen ist er tot. Er stürzte sich von der Autobahnbrücke bei Oldenburg, mit Mitte vierzig. Ist das ein Alter, um abzudanken? Ich sollte das ARD-Nachtkonzert einschalten, sonst holt mich noch die »German Angst« ein. Aha, Beethovens Violinkonzert op. 61, mit David Oistrach. Von wegen Beethoven kann nur heroisch … Erstaunlich, wie bombenfest Zwei-Komponenten-Kleber haftet. Die Schüssel sieht in meinen Augen aus wie neu, mir gefällt sie deshalb nicht besser, ich werde sie ins unterste Fach stellen, Adriana wird nichts merken. Am schönsten ist der erste Satz. Von vielen wird bemängelt, dass der Geigenpart nicht virtuos genug sei, aber die Geige singt wie eine menschliche Stimme. Die Größe liegt in der Einfachheit. Musik ist universell wie sonst nichts auf der Welt, ein Weltwunder. Und ich bin ein elender Romantiker.

Arons Bruder Robbi erinnert mich immer ein wenig an Jürgen. Beide sind knapp nach dem Krieg auf die Welt gekommen. Sie hätten sich sicher gut verstanden. »Wir haben überlebt!«, brüllt der eine in seinem Kinderbett im DP-Camp Ziegenhain, »wir werden wieder wer!«, der andere im neuen Eigenheim. Ich habe Jürgen immer bewundert. Mein Seelenverwandter. Er war elf Jahre älter, aber seine Ideale prägten mich: Geschichte, Sozialismus, Literatur und Romantik. Er sagte immer: »Wir machen das jetzt mal ganz anders als die alten Nazisäcke. Das kann's doch wohl nicht gewesen sein!« Aber in diesem ganzen Idealismus war viel Zögerliches, Nachdenkliches, Distanz. Als wäre im Aufbruch zum Neuen auch schon das Scheitern impliziert.

Ich muss an die Bücherregale aus Obstkisten denken, Marx, Freud und Brecht waren darin fein säuberlich geordnet. Jürgen studierte an der linken Uni Bremen, bewohnte eine WG. Matratzen zum Sitzen auf dem Boden, es roch nach Pfeifenrauch, der absolute Gegensatz zu unserem westfälischen Wohnzimmer. Ich kniete vor den Bücherkisten, machte mir genaueste Listen, las alles. Jürgen wurde Lehrer, ging in den ausländischen Dienst und durfte über vier Jahre an einer Schule in Kolumbien unterrichten. Sicher seine glücklichsten Jahre. Raus aus der BRD und hinein in eine Welt, die nicht in den Zweiten Weltkrieg involviert gewesen war. Jürgen blühte dort auf, die Schwere war von ihm abgefallen, alles neu und unbelastet.

Doch er wurde zurückbeordert, zurückgeholt in sein altes Land, wo das Unglück, die Geschichte, schlecht gelaunte deutsche Mitbürger, desinteressierte Schüler und der Alkohol immer mehr Raum einnahmen. Er bat um einen weiteren Auslandsaufenthalt, schrieb an die Ämter, aber das war nicht vorgesehen, in den deutschen Behörden werden keine Ausnahmen gemacht. Vielleicht wäre alles anders geworden, wenn er hätte zurückgehen dürfen.

Irgendwo muss noch dieser Brief sein. Ein Schreiben meines Bruders an sich selbst, das sein Sohn in der Hinterlassenschaft gefunden und mir gegeben hat.

`Warum ich Lehrer wurde`, da ist es. Er hat den Text 1973 geschrieben, bevor er ins Referendariat eintrat.

```
... wie ich mich erinnere, war es für mich
schon lange selbstverständlich, daß ich Leh-
rer werde. Es war gar keine Wahl, sondern
ging eher nach dem Motto: »Die Freiheit des
Willens besteht darin, freiwillig zu wollen,
was man unfreiwillig tut.«
```

Bei mir war es später nicht anders: Ich habe ebenfalls auf Lehramt studiert, bin aber glücklicherweise ins Künstlerische abgeglitten.

Da ist vor allem mein Herr Vater, verhin-
derter Steuersachverständiger oder Mathema-
tiker, gestandener Volksschullehrer, schon
fünfundzwanzig Jahre lang.
Als ich in die Schule kam, war er nicht nur
mein Vater, sondern auch gleich mein Lehrer.
Dazu kam, daß er dort in der Schule meist
höflicher, freundlicher war als zu Hause, wo
die Gemütlichkeit aufhörte. So mußte ich zu
dem Schluß kommen, daß der Schule geradezu
magische Wirkungen der Menschenänderung bzw.
-verbesserung innewohnten. Das hatte ich ja
schon in der Kirche gelernt, beide Gebäude
schwammen sozusagen auf der gleichen Woge.

Merkwürdige Fiktion, die Schule als Ort einer zauberhaften
Verwandlung. Ist mir nie so gegangen. Ich habe lange wilhelmi-
nische Flure vor Augen und den miefigen Geruch nach Bohner-
wachs und Kinderschweiß in der Nase ...

Es blieb natürlich nicht aus, daß ich ein
guter Schüler werden mußte und auch wurde,
um später ein guter Lehrer bzw. Vater zu
werden. Mein Vater hatte das gesamte Belo-
bigungs- und Bestrafungsmonopol inne. Gegen
eine solche Übermacht half nur die Identi-
fikation. Drei Schüler wurden ins Gymnasium
aufgenommen, ich war dabei, das steigerte
mein Selbstwertgefühl ins Unermeßliche. Daheim war man mit dem Hausbau beschäftigt,
keiner kümmerte sich ernsthaft um mich. So
hielt ich mich bei einer Straßenbande von
Nachbarskindern auf, gemeinsam verbrachten wir die Nachmittage beim Toten Arm der
Ems oder auf dem Müllplatz in der Nähe. Eine
kurze, glückliche Zeit.

157

Ich tat nur das Notwendigste, nach meinen
glänzenden Aufnahmeprüfungen hatte ich sowieso das Gefühl, daß mir auch hier im Gymnasium die Leute nichts vormachen konnten.
Allerdings wurden gute Leistungen zu Hause
mit Taschengeld aufgewogen, mindestens eine
Zwei, und es klingelte in meinem Portemonnaie.
Latein wurde mein Steckenpferd, das war endlich etwas, woran man gute Schüler und gute
zukünftige Lehrer wie mich ermessen konnte.
Ich zählte mich zu den Auserwählten, denn ich
absolvierte die Penne mit Glanz und Gloria.
Es war nicht mehr als verständlich, daß ich
auf solche Weise nicht gerade der Liebling
der Klassenkameraden wurde. So war die Entwicklung zu Isolierung, Arroganz und Streber-
tum unvermeidlich.

Ich möchte den kleinen Jürgen rütteln, ihm sagen: Geh Fußball
spielen, geh schnell zu deiner Bande, noch warten sie auf dich,
was nützt dir das Auserwähltsein. Aber mein Bruder hört mich
nicht, er sitzt über Homers *Ilias*. Robert von Ranke-Graves' *Ich,
Claudius, Kaiser und Gott* hat er schon mehrfach gelesen. Ich
übrigens auch.

Nach einiger Zeit zogen wir in den Neubau,
aller Kontakt zu Gleichaltrigen ging verloren. Dazu mußte am Haus und im Garten noch
eine Menge Arbeit getan werden, bis alles in
bester Ordnung war. Ich mußte viel mithel-
fen. Kurz nach dem Umzug kam mein Bruder Markus zur Welt, ein Jahr später als fragwürdi-
ges Glück: die Zwillinge.
Das multiplizierte natürlich die finanziel-

len Sorgen, wie auch die Arbeit im Haus. Ich
wurde viel als Babysitter, Besorger, reiten-
der Bote etc. eingesetzt, keine Zeit mehr für
Freundschaften, Stromereien, Kumpaneien.
Dafür wurde ich zu Hause kompensatorisch viel
gelobt, vor allem meiner älteren Schwester
gegenüber, die zunehmend schlechter in der
Schule wurde und bei der Jungenfreundschaften
überhandnahmen. Die Lehre, die ich daraus zog,
war eindeutig: Sei unauffällig, angepaßt, und
du kommst durchs Leben.
Ich trat in die innere Emigration. Eine Ge-
genwelt aus Literatur, Musik, Trotz. Ein Be-
täubungstrunk, an den keiner herangelas-
sen wurde. Offener Widerstand ausgeschlossen.
Denken als einzige Gegenwehr.

Mir schnürt es den Hals zu. Was Jürgen in diesem Brief – ist es
wirklich nur ein Brief an sich selbst oder doch eine Flaschen-
post mit der Nachricht: Rette mich? – was Jürgen in diesem
Brief verschweigt, ist unter anderem, dass er im Alter von zwei
Jahren von unserem Vater mit Tuberkulose angesteckt wurde.
Zwei Jahre lang lag der Kleine im fünfzig Kilometer entfernten
Krankenhaus auf der Quarantänestation alleine in einem Gips-
bett und wartete, dass seine Eltern zu Besuch kamen. Nach diesen zwei Jahren musste er erst wieder Laufen lernen, bevor er
aus der Isolierung zurück ins Leben durfte.

So. Beethoven ist fertig und ich auch.

Natürlich, sie haben uns nicht geschlagen, uns nur ab und
zu ans Kinderbett gebunden. Aus praktischen Gründen, alles
halb so schlimm. Sie haben uns offenbar auf eine Weise geliebt,
von der wir nicht viel bemerkt haben. Vielleicht konnten sie
nicht anders.

Ach, was weiß ich. Ich weiß es auch nicht besser. Ja, mal
ehrlich, bin ich schon genauso? Ich rufe zum Abendessen wie

zum Appell, mache ein Theater wegen einer Drei in Mathe, dabei liebe ich nichts so sehr wie diese beiden jüdischen Bengels in meiner Wohnung.

So stürzt beim Kleben einer Salatschüssel die deutsche Nachkriegsgeschichte auf einen ein. Achtzig Jahre nach der Machtergreifung geht der Stellungskrieg in unserer Schöneberger Wohnung weiter. Es geht um Väter und Söhne, und immer und immer wieder um den Krieg. Es ist zum Heulen!

Man hatte damals einen toten Mann neben dem Fluss bei der Autobahn gefunden, ein Schlüsselbund von Mister Minit lag auf der Autobahnbrücke. Jürgens Sohn, mein Neffe, hatte in der Sonntagszeitung den abgebildeten Schlüssel als den seines Vaters erkannt. Am Anhänger, sie hatten den gleichen. Bei der Beerdigung waren wir alle wieder versammelt: die Mutter seines Sohnes, sein Sohn, seine zweite Frau, seine Geschwister, Kollegen, Freunde. Ich versuchte, Akkordeon zu spielen, was mir mäßig gelang. Adriana war noch neu in der Familie, sie stand unsicher zwischen all diesen Westfalen und flüsterte mir in einem fort zu: »Wieso weinen deine Eltern nicht?«

Als ich hochschaue, stehen die Kinder im Zimmer, mit großen Augen. David grinst »Na Digga, kannste auch nicht schlafen?«. Sammy schaut mich erschrocken an. Habe ich etwa laut gedacht? Und ich sage: »Ab ins Bett. Morgen ist Schule, und Sammy, hast du Lateinvokabeln gelernt? Wehe, du verhaust morgen den Test!«

Ich bin traurig, so traurig, dass ich nicht einmal weinen kann.

»Hör zu«, sagt David. »Geiler Artikel hier in *Geo Epoche*: Luther, ein deutscher Berserker, lese ich dir mal vor.«

schlachtensee

adriana

Ich bin auf dem Weg nach Hause, vorbei an Wiesen und Kühen und Kühen und Wiesen. Tröstlich, dass Deutschland eine Landschaft jenseits der Einkaufspassagen vorzuweisen hat. Nahezu jede deutsche Stadt, durch die ich auf meinen unzähligen Lesereisen gefahren bin, hat einen Bahnhof und eine Fußgängerzone, die zum Theater führt. Architektonisch im Nachkriegsstil, Deutschland ein Trümmermärchen.

Alle Lesereisen ähneln sich. Das ist klar. Mal ist das Publikum aufgeschlossener, das Hotel gediegener. Dann wieder hat man eine Bibliothekarin oder Buchhändlerin zur Seite, die an einem festzukleben scheint, ein Zimmer zur sechsspurigen Straße hin oder eines zum Garten, in dem sich jedoch die Fenster nicht öffnen lassen, und am Abend dreißig müde Zuhörerinnen.

Aber meine Lesereise ist anders, auch das ist klar. Meine Fahrt durch die deutsche Provinz hat viele Facetten, denn ich bin die erste Jüdin, die die meisten zu Gesicht bekommen — es sei denn, sie waren zum Beispiel schon bei einer Lesung von Eva Menasse, Henryk M. Broder oder Maxim Biller. Wenn ich am Bahnhof abgeholt werde, ist es häufig besonders schlimm. Man fürchtet sich, mich zu fragen, ob ich Kaffee möchte oder Suppe, schließlich gehört man auch zum Volk der Täter. Ich versuche, sie zu entspannen, mache dämliche Witze in der Art: Wir können ja die Rechnung nach Düsseldorf schicken, ans Amt für Wiedergutmachung …

Am liebsten würde ich den ersten ICE zurück nach Berlin nehmen.

Aber das Schicksal hat anderes für mich vorgesehen: sechzig Lesungen in fünf Monaten mit »Titos Brille«, man reißt sich praktisch um mich in Orten wie Troisdorf, Rendsburg, Höxter, Versmold oder Oberursel. Vom Verlag höre ich, das sei eine Auszeichnung, und andere Autoren wären glücklich darüber. Ich muss ihnen glauben, habe ja keine Erfahrung in diesem Bereich.

Im Erdkundeunterricht, wie es in der Waldorfschule so schön heißt, habe ich nicht aufgepasst. Das rächt sich nun, denn ich fahre von Süden nach Norden, von Osten nach Westen. Hätte ich damals aufgepasst, wäre mir sofort – und nicht erst nach sechs Stunden Zugfahrt – aufgefallen, dass Rendsburg und Oberursel doch nicht so nah beieinanderliegen. Wieso glaubte ich, Deutschland sei gar nicht so groß? Zu Weihnachten wird mir der Verlag eine Diercke-Hochglanz-Deutschlandkarte schenken müssen.

Es gibt ein paar Anfragen für Bezirkshauptstädte wie Schwerin und Wiesbaden, sogar einige Großstädte haben Interesse, aber das Gros befindet sich in der Provinz, das lässt sich nicht leugnen. Bibliotheken, Kirchen, hin und wieder sogar Literaturfestivals, vorwiegend aber sind es emsige Buchhändlerinnen, die sich um mich bemühen. Sie rühren schon einige Wochen im Voraus die Werbetrommel, und wenn ich dann abends endlich ihre Buchhandlung gefunden habe, sitzen eng gepfercht die Zuhörerinnen (denn es sind zu 80 % Frauen) und warten, dass es losgeht.

Am Anfang war ich aufgeregt. Was würden die Menschen von mir denken, bei all den Details, die sie von mir erfahren? Dann fürchtete ich mich vor den bitteren Passagen. Wollte ich wirklich jeden Abend wieder ins KZ, mit meiner Mutter, meiner Tante? Mich jeden Abend von Neuem den Erniedrigungen hingeben? Womöglich weinen in Bornheim? Verstummen in Berchtesgarden, so nah beim Führer?

Und das Lachen? War es nicht ein noch viel größeres Verbrechen, sie zum Lachen zu bringen angesichts einer deprimierenden Familiengeschichte? Ich hörte förmlich meinen Freund Raffi vor Entrüstung schnauben: »Hast du immer noch nichts begriffen? Die kommen zu deinen Lesungen, weil sie von dir Absolution erhalten möchten. Aber für die Erlösung sind wir nicht zuständig. Du fährst hin, lässt dich feiern, gibst ihnen Einblicke in unsere Seelen. Das werden sie missbrauchen und gegen uns richten. Jedes Detail, jede Intimität werden wir eines Tages serviert bekommen, sie werden uns mit unseren eigenen Worten aufspießen. Und bitte merke dir: Sie werden uns immer übelnehmen, dass ihre Eltern es waren, die unsere Eltern vergast haben. Sie werden uns Auschwitz nie verzeihen.«

Ich möchte alle Termine absagen, aber dafür ist es zu spät, die Hotels sind gebucht, die Flyer gedruckt. Ehe ich mich versehe, sitze ich im Zug. Im Zug zu sechzig Ortschaften, die alle einmal eine Synagoge hatten, eine Mikhwe mit dazugehörigen Juden. Sie werden uns Auschwitz nie verzeihen, sie werden uns Auschwitz nie verzeihen …

In Regensburg gibt es ein herzliches Buchhändlerehepaar, ich fühle mich wohl bei ihnen in einer malerischen Stadt, die an Faschisten nicht gerade arm war.

In Nürnberg schmecken die Würste am besten, aber ich kann der Stadt das Reichssportfeld und die Nürnberger Gesetze nicht verzeihen.

In Koblenz steht die Vita der Buchhändlerin meiner, was Bewegung und überraschende Wendungen angeht, in nichts nach – notfalls kann sie mich abends vertreten, sie hätte Stoff genug. Sie kocht Spaghetti für die ganze Belegschaft – und mir zu Ehren. Ich wünschte, diese Frau würde meine Freundin werden, während wir am sagenumwobenen Deutschen Eck vorbeispazieren, um die Bundesgartenschau zu besichtigen. Nein, ich kann nicht klagen. Mosel und Rhein, die sich begegnen. Warum nur muss es »Deutsches Eck« heißen?

In einem Schloss, sehr vornehm und mit ehrfurchtgebieten-der Tradition, darf ich vor einem erlesenen und anscheinend auch belesenen Publikum vortragen. Alle sind außerordentlich eloquent und geistreich, es ist ein Vergnügen. Das Schwimm-bad befindet sich auf dem Dach mit Blick auf die Berge, das Pa-radies scheint zum Greifen nah. Vor dem Einschlafen lese ich die Hotelbroschüre, in der mehrfach darauf hingewiesen wird, dass niemand in der Vergangenheit in diesem Schloss ein Nazi gewesen sei und auch niemand mit den Nazis zusammengear-beitet habe, nie und niemals. Ich hatte nicht gefragt und doch eine Antwort bekommen.

Schwerin ist eine wunderschöne Stadt. Der Osten leuchtet. Das Schleswig-Holstein-Haus ist ausverkauft, das Publikum ist jung und versteht blitzschnell. Ja, warum auch nicht? Morgen im Zug muss ich über meine Vorurteile nachdenken.

Auf Hiddensee scheint die Sonne, und es wird gerne nackt gebadet. Ich lese in Gerhart Hauptmanns Wohnzimmer, erholte Urlauber amüsieren sich so prächtig, dass sie mich tags darauf am Strand aufsuchen und nackt umarmen. Es ist gut gemeint, nur ein klein wenig gewöhnungsbedürftig.

Dann gibt es den Ruhrpott, wo die Veranstaltungsorte alle-samt wie Bahnhofsvorhallen aussehen. Wo die Zuhörer gern eine Alkohol-Fahne haben und Proviant in ihren Plastiktüten, mich mit Fragen bombardieren – ohne jegliche Berührungs-angst, sodass ich gar nicht mehr ins Bett komme und erwäge, nach Duisburg oder Mülheim zu ziehen.

In Gießen spätestens werde ich weichgekocht. Von den dreihundert Zuhörern haben zweihundertneunundneunzig meine Eltern gekannt, sind praktisch Akteure der Geschichte. Die Emotionalität solcher Abende erschlägt mich. Da nützt es nichts, wenn ich tags darauf Steine auf die Gräber meiner El-tern lege, um uns alle zu beruhigen.

In Lich bittet man mich, meinen Lieblingsfilm vorzustellen, und in Butzbach besuche ich die schweren Jungs in der JVA.

Die haben sicherlich schon lange auf eine jüdische Familiengeschichte gewartet. Erst berichte ich ihnen vom Lagerleben meiner Mutter. Aber nur kurz, Lager haben sie selbst genug. Dann lese ich ihnen von der Beschneidung meiner Söhne vor, erst im Nachhinein mache ich mir Vorwürfe, sie an ihren Penis erinnert zu haben. Aber wahrscheinlich war das für sie gar kein Problem, und ich habe nur ähnlich hilflose Vorstellungen von ihnen wie die Buchhändlerinnen von mir. Dann kommt es in einem Nebengebäude zu einem Vorfall, und alle Türen werden automatisch verriegelt. Ich verbiete mir den Gedanken, dass mich diese Jungs, wenn sie wirklich wollten, in Ruhe überwältigen könnten. Im Nu wäre ich ihre Geisel oder was auch immer – und dann hätte sich die Sache mit der Lesereise von selbst erledigt. Aber nichts dergleichen passiert. Die Männer sind sehr höflich und interessiert. Wir beginnen uns zu unterhalten, sie fragen nach dem Draußen, denn sie sitzen schon zehn, fünfzehn Jahre hier in Butzbach. Die Nettesten, wie ich später erfahre, sind allesamt Mörder. Die meisten haben im Affekt gehandelt, und ich glaube, mich an mindestens drei Situationen erinnern zu können, in denen auch ich gerne gemordet hätte. Aber irgendwas ist mir dazwischengekommen, und ich habe niemanden erschlagen. Deshalb bin ich auf Lesereise, und sie sitzen hier fest.

Als Letztes lande ich in der idyllischen Schweiz, in Sursee. Ohne meine Brille hatte ich auf der Einladung »Psychiatrisches Zentrum« gelesen, es handelt sich aber um das »Paraplegiker-Zentrum«. Was hatte mich eigentlich bewogen zu glauben, psychisch Kranke bräuchten meinen Text? Und was soll ich hier vorlesen, angesichts des realen Desasters einer Querschnittslähmung? Nicht, dass die Spätfolgen der Shoa nichts wären. Im Gegenteil. Sie bestimmen mein Leben, und nicht nur meines. Aber sie sind vielleicht, mit etwas gutem Willen und einer erstklassigen Analytikerin, behandelbar. Wohingegen die Unfallopfer, die der Hubschrauber in regelmäßigen Abständen an diesem ebenso schönen wie unwirklichen Ort ausspuckt, wenn sie aufwachen, nichts mehr vorfinden werden, wie es einmal war. Therapie hin oder her. Es gibt doch eine Hierarchie des Leidens, oder, lieber Gott? Das war jedenfalls meine letzte Lesestation. Zeit, nach Hause zu kommen.

Heute ist schon beim Öffnen der Wohnungstür das Gebrüll aus dem Flur zu hören. David schreit seinen Vater an. Dieser schreit zurück. Dann balgen sie sich wie zwei junge Hunde, nun gut, vielleicht einen Hauch verbissener. Georg brüllt David an, David brüllt zurück. Das Kapitel im Elternratgeber zu diesem Thema ist mit »Körper – Sport – Konkurrenz« überschrieben. Soll dieses Mal ich die Polizei einschalten? Die haben das Problem doch sauber und schnell gelöst, und zudem hätte ich die Chance, Emre wiederzusehen.

»Aufhören!«, brülle ich, aber das interessiert keinen. Ich drücke mich vorsichtig an der Wand entlang, an den beiden Kämpfenden vorbei, auf der Suche nach Sammy. Er ist in seinem Zimmer, liegt mit Kopfhörern auf dem Bett, wirkt weder alarmiert noch sonderlich verstört. Um mich zu beruhigen, lese ich ihm aus Harry Potters letztem Teil vor, der an Brutalität mit dem Schauspiel auf unserem Flur durchaus mithalten kann. Vor der Tür wird weiterhin gekämpft, gebrüllt und gerungen. Worum es geht, kann man vor lauter Lärm nicht verstehen. Irgendwann bin ich wohl eingeschlafen. Als ich aufwache, ist der Platz neben mir leer. Ich schaue vorsichtig in den Flur: In der Küche brennt Licht, es riecht extrem lecker. Die beiden Kämpfer hocken friedlich am Küchentisch. Der Sohn liest dem Vater irgendetwas vor, daneben Sammy mit Kopfhörern, vor sich die *Gala*, die er sehr konzentriert studiert. »Bist du schon länger da?«, fragen Georg und David unisono. Als überlegene Frau spiele ich freundschaftshalber mit. »Nein, erst seit ein paar Minuten.« David liest weiter vor. Es geht um Wirtschaft oder Politik. Ich könnte sofort wieder einschlafen.

Ist es normal, dass es zu derartigen Handgreiflichkeiten zwischen Vater und Sohn kommt? Was ist, wenn mal ein Brotmesser in Reichweite liegt? Eine Geflügelschere? Ab wann ist es ratsam, Mediatoren zum Abendbrot hinzuzuziehen? Und wird Sammy in einigen Jahren genauso anfangen? Wird er sein Taschengeld mit einer Soft-Air-Pistole einklagen, weil er jeden Abend sieht, wie sein Bruder es ihm vormacht?

Noch vor wenigen Wochen bin ich dazwischengegangen. Heldenhaft habe ich mich zwischen die Fronten geworfen, habe die Raufbolde auseinandergezerrt, sie je nach Gemütslage überschrien oder versucht, sie vorsichtig und liebevoll zu beruhigen. Das führte jedoch nicht nur dazu, dass ich von beiden zugleich angebrüllt oder mit Nichtbeachtung gestraft wurde, sondern es führte vor allem dazu, dass nur kurze Zeit später das Feuer erneut aufflammte, manchmal sogar heftiger als zuvor, und die Kampfhandlungen fortgesetzt wurden.

Diesmal habe ich einen anderen Plan.

Am nächsten Morgen stehe ich in voller Sportmontur vor Davids Bett, es ist Sonntag, acht Uhr, ich kenne keine Gnade. »Wir gehen jetzt laufen, und dabei unterhalten wir uns!« Mehr muss man nicht sagen, wenn die Luft brennt. Ich höre unverständliches Gemurmel aus den Untiefen des Bettes, gehe auf nichts ein und ergänze nur: »In zehn Minuten am Auto.«

»Welche fast fünfzigjährige Mutter geht mit ihrem Sohn laufen? Ich kenne keine! Und sowieso: um acht Uhr am Sonntag, du bist verrückt, entspann dich mal!«, knurrt die Gestalt neben mir im Wagen.

»Ein bisschen frische Luft wird dir guttun. Außerdem kann ich mich nicht erinnern, wann du dich das letzte Mal bewegt hast.« Den Rest der Fahrt hören wir schweigend klassische Musik aus dem Radio, Georg würde wieder ungefragt Komponisten und Opuszahl zum Besten geben, ich bereite meine Anklage vor, David fragt sich wahrscheinlich, wer die Person neben ihm ist, die ihn, den armen Jungen, aus dem Tiefschlaf gerissen hat. Und ob eine leibliche Mutter zu so etwas fähig wäre.

Am Schlachtensee angekommen, legen wir gleich los, ohne Dehnen und sonstigen Schnickschnack. Die Strecke ist einfach und überschaubar, einmal um den See herum. »Ich bin gut in Form!«, töne ich. David trabt missmutig neben mir her. »Dein längster Weg ist vom Bett zum Kühlschrank. Der einzige Sport, SMS zu versenden. Ob das für die Maccabiade reicht, halte ich für sehr fragwürdig. Früher hast du so gerne Sport gemacht! Jetzt …«

»Mama!«

»Ja, was? Wir nehmen die Krumme Lanke noch mit, dann sind es acht Kilometer. Wollen wir doch mal sehen, wie du das bewältigst.« Ich grinse. David nicht. »Aber mal ehrlich: Wie willst du bei der Maccabiade Fußball spielen, wo du dich seit mehreren Monaten höchstens von rechts nach links im Bett gedreht hast? Du wirst kollabieren, man wird dich vom Feld tragen müssen, du wirst dich gehörig blamieren. Wie willst du überhaupt dein Leben meistern, wenn du dich jeder Herausforderung im Liegen näherst?«

»Mama, reischt!«

Wir schreien. Das ist nicht unanstrengend beim Laufen, zumindest für mich. Zum Glück stören wir niemanden, es sind nur wenige Läufer um diese Zeit unterwegs, und die scheinen auch pubertierende Kinder zu haben, jedenfalls reagieren sie verständnisvoll und lächeln mir freundlich zu, bevor sie uns überholen.

»Mama, die Maccabiade ist zwar an den Olympischen Spielen orientiert, besteht aber aus zweitausend jugendlichen Sportlern aus ganz Europa!«, brüllt David jetzt. »Zirka hundert davon sind aus Deutschland, alles Juden. Ja, es gibt Fußball, Tennis, Schwimmen, aber auch Schach und Bridge.«

»Ich wusste gar nicht, dass Bridge eine Olympische Disziplin ist.«

»Bei den Juden schon! Glaubst du wirklich, ich könnte da nicht mithalten? Ey, du hast wirklich keine Ahnung. In England gibt's Massen an jüdischen Fußballern, aber hier? Die sind über jeden deutschen Juden froh, der laufen und einen Ball von einem Bagel unterscheiden kann, egal wie … die nehmen mich mit Kusshand! Und was mein restliches Leben anbelangt, kannst du gar nicht mitreden!«

»Prima, wir können auch noch das Fenn mitlaufen, dann sind es zehn Kilometer, du wirst es brauchen.«

Wir schweigen, von Kilometer drei bis fünf, die Sonne glitzert auf dem See, Berlin könnte so schön sein. Die Wut beflügelt David, er zieht das Tempo an, wär ja gelacht, ich halte mit, bin doch gut trainiert! Allerdings wäre es besser, nicht auch noch sprechen zu müssen.

»Was, David, willst du wirklich? Wofür brennst du? Für permanente Schreierei? Für griechisch-römisches Ringen mit deinem Vater? Ich halte das nicht mehr aus, auch wenn es dir Spaß zu machen scheint. Ich möchte einmal Abendessen und dabei nicht das Porzellan verstecken oder zum Verdauen ins Nebenzimmer gehen müssen, weil um dich herum Kampfzone ist.«

Die letzten vier Kilometer. Mein Kopf ist rot, das spüre ich, während auf Davids Stirn nicht einmal der Hauch von Schweiß zu sehen ist.

»Ich habe zu kurze Beine«, meint David und trabt entspannt neben mir her.

»Bitte?«

»Ich habe fünf Zentimeter zu kurze Beine.«

»Fünf Zentimeter zu kurz wofür? Bei einem Juristen beispielsweise stört das nicht unbedingt.«

Natürlich habe ich sofort ein schlechtes Gewissen. Ich bin im Ganzen schon nicht die Größte, aber meine Beine sind an mir das Allerkürzeste. Wenn aus David nun nichts wird, dann liegt das natürlich einzig und allein an mir und meiner Beinlänge. Ich bin schuld. Ich möchte sterben. Hier in der Westkurve vom Schlachtensee.

»Lass uns mal aufzählen, wer alles klein ist und es trotzdem zu was gebracht hat«, schnaufe ich.

Pause.

Pause.

»Mir fällt keiner ein. Nicht einer.«

»Aber das ist doch absurd! Charlie Chaplin, Hitler, Gregor Gysi, Martin Wuttke!«

»Schauspieler? Mama, ich will auf keinen Fall Schauspieler werden!«

Kurze Atempause. Kilometer sechseinhalb.

»Wolltest du doch vor Kurzem noch, aber egal. Gerade die sind besonders klein, wenn sie sehr gut sind. Ich meine natürlich, sie sind besonders gut, wenn sie nicht so groß sind. Robert de Niro zum Beispiel. Und Henry Hübchen. Herrlich klein. Und Danny de Vito ist sogar noch Produzent!«

Er schaut mich mitleidig an.

Ich schaue meine Beine an, die zwar tapfer strampeln, aber nicht länger geworden sind. »Lass dich doch operieren!«, stammle ich noch und schlucke die Tränen runter. Aron, komm bitte wieder, und hilf mir mit diesem Wesen neben mir. Wenn das so weitergeht, bin ich früher bei dir als geplant.

Plötzlich wird David ernst. »Ich habe zwei Klassen übersprungen, mache bald Abitur. Es stimmt, ich weiß nicht, was ich will, alles habe ich durchdacht, praktisch alles, aber es ergibt keinen Zusammenhang. Feiern. Alkohol. Drogen. Alles hohl, leer. Aber ich muss weiterdenken … Ihr habt mir zwei Jahre meiner Jugend gestohlen. Aber das ist jetzt okay. Ich werde kein verkacktes Jahr länger als nötig in Deutschland rumhängen! Never ever!«

Sein Gesicht wirkt abwesend, während er ohne jede sichtbare Kraftanstrengung läuft. Ich dagegen muss mir meine Kräfte genau einteilen, sonst wird man mich mit einem Notarztwagen aus dem Rotary Club in Zehlendorf abholen müssen. Warum habe ich bloß so spät Kinder bekommen? Wenn ich mit achtzehn schwanger geworden wäre, könnte ich jetzt mühelos sprinten und währenddessen meinem Sohn die Leviten lesen. Ich bin zu alt für eine sportive Erziehung. Wenn du denkst, du kannst nicht mehr, geht immer noch ein Drittel. Welcher Idiot hat diese These aufgestellt?

»Ich sehe, wie ihr rumkrebst mit eurer Kunst, Papa und du, ich bewundere und verachte euch.« Na prima, wenn er mal richtig loslegt, geht's gleich ans Eingemachte, das Laufen scheint ihm gutzutun.

»Ich weiß, am liebsten würdest du mir jetzt predigen: *Du bist faul, David. Sonst nichts! Weil dir alles zufällt, glaubst du, für nichts etwas tun zu müssen. Das Einzige, was du trainierst, ist deine bittere Intelligenz, kombiniert mit deiner jüdischen Überheblichkeit. Du glaubst, ohne Schweiß davonzukommen? Vergiss es, das ist anmaßend sonst nichts! Tu endlich was, anstatt zu reden. –* Stimmt's? Das brennt dir doch auf der Zunge.«

Ja, muss ich mir eingestehen, so oder so ähnlich hätte ich es formuliert.

»*Wann begreifst du's endlich: Einstein hat sich den Arsch aufgerissen, um seine Formel zusammenzukriegen, Mahler konnte kaum noch schlafen, und Kafka hat überall Käfer gesehen ...* Bla bla bla. Tausendmal gehört, Mama. Ich will aber weder Formeln noch Partituren, und schon gar keine Käfer. Ich will den *Werther* nicht lesen, und ich glaube nicht daran, dass ein ordentlich aufgeräumtes Zimmer den besseren Menschen definiert! Und wenn ich mein weiteres Leben im Bett verbringen will, dann ist das meine Sache. Ich geh nach, ja ... nach Israel, Standard! Also lass mich in Ruhe! Schau lieber, dass du nicht kollabierst.«

Nur noch ein Pfeifen kommt aus meinen geschundenen Lungen, ich lasse mich fallen. Wir sind rum, die zehn Kilometer sind geschafft, in einer Rekordzeit, die Usain Bolt gefallen hätte. Das kann ich aber nicht mehr laut von mir geben und erspare mir so wenigstens Davids Kommentar: »Der läuft Kurzstrecken, Mama, Kurzstrecken!!«

Ich bleibe so lange auf einem Baumstamm sitzen, bis ich wieder Luft und Kraft genug habe, um aufzustehen und nach Hause zu fahren. David hat sich neben mich ins Gras gelegt und liest seelenruhig den *Focus*, den er in der *Fischerhütte* geklaut hat. Gleichzeitig schaut er nach den neuesten SMS.

Ich habe mein Bestes gegeben. Aber das scheint lange nicht genug zu sein.

geh-danken

dr. luise

Meine Patienten sagen von mir, ich sei schön. Von innen heraus.
Ich sähe zwar auch von außen gut aus, aber die Innenansicht sei
spektakulärer. Das klingt, als wären sie in mich verliebt. Aber,
liebe Patienten, es ist schlichtweg Übertragung, siehe Freud.

Vorwiegend behandle ich Frauen in meinem Alter, das hat
sich so ergeben. Die Zeit um die fünfzig ist eine vor allem für
Frauen entscheidende Phase, der noch nicht die ihr gebüh-
rende Aufmerksamkeit zuteilwird. Erst kürzlich bin ich umge-
zogen. Als ich meine neuen Behandlungsräume in Neukölln bezogen habe, war der Bezirk noch alles andere als »in«, aber ich
ahnte, dass sich hier noch etwas bewegen würde. Es ist nie zu
spät für eine Veränderung. Aber um mich geht es ja nicht.

Von Freud habe ich auch gelernt, dass man mit seinen Patienten gut spazieren gehen kann, quasi gegen die Stagnation
anlaufen. Was ich praktiziere, entspricht zwar nicht der klassi-
schen Analyse, aber die Methode des Gehens ist außerordentlich hilfreich, die »Geh-danken« sprudeln, der Patient bewegt
sich innerlich wie äußerlich. Und ein paar Pfunde bleiben auch
auf der Strecke, eine Tatsache, die besonders wir Frauen zu
schätzen wissen.

Das geht natürlich nicht mit allen Patienten, aber mit Frau
Altaras ist es sinnvoll. Sie verliert Druck, kommt auf neue Zusammenhänge und ist sowieso lieber an der frischen Luft. Ich
sage ihr, sie gebe den Geh-Rhythmus an. Sie sagt, das sei nicht

wahr, ich würde den Rhythmus angeben, ich hätte längere Beine, und sie kämpfe ganz schön, um mitzuhalten. Sie muss natürlich auch lernen, sich zu widersetzen, grundsätzlich jedoch funktioniert es ganz gut.

Seit drei Jahren spazieren wir durch Kreuzberg, Neukölln oder Treptow. Sie erzählt vorsichtig von ihren inneren Vorgängen, macht behutsam Fortschritte, während sich die Stadt um sie herum massiv verändert. Zuerst kamen die Schwarzen in den Park. Sie verkaufen dort ihre Drogen, manchmal spielen sie Basketball, meistens hören sie nur Musik. Dann wurden die Grundstücke am Wasser fertiggestellt – der Quadratmeter fünftausend Euro, und gut gekleidete Paare zogen ein.

Währenddessen begreift auch sie langsam, dass alles veränderbar ist, erneuerbar. Dass nichts so bleiben muss, wie es ist. Nichts ist aussichtslos, außer damals das Leben im Lager. Da gab es keinen Ausweg. Nur den Tod, in vielen Variationen.

Das erläutere ich ihr immer und immer wieder, irgendwann wird sie es begreifen.

Alles andere liegt bei einem selbst. Das ganze Leben liegt noch vor einem. Sie kann es umgestalten und sofort hier ans Wasser ziehen. Oder sich einen großen Joint kaufen. Alles ist möglich. Wir werden wahrscheinlich noch weitere drei Jahre brauchen, um von der Erkenntnis zur Tat zu schreiten, aber wir haben keine Eile. Der Park ist wunderschön, sommers wie winters. Im Sommer fahren die Ausflugsdampfer an uns vorbei, die Touristen winken uns zu, im Winter ist der See zugefroren, und keiner kann die Tränen von Frau Altaras sehen.

Ab und zu fragt sie mich: Wie lange noch? Ein Lächeln ist meine Antwort, es ist noch nicht so weit. Für einen Moment wird mein Gesicht heiter undurchdringlich wie das eines fernöstlichen Sensei. Sie ist meine erste Jüdin. Also die erste in Behandlung. Ich kenne allerdings einige, Kollegen, Freunde, in meiner Familie kursiert sogar das Gerücht, wir hätten jüdische Vorfahren. Ob damit angegeben wird oder ob es befürchtet wird, kann ich nicht klar sagen. Fakt ist, alle Unterlagen sind verschwunden.

Sie ist ein harter Brocken. Zu der schon komplizierten jüdischen Vergangenheit kommt hinzu, dass sie ein Internatskind ist und sich als Ehemann einen Deutschen ausgesucht hat. Sie ist freiberuflich tätig, auch da auf unterschiedlichen Gebieten. Früher hätte man so einen Fall »mein Eigenheim« genannt. Aber bei der zunehmend schlechteren Lage der öffentlichen Kassen ist das längst passé. Spaß beiseite. Ich glaube, ich fühle mich in einer Art für sie verantwortlich, die über das Arzt-Patienten-Verhältnis hinausgeht.

Die Problematik der Second- und Third-Generation nach dem Krieg ist in Europa noch immer ein Stiefkind. Was weiß man hierzulande wirklich von den Traumata, die sich über Generationen hinweg vererben? Wenig. Wenn ich mir unsere Politiker anschaue, erkenne ich doch sofort, dass sie ihre Eltern und Großeltern nicht verdaut haben.

Ich habe eine Ahnung, wie Frau Altaras aus ihrem Dilemma herauskommen könnte. Es hat etwas mit einer Art wiedergewonnener Würde zu tun. Na ja, große Worte, und ich bin auch nicht die Erste, die ihr das sagt.

Frau Altaras täuscht Schnelligkeit vor in ihren Reaktionen, eigentlich aber ist sie langsam in den wirklichen Veränderungen, schlagen wir also noch zwei Jahre drauf, dann sehen wir weiter. Jetzt, nachdem ihr Sohn nach Israel gehen will, darf sie sogar zweimal die Woche kommen. Sie hatte um eine »Naher-Osten-Intervention« gebeten.

Ihre Ängste sind weit gefächert. Sie quält sich und ihren Sohn mit den absurdesten Fragen, ob sie nicht selbst nach Israel hätte auswandern sollen, sogar müssen. Dann wären sie jetzt schon Israelis, und David müsste nicht mehr auswandern. Eine bestechende Logik. Sie hat Freunde und Bekannte, die gegangen und die nicht gegangen sind, nach ihren Gründen gefragt. Fazit war, es gab kein Fazit.

Oder vielleicht doch. Ausgewandert waren die, deren Eltern die Ghettoisierung nicht ertrugen, die nach den DP-Camps nicht Fuß fassen konnten in Düsseldorf, München oder Frankfurt. Die lieber unter vertrauten Geschädigten leben wollten als unter fremden Neurotikern. Und die tief im Innern eine erneute Verfolgung immer für möglich hielten. Geblieben waren die, die der neue Wohlstand der BRD bequem gemacht hatte, oder die sich trotz allem als Deutsche fühlten.

Ihre Eltern aber passten weder in die eine noch in die andere Kategorie. Im Grunde wären gerade sie mit ihrer sozialistischen Vergangenheit ideale Israelis gewesen. Sie hätten den Kibbuznik Vorträge über kommunistische Landwirtschaft halten können, da hätten die israelischen Kühe anschließend allein aus Überzeugung mehr Milch gegeben.

Sie weiß nicht, was ihre Eltern letztlich zurückhielt. Sie schoben es auf die schwere Sprache, Hebräisch sei kaum erlernbar, auf die Entfernung zu Europa. Und wie vieles andere, landete auch das bei ihr: ein ambivalentes Gefühl zu einem ambivalenten Land. Eine wirkliche Option wird dieses Land für sie nie werden, erst recht nicht als Schauspielerin, die auf die Sprache angewiesen ist. Dennoch setzt sie allein die Existenz Israels unter Druck. Das betrifft ihr gesamtes Leben: Die Existenz einer Alternative macht sie nervös, denn das zwingt sie, sich zu entscheiden. Für etwas, aber auch gegen etwas. Beides empfindet sie als eine Zumutung.

»Ja«, sagt sie und lächelt mich frech an, »und so haben auch Sie etwas davon, dass ich hier in Berlin bin, mit einem deutschen Mann, einem verwirrten Sohn, und einer Identitätsproblematik, so groß wie die USA.«

Ich lächele milde, spüre die ersten Sonnenstrahlen auf meiner Nase. Endlich Frühling, das ist doch auch eine schöne Perspektive in diesem deutsch-jüdischen Verhältnis. Ich zeige ihr die Knospen an einem Strauch, sie aber hat sich in ihren Schnürsenkeln verheddert und redet ohne hochzuschauen weiter:

»Dabei sind Sie nicht die Erste, die ich mit dem schönen ergiebigen Thema der Second Generation beschäftige. Ich hoffe aber, Sie werden die Letzte sein, doch sicher bin ich mir da nicht.«

Dann holt sie aus, erzählt völlig unzusammenhängend von einer jüdischen Freundin, die auch mit einem Nichtjuden zusammen sei. Diese hätte folgende Theorie aufgestellt: Die Überlebenden seien sehr stark, sie hätten schließlich überlebt. Sie würden ihre Söhne misshandeln, damit diese auch stark würden, wie sie. Dass das nicht funktioniere, könne man sich ja ausmalen. Nie seien die Söhne gut genug, stark genug. Diese müssten sich also Frauen aussuchen, die schwächer seien als sie, die zu ihnen aufschauten. Brave, angepasste Jüdinnen. Notfalls auch Nichtjüdinnen, wenn sie rasch überträten. Frauen wie ihre Freundin und sie seien komplett draußen. Zu dominant. Also müssten sie auf Nichtjuden zurückgreifen. Zurzeit sei besagte Freundin mit einem Muslim zusammen, das Schöne: Er sei sogar beschnitten!

Eine gewagte Theorie. Vielleicht sogar falsch. Und was das mit Israel zu tun hat, möchte man wissen. Solche Geschichten erzählt mir Frau Altaras en passant, da wären jeder normale Patient und Therapeut mit der Aufarbeitung ein gutes Jahr beschäftigt. Als sie endlich mit ihren Schnürsenkeln fertig ist, kommt wieder ihre allerliebste Frage: »Wie lange dauert es bei mir? Wie viele Spaziergänge werde ich noch absolvieren müssen, um die Shoa hinter mir zu lassen?«

Und wieder lächle und schweige ich, das gehört zu unserem Ritual.

»Vielleicht sollte ich es auch mit einem Muslim versuchen? Es müsste sich doch während unserer Märsche hier einer finden lassen? Das wäre bestimmt nicht so mühsam wie mit einem Westfalen. Oder doch nach Israel ziehen? Oder in ein ganz anderes Land? Vielleicht die Kinder in die Therapie schicken? Ein Therapiekonto habe ich für beide bereits zur Geburt eröffnet und zahle monatlich ein.«

So plappert sie endlos vor sich hin. Das ist normal. Je spannender ein Thema, desto größer der Umweg. Ich jedenfalls muss mir keine Sorgen um Arbeit machen, solange Juden und Nichtjuden versuchen zusammenzuleben.

»Die Stunde ist um. Wir sehen uns in vier Tagen wieder.«

showbizz

adriana

»Du gehst doch nicht ernsthaft schon wieder zu diesen Irren? Merkst du denn gar nicht, wie du dich zum Deppen machst?« So hat mir Raffi geantwortet, als ich ihn um Rat bat, auf seine differenzierte Meinung ist doch stets Verlass. Am Vormittag hatte ich ihn angerufen, wollte von ihm wissen, ob ich zu einer dieser neu konzipierten Talkshows gehen sollte, schließlich rühmt er sich doch fortwährend, er sei Medienspezialist.

Wir haben uns einige Wochen nicht gesehen. Er ist weder frisch verliebt noch frisch getrennt, also brauchte er mich nicht. Ist Raffi etwa glücklich?

Nun radele ich im strömenden Regen zu ihm in den Osten. Ich gebe zu, es ist nicht seine Schuld, dass es regnet, aber muss man unbedingt kurz vor Novosibirsk wohnen?

»Liebes, es heißt nicht *Juden trainieren für Olympia*, sondern *Jugend*. Da bist du doch eh längst draußen. Das nächste Mal nimmst du ein Taxi, wie jeder normale Mensch!«, flötet er zur Begrüßung. Ich hatte nicht die Absicht, ihn zu stören, aber natürlich stört man Raffi immer, denn er ist empfindlicher als ein Rentner. Sein Tag verläuft im Takt eines Metronoms, kommt er kurzzeitig raus, folgen mindestens Herzrhythmusstörungen. Zurzeit sitzt er am Schneidetisch. Er »schmiedet ein heißes Eisen«, sagt er, eine Reportage über die »neuen bürgerlichen Rechten«. Er hält die Rechten in der Verkleidung von bürgerlichen Intellektuellen für schlimmer als die offenen Neonazis.

Ich habe das Gefühl, je mehr er in dieser Ansicht bestätigt wird, desto besser geht es ihm. Er gibt mir großzügig Zeit von Viertel vor eins bis zehn vor zwei. Um zwei will er wieder am Schneidetisch sitzen.

»Da hat so ein neuer Laden aufgemacht, mit Küche der Extraklasse, ist immer ziemlich voll, aber ich kenne den Besitzer.« Dass ich klatschnass bin, interessiert ihn nicht sonderlich.

»Ich weiß, du hörst es nicht gerne«, fängt er gleich zu predigen an, kaum dass wir im Restaurant Platz genommen haben, »aber du gehörst auch dazu, du bist eine Kollaborateurin der ersten Stunde! Werde nicht gleich grün, wenn dir mal einer die Wahrheit sagt.«

Er schafft es, gleichzeitig zu beleidigen und die Speisekarte zu studieren, ich gehe gar nicht darauf ein, habe heimlich meine nassen Schuhe ausgezogen und sie zum Trocknen unter die Heizung gelegt. Das tut man nicht und schon gar nicht im World-Ethno-Style-Bezirk Prenzlauer Berg, aber eine ostdeutsche Lungenentzündung wäre die Alternative. Raffi ist schon ordentlich in Fahrt. »Neu konzipiert? Was ist an diesen neuen Shows neu konzipiert? Unter dem Deckmantel Multikulti werden geeignete Kandidaten mit Migrationshintergrund rekrutiert und eingeladen. Die dürfen dann nette Dinge sagen, nett aussehen, und überhaupt sind alle schrecklich nett zueinander. Wenn diese Multikultimenschen auch noch Juden sind, ist das wie ein Sechser im Lotto. Bedauerlich nur, dass sie nicht auch noch das Downsyndrom haben. – Dieser Laden hier: Erste Sahne! Ich weiß sowieso nicht, warum du noch im muffigen Westen wohnst. Falsche Sentimentalität. Sie machen hier donnerstags Ingwersuppe mit Sauerkirschen, die ihresgleichen sucht. Freitags gibt's Schokoladenmousse mit Chili, ein Traum.«

Ich traue mich nicht zu fragen, warum sie bei den Gerichten die Zutaten vertauscht haben, aber ich bin ja auch kein Koch.

»Die wirklichen Probleme werden dabei unter den Tisch gekehrt. Dass wir nämlich gar keine Rolle spielen in ihrer reinweißen Gesellschaft. Dass sie mit Händen und Füßen damit beschäftigt sind, die Klugen unter uns entweder für sich zu gewinnen oder mundtot zu machen. Und wer ist schuld? Du und deinesgleichen, die ihr in jede Talkshow rennt und ihnen nach dem Mund redet. – Was nimmst du? Ich nehme die Suppe und dann die Leber im Rosenbad.«

Ich lächle, obwohl ich nur Marienbad kenne und Rosen in der Blumenvase. Wir sind wirklich um Jahre zurück in Westberlin. Vielleicht war es keine gute Idee, Raffi zu fragen. Er nennt mich eine Kollaborateurin, und was ist er? Er hat zwar einen 1-a-Migrationshintergrund, ist somit ein »Neudeutscher«, aber in einen Topf mit allen anderen Ausländern will er nicht geschmissen werden. Lieber zeigt er mit dem Finger auf uns, als einer von uns zu sein. Er ist gegen alles und jeden und fühlt sich in seiner absoluten Negation sauber und integer als Staatsfeind Nummer eins. Er ist weißer als alle Weißen zusammen!

»Jetzt schau mich nicht so beleidigt an«, sagt er nun, »mich lädt ja keiner mehr ein, weil sie wissen, dass ich dafür nicht zu haben bin. – Hast du eigentlich Geld mit? Ich habe mein Portemonnaie vergessen.«

Ich überfliege die Karte. Das Vertrauenerweckendste scheint noch das Quellwasser aus der Mongolei zu sein, in 300-ml-Flaschen. Ich bestelle zwei, Radfahren macht durstig.

»Dich lädt keiner ein, weil du dich immer derartig aggressiv gibst, dass es angenehmer wäre, einen Dobermann in der Show zu haben als dich«, sage ich.

»Auch der Dobermann würde nicht gehen, ein zu schlaues Tier! Aber du lässt dir ja eh nicht raten!«, mault Raffi. »Reich mir mal bitte das Brot rüber.« Und dann malt er mir beleidigt und ungefragt den möglichen Ablauf der Talkshow aus. Ich bestelle vorsichtshalber zwei weitere Flaschen *Mongolei Medium*.

»Das läuft so: Redaktionskonferenz, Montagfrüh, elf Uhr.

Der Typ ist schon zweimal um den See gejoggt, das ist an sich schon ungesund und übertrieben, egal, er trifft auf seine Mitarbeiter, die gegen ihn wirken, als ständen sie unter Tranquilizern. Er lächelt trotzdem. Er ist der Typ braver Schwiegersohn, er lächelt gnadenlos weiter, bis die Schwiegermutter im Grab liegt. Das ist sein Beruf. Er sagt: *Guten Morgen, elf Uhr fünfzehn, wir haben diese Woche drei Aufzeichnungen. Themen: Sexismus, Altersarmut, Holocaust. Ich will pfiffige Gäste, rührende Beiträge, Witz. Sie sind dran. Bitte, ich höre.*«

Raffi ist tatsächlich Medienspezialist. Er könnte recht haben, aber er ist auch ein entsetzlicher Schwarzmaler. Wetten, er würde mit Handkuss eine Einladung annehmen, wenn er denn eine bekäme ...

»Willst du mal probieren?«, fragt er mich zu kurz, um es ernst zu meinen. »Nein, alles gut«, sage ich, »das Wasser ist köstlich!« Konzentriert löffelt er seine Suppe und spricht gleichzeitig ungebremst weiter. »Die Runde schweigt. Der Moderator lächelt noch intensiver. Jetzt kommt Bewegung in die träge Masse. Er hört Namen, die alle schon einmal bei ihm waren. Das macht ihm nichts aus, wenn man sie nur neu mischt, anders kombiniert. Allerdings: Wie wär's mal mit etwas Frischem, einer Frau? Herrgott! Das kann doch nicht so schwer sein?! Der brave Schwiegersohn lächelt zum Fürchten schön. Dann fällt dein Name. *Na klar, ich weiß, diese Kleine. Einladen! Am besten zu allen drei Themen. Die hat zu allem was zu sagen. Frau. Migrationshintergrund. Jüdin. Humor. Holocaust. Treffer!*«

Raffi ist neidisch, rede ich mir ein, das ist alles. Ja, ich bin umgänglich und gesprächig, aber deshalb bin ich noch lange keine Allzweckwaffe.

»Hallo! Ich nehme noch dreierlei Gemüse auf Erdbeerschaum und die Schokoladen-Mousse. – Du glaubst mir nicht? Bist du so naiv? – Und noch einen Cranberry-Saft für mich, bitte. Was ist, Adriana? Willst du wirklich nichts essen?«

Ich schaue zu Raffi, er isst die Rosen zur Leber mit.

»Du hast inzwischen übrigens geschmeichelt die Redaktion zurückgerufen, du willst es dir überlegen, aber du willst keine Berufsjüdin sein. Man gibt dir vierundzwanzig Stunden Bedenkzeit. Du gehst an deinen Kleiderschrank, überlegst dir schon mal, ob Farbe oder Schwarz. Liest Grass' Gedicht bis zum Ende, was vermutlich nur wenigen gelungen ist. Bringst dich auf den neuesten Stand der israelischen Innenpolitik, weißt genau, wie viele Panzer wer wann wem geliefert hat. Und kannst die israelische Nationalhymne rückwärtspfeifen.«

Ich grinse. Raffi ist bösartig, aber jetzt weiß ich, dass ich hingehen werde, und zwar in Farbe. Nur bei der Nationalhymne würde ich passen, schon vorwärts.

»Sag mal ehrlich«, frage ich ihn, »was denkst du über Grass' Gedicht?«

»Jedes Volk bekommt die Literatur, die es verdient, aber das gehört jetzt nicht hierher, wie spät ist es? Hier, probier wenigstens einen Löffel Mousse. Nu?«

Die Schokolade samt dem Pfeffer klebt schwer und scharf an meinem Gaumen.

»Du bist natürlich hingefahren. Noch fünfundvierzig Minuten bis zur Sendung, du unterhältst die Frauen von der Maske, die hart an dir arbeiten. Du hast deinen kleinen Motor angeschmissen, probierst, wie du ankommst.«

Danke Raffi, jetzt muss ich an meine Mutter denken, die immer sagte: Rat mir gut, aber rat mir nicht ab. In dem Augenblick kommt Tobias Moretti herein, für den ich schwärme, als wäre ich ein minderjähriges Groupie. Raffi ignoriert ihn, macht mitleidslos mit seinem Szenario weiter.

»Na, dann wollen wir mal sehen, wie sich unser Profi heute schlägt. Sie sehen fantastisch aus, sagt der Schwiegersohn beim Reinkommen mit seinem gewinnendsten Lächeln, Küsschen links rechts. Großes Hallo. *Es soll um den Holocaust gehen, bitte locker bleiben, die verbissenen Statements hatten wir in den letzten Wochen schon zur Genüge. Ich vertraue Ihnen da voll und ganz,*

meine Liebe. Sie sitzen neben der Dschungelqueen. – Dschungel-camp? Hauptsache Lager, versteh ich doch richtig, oder?, sagst du, du bist so witzig. Hörst du mir überhaupt noch zu?«

»Ja, ja, klar.«

Warum eigentlich sind alle Bozener so sexy?! Wow, Moretti! Er ist viel kleiner als auf der Leinwand, hat aber eine noch größere Ausstrahlung. Ob ich mal rübergehe?

»Ich muss gleich los!«, höre ich plötzlich Raffi wieder, »ich mach's kurz, mitten in der Sendung läuft irgendwas schief, der Schwiegersohn hat per Knopf im Ohr eine neue Message bekommen und dich fallen gelassen, die Stimmung kippt. Du ärgerst dich, weil du doch locker sein solltest, und jetzt bist du gar nicht mehr locker. Das nennt man Niederlage. – Was ist? Ist dir schlecht? War das Wasser nicht gut? Du hättest wirklich etwas essen sollen. – Wann, sagst du, wäre die Sendung? Jetzt mach dir nicht ins Hemd, wenn du nicht hingehen willst, gehe ich für dich. Kein Thema. Danke fürs Essen, meine Gute, tschüss!«

»Danke, Raffi!«, brülle ich ihm hinterher. Und weg ist er, mein Medienspezialist.

Tobias Moretti schaut erschrocken hoch, ich lächele verlegen, will zu ihm hin, merke, dass ich keine Schuhe an den Füßen habe. Als ich die nassen Dinger endlich zugeschnürt habe, ist er weg.

Speziell für das Wasser zahle ich eine astronomische Summe. Ich rieche nach feuchtem Pudel, als ich mich auf den Weg in den alten Westen mache. Jetzt erst recht, Raffi, denke ich schon auf Höhe Alexanderplatz, wollen wir mal sehen, wer hier wen manipuliert.

dreihundertfünfzig pinguine

sammy

Mama war schon wieder in einer Talkshow. Die sechste in drei Monaten, ich habe mitgezählt. Mama sagt, wenn man prominenter wird, ist das so. Ich finde, sie sollte sich wie ein Hollywood-Star aus der Öffentlichkeit zurückziehen. Das ist cooler, hab ich in der *Gala* gelesen. Oder mit mir Monopoly spielen, aber das will sie nicht, weil sie eh immer verliert. Sie sagt, wenn sie das nicht tut, wer wird dann den Goyim erklären, wie wir Juden sind?

Na und? Wie soll'n wir denn sein? Ich sehe genauso aus wie Paul und mein Hockeyschläger wie seiner.

David soll auf mich aufpassen, aber seine Tür ist so was von zu. Ob seine Freundin da ist? Ich hör nix. Mama sagt, es sei beruhigend, dass der Frankfurter Beschneider ein Schächter ist, der habe das richtige Augenmaß. Ich glaube das ja nicht. Die Leute, die hören, dass der Beschneider auch Metzger ist, finden das nicht beruhigend! Darf's noch ein bisschen mehr sein? Jedes Mal, wenn Mama in der Metzgerei sagt: »Den Schinken in dünnen Scheiben bitte«, sind die Scheiben ja auch total dick.

Mama sagt auch, dass das Ornanieren trotzdem kein Problem sei. Ornanieren? Ich muss nachher mal David fragen, was der Unterschied zwischen Ornanieren und Marsturbieren ist. »David, komm doch mal raus! Ich hab so einen Hunger! Lass uns 'ne Pizza bestellen!«

Ich finde Mama doof. Bei allem muss sie mitreden. Ist doch

total langweilig, die Sache mit den Juden. Unsere Schulmensa müsste renoviert werden. Das ist mal ein Thema. Und die Jungenklos! Ich verkneif mir immer alles bis nach der Schule. Gleich läuft *Germany's Next Top Model*, das gucke ich tausendmal lieber als Mama im Fernsehen.

Wenn Mama in Talkshows geht, sind da oft uralte Leute. Dann sprechen alle ganz leise, weil die den Krieg überlebt haben. Letztens saß eine alte Frau neben Mama, sah aus wie eine Schildkröte, die supertraurig war. Warum ist sie dann in die Talkshow gegangen, wenn sie schlechte Laune hatte? Sie hat gesagt, sie hat den Krieg überlebt, und deshalb ist sie jetzt glücklich. Aber die sah wirklich gar nicht so aus. Als sich alle stritten, dachte ich, sie wäre tot, aber sie war nur eingeschlafen.

Alle fanden die Frau doof, aber keiner hat's ihr gesagt. Mama kam auch megatraurig zurück, und dafür ist sie extra so weit gefahren? Sie hätte doch einfach hierbleiben können und mit mir Minigolf spielen.

Hoffentlich ist sie diesmal besser drauf, wenn sie zurückkommt … Ich will sie unbedingt überreden, in den Sommerferien in einen Club zu fahren. Sie sagt, da sind nur Deutsche, und für ein deutsches Lager will sie kein Geld ausgeben. Lager, Schächten, Beschneidung. Sie redet immer dasselbe, öde. Ich erzähle ja beim Hockey-Training auch nicht allen, dass ich Jude bin. Interessiert auch keinen.

Ich hab gerade Bar-Mizwa gemacht. War 'ne Riesensache. Ich musste ein Jahr lang jeden Mittwoch zum Unterricht. Der Kantor war cool, aber was hilft mir auf meinem altdeutschen Gymnasium, dass ich weiß, dass Abraham und Sara noch mit hundert Kinder gekriegt haben? Kann man heute auch, ich sage nur Gianna Nannini. Stand auch in der *Gala*.

Mir ist das Singen in der Synagoge nicht schwergefallen, aber meine Freunde vom Hockey und aus der Schule haben sich wahrscheinlich tierisch gelangweilt. Geht auch immer ewig, das Gebete. Wenn man mich fragt, das ist sogar für Gott zu lang. Aber mich fragt ja keiner. Die Party abends war megageil. Und meine Verwandten sind nett, auch wenn nicht ein Einziger Deutsch kann. Man kann sich nie richtig mit denen unterhalten, aber die sich untereinander auch nicht. Einige sind aus Kroatien, die anderen aus Tel Aviv und sogar welche aus Miami. Zeigen sich stundenlang alte Fotos und behaupten, sie hätten dieselben Großeltern.

Jetzt, nach der Bar-Mizwa, gehe ich höchstens noch an den Hohen Feiertagen in die Synagoge. Falls ich nicht doch noch orthodox werde, aber es sieht gerade nicht danach aus.

»David! Schläfst du schon wieder? Du schläfst immer. Warum schläfst du nicht nachts? Kannst du uns nicht Fried Chicken bestellen? Sind die eigentlich glücklich geschlachtet? Komm mal! Ich sag sonst Mama, dass du mich immer ignorierst. Hast du nicht bald mündliche Prüfungen?«

Wahrscheinlich hat er aus irgendeinem Grund wieder schlechte Laune. Dann läuft er herum, isst alles, was er finden kann. Das wäre mir egal, wenn er sich nicht immer über meine Sachen hermachen würde. Über die Joghurts, die mit der Ecke. Und die Gummibärchen. Und die TicTacs, und mein Deo benutzt er auch. Und dann tut er so, als wäre nichts. Na ja, er kann auch ganz nett sein. Meistens, wenn ich nicht da bin. Eine Schwester würde mir guttun, so als Abwechslung. Aber die hätte dann wahrscheinlich nicht so coole Kapuzenteile und Basecaps.

Es gibt Leute, die sagen, er ist hochbegabt, aber das stimmt nicht. Der tut nur so. Zum Beispiel Fußball, da weiß er zwar, wer wohin wechselt und was der Spieler dann kostet, aber jetzt, wo es drauf ankommt, hält er sich raus. Spieler des Jahres? Na, wer wird's? Man kann sich bei uns zu Hause eh mit niemandem unterhalten.

David brüllt ständig Papa an, weil er Deutscher ist, Papa macht Mama dafür verantwortlich, weil sie Jüdin ist, und Mama zeigt mir ihre Falten und sagt, die Familie sei an allem schuld.

Ich glaube aber nicht, dass Menschen ohne Familie weniger Falten haben. Oder?

Spieler des Jahres wird bestimmt Ronaldo. Noch mal Ribéry wäre auch in Ordnung. Der ist halt kein Torschützenkönig. Nur nicht wieder Messi!

Wenn man mit Papa alleine ist, ist er eigentlich ganz normal. Dann spielen wir Billard, ohne Geschrei und ohne reden. Und wenn ich mit Mama alleine bin, essen wir auf Kissen auf dem Boden und schauen dabei französische Filme, wo die, die sich küssen, nie ein Paar werden.

Neulich hat ein Mann, während er den Ärmelkanal durchschwamm, geschlafen. Das geht, sagt mein »Babysitter« Lars. Der kennt sich überhaupt gut aus, kommt aus Hannover, hat Filiosofie studiert und hat halt auch mal andere Themen. Holt mich mit dem Motorrad vom Training ab, zu Macces mit hundert Sachen. Mit dem erlebe ich in drei Tagen mehr als mit meiner Familie in einem Jahr! Die größte als Pinguine verkleidete Menschenversammlung war wo? Weiß hier wieder keiner, wetten?! Und wie viele Hula-Hoop-Reifen sich beim Weltrekord auf einmal gedreht haben, interessiert hier auch keinen. Aber mich!

»David!! Mama ist am Telefon, sie sitzt schon im Zug zurück. Sie sagt, da geht sie nie wieder hin. Wir sollen ihr nachher sagen, wie sie aussah. Und du sollst dein Zimmer aufräumen! Geh du mal ran!«

Mist, heute läuft gar nicht *Top Model*.

Es waren übrigens dreihundertfünfzig Pinguine bei der Versammlung und zweihundertvierundsechzig Hula-Hoops gleichzeitig. Beides in London. So sieht's aus.

the holy land

adriana

Die Zionistische Jugend Deutschland plant ihre diesjährige Pessach-Reise nach Israel, und wer sich als Erster angemeldet hat, ist David. »Ich darf nicht fehlen, wenn mein Land mich ruft«, hat er pathetisch erklärt und mir die Reisedaten auf den Tisch gelegt. Wenn es bloß beim Feriencamp bleibt.

Es hat so kommen müssen. Wie blöd war ich, zu glauben, dass dieser Kelch an mir, an uns vorbeigehen würde. Ich packe Sonnencreme für ihn ein, die Adresse von Arons Bruder Robbi, und hoffe insgeheim, dass David zu verwöhnt ist, um sich an ein Leben in der Wüste zu gewöhnen. Er verspricht mir, den Seder bei Robbi in Tel Aviv zu verbringen, küsst mich ausgesprochen flüchtig und begibt sich am Flughafen in die Hände von drei Security-Jungs, denen ich nicht mal mein Portemonnaie anvertrauen würde. Jetzt haben sie meinen Sohn in den Klauen, und ich werde ihn nur noch im Tausch gegen tausendfünfhundert Palästinenser zurückbekommen.

Zehn Tage vergehen, dann endlich meldet er sich. Schwärmt von Masada bei Sonnenaufgang, Tel Aviv by night, und die angrenzenden Gebiete seien sicher wie noch nie. Jeden Tag hat er sechs Stunden Ulpan, Hebräisch-Kurs, und er trägt das rote Armband der Orthodoxen als Zeichen seiner Verehrung. Mir wird anders.

»Es reicht!«, beschließe ich, nachdem wir aufgelegt haben. »Georg, wir packen, fliegen hin und holen ihn da raus. Ich wollte doch sowieso zur Klagemauer, um meinen Fünfzigsten angemessen zu beklagen. Wir sollten uns beeilen: noch ist sein Rückreise-Ticket gültig.«

Und so kommt es, dass ich gemeinsam mit Georg und Sammy nach Israel fliege. Die beiden freuen sich, denn sie waren noch nie im Gelobten Land. Ich selbst war seit fast zehn Jahren nicht mehr da, auch ein Statement. Inzwischen sind die meisten meiner nach Israel ausgewanderten Verwandten tot, und es verspricht, eine heitere Reise zu werden. Vielleicht ist es im Gelobten Land allgemein etwas friedlicher geworden? Entspannter? Souveräner? So spreche ich mir Mut zu – tonlos, denn im Fond des EL-AL-Fliegers, also unmittelbar hinter mir, beten fünfzehn Orthodoxe für den ewigen Frieden. Ich hoffe, sie haben dazu keinen konkreten Anlass. Sie wiegen sich hin und her, das Flugzeug schaukelt leicht. Auch ich beginne zu beten, nicht so sehr für den ewigen Frieden als für eine sichere Landung. Gott erhört mich, wir landen wohlbehalten auf dem überhitzten, chaotischen Flughafen Ben Gurion.

Ich habe versucht, eine Ferienwohnung zu mieten, aber Robbi will davon nichts wissen, wir werden im neuen Haus seiner ältesten Tochter untergebracht, und das ist ein wirklich spezielles Erlebnis. Von außen sieht das Haus aus, als würde es in Los Angeles stehen. Innen erinnert es an eine FBI-Zentrale. Bewohnt wird es von Miriam, ihrem Mann Amos, ihren drei Kindern, einem Golden Retriever und dem philippinischen Dienstmädchen.

Dana, der Golden Retriever, liegt im Flur auf dem kühlen Marmorboden und bewegt sich nie, es sei denn, um einen lauten Furz zu lassen. Angeblich leidet er an Orientierungslosigkeit. Ist er in der Pubertät? Schon der vier Quadratmeter große Garten überfordere ihn, wird uns mitgeteilt.

Das philippinische Dienstmädchen bügelt im Keller, sie hat sich einen lebensgroßen Jesus über das Bett gehängt, der abends vollautomatisch leuchtet. So fühlt sie sich weniger allein. Die

Kinder befinden sich im Untergeschoss, wo eine kinogroße Leinwand und die allerneueste Konsole zum FIFA-Spielen einladen. Die Eltern sitzen oben im Wohnzimmer, denn Amos ist Head of Security bei der israelischen Armee, und im Wohnzimmer ist ein Fernseher, der das Geschehen aus dem ganzen Haus überträgt. Wenn man den »Split-Screen-Modus« einstellt, kann man gleichzeitig die Kinder, den Köter, die Haushälterin und ein Fußballspiel sehen. Der Mann ist gut, denke ich, mit ihm wäre der Sechs-Tage-Krieg schon nach drei Tagen vom Tisch gewesen.

Der älteste Sohn, ein kluger Knirps von acht Jahren, leidet an einer Krankheit, die sich nur unter den Aschkenasim vererbt. Er hat eine komplette Lebensmittelunverträglichkeit und muss künstlich ernährt werden. Deshalb, versichert man mir, sei dieser Überwachungsapparat im ganzen Hause notwendig, denn sollte der Kleine umfallen, sei sofortiges Handeln nötig. So fühlen sich alle sicher, und die Familie kann sich halbwegs entspannen.

Unser Schlafzimmer ist der eigentliche Sicherheitsbunker des Hauses. Es gibt kein Fenster, nur einen Luftschacht, die Tür ist aus schwerem Metall. Auf den Fersen will ich umkehren und in mein beschauliches Berlin zurück, nur der Anstand hält mich zurück. »Wenigstens laut wird es hier unten nicht«, tröstet mich mein Mann, und wirklich, man hört nichts bis auf den eigenen Atem.

Die gesamte Familie trudelt nach und nach ein, dann wird ein bisschen gegessen, acht verschiedene orientalische Salate, vier Kilo Grillfleisch, zwanzig Kilo Obst und Nüsse. Der Krieg in den Grenzgebieten hat den Appetit nicht beeinträchtigt.

Ich schlafe wie ein Neugeborenes, am nächsten Morgen sehe ich die Wiederholung meines Schlafs im Fernsehen. Daran werde ich mich noch gewöhnen müssen.

Das Gelände der ZJD befindet sich unweit von Haifa. Ein schäbiger Bau, von Stacheldraht umgeben. Wer hier vor wem beschütz werden soll, bleibt offen. David jedenfalls ist sichtlich froh, abgeholt zu werden. Komfort war nicht im Angebot, und nach zwei Wochen intensiver Sprach-, Religions- und Kriegsforschung träumt er vom Strand und von sonst nichts. Ich bin erleichtert, dass der Zionismus seine unerbittliche Seite gezeigt hat. Auch seine Kumpels sind lädiert. »Besser jetzt als während einer Intifada«, scherze ich beschwingt, niemand lacht über meinen Witz. »Die Siedlungspolitik ist eben keine Komödie, Mama!«, kontert mein Held, ich lächle milde. Solange er hinten im Wagen sitzt und nicht im Jordanland, ist mir das gleich. Auf dem Weg nach Hause erfahre ich wenig Neues, denn der kleine Zionist schläft den Schlaf der gerechten Sache. Vielleicht sind wir doch noch um eine Aliyah herumgekommen, und David studiert Jura in Passau. Warten wir es ab.

Israel polarisiert, fordert eine Haltung heraus. Ich ahne, dass es einen Hauch Israel genauso wenig gibt wie ein bisschen schwanger, aber wem sage ich das, ich neige selbst zu Extremen.

»Meinen Geburtstag beginnen wir mit dem Besuch der Yad-Vashem-Holocaust-Gedenkstätte, dann gehen wir zur Klagemauer, und wenn die Kraft noch reicht, zur Knesset. Ja, es ist ein spezieller Tagesablauf, und man kann seinen Geburtstag sicher anders begehen, aber alle fünfzig Jahre angemessenes Klagen muss ja wohl möglich sein! Außerdem bin ich das Geburtstagskind!«, verkünde ich am nächsten Morgen beim Frühstück ungefragt meiner Familie, die angesichts meines Tonfalls auch keinen Widerspruch wagt.

Robbi übernimmt an diesem Tag die Leitung, ihn scheint es nicht zu bekümmern, dass ich lieber klage, als Törtchen zu essen.

Es ist neun Uhr, als wir Yad Vashem betreten, und zwölf Jahre später, als wir sie wieder verlassen. Machtergreifung, Ghetto, Auschwitz, Sammy, der meine Hand festhält wie ein Großer und dafür sorgt, dass ich alles gut verkrafte. Sollte es nicht umgekehrt sein? Am Ende stehen wir auf der neu gebauten Terrasse, die über den Hügeln von Jerusalem schwebt. Es ist hell hier draußen, sehr hell und ja, wir leben, und wie!

»Gute Idee, hierherzukommen, Mama«, sagt Sammy, er hat still versucht, die Kerzen zu zählen, die sich in tausend Spiegeln vervielfachen für all die toten Kinder, aber es waren zu viele.

An der Klagemauer lässt sich nicht angemessen klagen, denn der Frauenbereich wurde zum wiederholten Mal reduziert. Mich würde wirklich mal interessieren, wer solche Maßnahmen verabschiedet. Der Rat der Weisen? Nun steht eine dicke orthodoxe Mama mit ihren Kindern direkt an der Mauer, für mehr Bedürftige ist kein Platz. Ihre Gebete nehmen kein Ende. Wie soll das erst werden, wenn die Gute fünfzig wird. Ich bin eher wütend als enttäuscht, sehe durch ein Loch in der Absperrung, wie sich unzählige Männer auf der benachbarten Seite gemütlich hin und her wiegen. Schließlich schubse ich die Dicke zur Seite, soll Gott sie doch verteidigen, und es gelingt mir, einen winzigen Zettel in das Gemäuer zu schieben: »Lieber G'tt«, steht darauf, »pass auf dein Volk auf, zu viele Orthodoxe verderben den Brei. Und ja, ich werde fünfzig, wenn du mir Schönheit, Gesundheit, Reichtum, Arbeit und ewigen Frieden bescheren könntest? Schau auf meine Kinder, denn es sind ja auch deine.«

Sammy liest mir seinen Zettel vor: »Lieber G'tt, ich möchte, dass Aron, auch wenn er im Himmel ist, immer bei uns ist, und dass sein Sohn Avi so bleibt, wie er ist. Ich hoffe und wünsche mir, dass ich schnell hilfsbereit und erwachsen werde. Dein Sammy.«

Lieber Gott, wenn es dich wirklich gibt, spätestens jetzt könntest du reagieren und Sammy dafür küssen. Na gut, ich mach's für dich.

Auf den Toiletten herrscht ähnlich geselliges Treiben wie an der Mauer. Die Becken fließen über, Kinder spielen im Urin der

Gläubigen – wahrscheinlich heilige Pisse. Na ja, zumindest koscher. Es ist nicht einfach mit der Religion.

In Chelm, einer Stadt voller Narren, so schrieb Isaak Bashevis Singer, gab es auch den Rat der Weisen, mit sehr passenden Namen wie Lekisch Dämlich, Zeinwel Trottel, Treitel Tor, Sender Simpel und Schmendrick Knallkopf. Ob alle diese Gläubigen zusammen nach Jerusalem ausgewandert sind?

Auf den Straßen der Altstadt haben sich unterschiedliche Gruppierungen gebildet. Es ist kurz nach Pessach, Ostern steht dieses Jahr noch vor der Tür, und so haben sich auch die Griechisch-Orthodoxen, die Kopten, die armenische Kirche, die Urchristen aus Äthiopien und noch etliche andere Gruppen in fantastischen Kostümen zu diesem Anlass eingefunden. Sie schieben sich durch die engen Gassen, singend, wehklagend, alles in allem nicht zurechnungsfähig. In der Grabeskirche großes Treffen aller konkurrierenden Glaubensrichtungen. Die Gesänge überlappen sich, übertreffen sich an Lautstärke und Intensität, ich lasse mich treiben, drehe einige Runden um das Grab Christi, ertappe mich, wie ich am lautesten schmettere: »Sanctus Dominus Deus Sabaoth. Pleni sunt coeli et terra gloria tua.« Wie schön ist doch Jerusalem.

Vor der Tür hat Georg inzwischen zwei mannshohe Kreuze gefunden. Man kann sich die Dinger ausleihen, die Via Dolorosa entlangschleppen und sich dabei wie Christus fühlen. Er hängt glücklich zwischen beiden und kann sich nicht für eines entscheiden. Für jeden hat Jerusalem etwas zu bieten, eher zu viel als zu wenig. Mir gefällt das, eine Art religiöser Karneval, hier geht man nicht sparsam mit Gefühlen und Spiritualität um.

Unser seliges Lächeln macht Robbi Sorgen, er führt uns aus dem religiösen Strudel direkt ins Irdische: Die österreichische Mission serviert Melange und Strudel im Innenhof ihres Domizils, wir befinden uns in der Wiener Herrengasse. Es ist erst Mittag, und ich habe schon die ganze Welt gesehen.

Fast hätte ich mich entspannt, als Robbi verkündet, dass

die Knesset wirklich nicht fehlen dürfe bei einem Geburtstags-Sightseeing. Die würden wir noch spielend schaffen.

»Unsere Religion wirkt unmodern, verrückt, ein Labyrinth aus Regeln, Verboten und Vorschriften für den Alltag. Das alles mag sein, aber ihr werdet sehen: Sie ist hochmodern, flexibel und menschlich.« Robbi, der Historiker, ist in seinem Element, 5774 Jahre sind für ihn ein Wimpernschlag, wenn es um geschichtliche Belange geht, und die vierzig Grad stören ihn nicht im Geringsten.

Wenig später platziert er uns im Schatten eines Olivenbaumes gegenüber dem Eingang zur Knesset. Da steht ein fünf Meter hoher siebenarmiger Leuchter aus Bronze, geschmückt mit Reliefs, die die Geschichte des jüdischen Volkes erzählen.

»Was man hier sieht«, sagt Robbi, »sind alte Geschichten aus der Thora und neue aus dem heutigen Judentum. Hier unten geht es zum Beispiel um eine Eheschließung, hochaktuell. Wusstet ihr, dass in dem Heiratsvertrag, der Ketuba, der Bräutigam sich verpflichtet, seine Frau zu befriedigen, so oft sie es wünscht? Mindestens jedoch einmal die Woche. Tut er das nicht, ist sie berechtigt, sich scheiden zu lassen. Wo bitte ist die religiöse Gesetzgebung derart fortschrittlich? Nicht zufällig steht die Menorah hier direkt vor der Knesset. Sie appelliert an ein moderneres Judentum. Es ist bitter, wie einige Ultraorthodoxe versuchen, das Rad zurückzudrehen. Sie schaden unserem Land. Sie missbrauchen die Schrift, weil sie sie nicht verstehen. Am Sabbat werden Autofahrer mit Steinen beworfen, Frauen müssen im Bus hinten sitzen. Sie drohen, diskriminieren. Sie machen Angst. Kluge Köpfe sind gefragt, klar David, Sammy?!« Die Jungs nicken, ich nicke auch. Aus Versehen. Nun gut. Knesset ist schon besser als Wachposten an der syrischen Grenze …

»Apropos: Jungs, was bedeutet Israel?« – »Der mit Gott kämpft«, kommt es unisono wie aus der Pistole geschossen. Robbi grinst. Ich denke, kein anderer Name würde ähnlich gut passen, und dass wir alle mit ihm kämpfen, dauernd irgendwie. Sammy kickt einen Fußball gegen eine Steinmauer, David und Georg diskutieren endlos mit Robbi über die Stimmverteilung in der Knesset, und ich schaue über die Dächer, vielleicht sogar bis ins Jordantal, erkenne in der glühenden Sonne keinen gravierenden Unterschied zwischen israelischen und arabischen Dörfern, aber einer Banausin wie mir erscheint alles wie Wüste. Am Abend sitzen wir erschöpft am Strand von Tel Aviv unter der Leuchtreklame des Hilton und Sheraton und trinken. Koscheren Wein und noch koschereren Wodka, auf meine letzten fünfzig Jahre und auf Israels erste sechsundsechzig.

Für die nächsten zwei Tage hat Robbi einen »Guide« besorgt, der uns den Rest Israels zeigen wird. Tuvia ist Robbis Schwager und war jahrelang bei der Armee.

Er hat eine kleine Trillerpfeife, mit der er uns am nächsten Morgen zu seinem Minivan beordert. Pfeift er zweimal, müssen wir einsteigen, pfeift er dreimal, geht's los. Wer draußen geblieben ist, hat Pech gehabt. Seine Dollars hat er im Voraus bekommen, und zwar nicht wenige. Er erklärt uns die Regeln: »Thirty minutes walk, two minutes questions, whole Israel in two days.« Ich vermute, wir sind früher fertig.

Tag 1, Norden: Libanon, See Genezareth, Netanya, Cesarea, Haifa

Tag 2, Süden: Yaffa, Masada, Totes Meer, Eilat

Meine Männer starren mich entsetzt an. Sie vermuten, er will sich an den Deutschen rächen. Mich nennt er Andrea, er hält auch mich für eine Deutsche, immerhin, macht mich zum Vizechef, ich habe dafür zu sorgen, dass alle tun, was er von uns verlangt. »Das war nicht meine Idee«, stammle ich, aber niemand will mir glauben. Angst macht sich in unserem Van breit. »So wird es beim Militär«, flüstere ich David zu. »Merk's dir für deine Aliyah!«

Der erste Halt findet in einem Bergdorf statt, unter einer riesigen Landkarte. Die alten und die neuen Grenzen Israels sind eingezeichnet, Tuvia erklärt sie uns, Fragen sind zugelassen, werden aber nicht beantwortet. Hinter der Landkarte befindet sich der Libanon, weiter rechts Syrien, wir werden jetzt an einer Krokodilfarm vorbei zu der meist beschossenen Grenze Israels fahren.

Es ist eine schöne Grenze. Oliven- und Zitrusbäume wachsen hier, das Land ist fruchtbar. Wenige Meter trennen die israelischen Soldaten von den libanesischen, sie haben die Waffen aufeinander gerichtet, während sie entspannt mit ihren Kollegen plaudern. Schmetterlinge fliegen um meinen Kopf, der Spaziergang könnte angenehm sein, aber das Gefühl, jederzeit auf eine Bombe treten zu können, verlässt mich nicht. Ich sehe verrostete Gleise und erfahre, dass die Bahnstrecke Kairo–Istanbul hier hindurchführte. Tuvia lehnt am Zaun, schaut zu seinem libanesischen Kollegen hinüber, der mit seiner Reisegruppe wiederum uns anstarrt. Dann pfeifen beide, und alle Touristen, hüben wie drüben, steigen wieder in ihre Fahrzeuge.

Am See Genezareth gibt es eine Unzahl kleiner Altare. Wo Jesus übers Wasser lief, wo er schlief, wo er Wasser zu Wein machte, wo er selbst über alles schmunzeln musste. Jede Viertelstunde beginnt ein Gottesdienst. Die Pilger in grellbunten Tüchern sind aus dem Sudan, die aus Warschau in gemusterten Schürzen, eine sehr blasse Gruppe kommt aus der Bretagne. Die Pfarrer tragen kleine Koffer bei sich, aus denen sie Kreuze, Becher und Bibeln hervorzaubern, wenn sie mit der Eucharistie dran sind. Jedes Land benötigt seine eigenen Utensilien. Die Schwarzen stimmen einen Gospel an, die Italiener halten mit ihrer Litanei dagegen, werden von den Polen lauthals unterstützt, während die Franzosen sich kurzerhand für den Gospel entscheiden. Es klingt nach Konkurrenz, aber was weiß ich schon? Jesus wird vermutlich in Kürze aus seinem Sarg klettern und um ewige Ruhe bitten.

»Das Wasser ist derart flach, dass es bei den Temperaturen wahrscheinlich verdunstete und Jesus lässig drüberlaufen konnte«, analysiert David die Lage. Gott sei Dank so leise, dass kein Pilger ihn hören und erschlagen kann. Rechts von der Straße, die durch das Tal führt, liegt ein arabisches Dorf. »Nirgendwo isst man besser als bei den Arabern!«, sagt Tuvia. Ich habe auch Hunger, obwohl es rein inhaltlich ein Tag war, der einem problemlos auf den Magen schlagen könnte. Und wirklich: Man isst nirgends besser als bei den Arabern.

Abends verkündet Georg, er könne so nicht mehr mitreisen, unser Reiseführer sei ein Faschist, ein übler Kriegstreiber, wir hätten einen Palästinenser nehmen sollen oder einen Jesuiten. Ich gebe ihm recht, auch wenn ich nicht sicher bin, ob Israel mit anderen Reiseleitern harmloser erscheinen würde. Erschöpfung macht sich breit. Georg ist bleich vor Wut, Sammy will lieber baden, David schlägt vor, die Reiseleitung zu übernehmen. Ich als oberste Heeresleitung erkläre, dass so weitergemacht wird wie bisher. Wie soll man bitte die Weltherrschaft übernehmen, wenn man schon nach einem Tag schlappmacht?

Tag zwei gestaltet sich zunächst ähnlich straff. Wir einigen uns darauf, Tuvia heimlich »Mein Führer« zu nennen, was uns merklich entspannt.

Masada! Das Fanal des Kampfes um die Freiheit. Eine Hinterlassenschaft Herodes', extreme Architektur in extremer Lage, hier starben jüdische Rebellen, Helden, Märtyrer. Eigentlich gehört es sich, Masada im Morgengrauen zu besteigen, den Sonnenaufgang hoch oben zu erleben, um zu erkennen, dass die Makkabäer ein irre mutiges Völkchen waren. Die Zeit haben wir aber nicht. Tuvia verlangt, dass wir die Seilbahn nehmen, für die Besichtigung oben gibt er uns eine Stunde, Erkundung der prähistorischen Wasserleitung inklusive. Selbst im Schnelldurchlauf wirkt die Festung erhaben. Wenn Tuvia in Rente ist, werde ich noch einmal herkommen.

Das Tote Meer brennt auf der Haut, das »Strandbad« ist verranzt, russische Angestellte servieren Bliny und Piroggen, auf Wunsch auch Massagen … David weigert sich zu baden, es sei zu eklig, hier würde man Allergien bekommen, statt sie loszuwerden! Wir anderen steigen dennoch in den heißen, salzigen Sud, treiben dahin.

Dieses Land ist zu viel für einen allein ... In der Gruppe ist es besser, aber summa summarum lässt sich dieses Nebeneinander aus Emotionen, politischen und religiösen Welten, heiligen und kriegerischen Stätten nicht verkraften. Thora hin, Knesset her – und vom Holocaust ganz zu schweigen. Wenn sie die Militärpflicht ihrer Jugend zu einem Psychologie-Studium umwandeln würden, sähe ich eine Chance. Ein Heer an Therapeuten und interkulturellen Mediatoren würde das Land regieren, allerdings auch bei der Hamas und Hisbollah. Ja, ich weiß, ich bin eine Visionärin.

Tuvia hat zweimal gepfiffen, wir steigen ein. Wir sind gereizt und müde, wollen aber noch in einen Kibbuz. »Wozu?«, fragt unser Kriegsheld, »alles Bauern dort, Versager, keine Männer.« Er möchte nach Hause, der Sabbat rückt näher. Ich hätte nichts dagegen, ein paar dieser Versager zu treffen, von Helden habe ich genug. Aber Widerspruch duldet Tuvia noch weniger als Fragen.

Ich muss wohl eingeschlafen sein, denn ich wache in einem Rosenhain auf. Entweder eine Oase oder – was wahrscheinlicher ist – wir sind einem Attentat erlegen, und das ist der Garten Eden, gepflegt von Petrus, dem Johnny Weissmüller und Golda Meir assistieren.

Tuvia grinst. Zum ersten Mal. Es herrscht eine himmlische Ruhe. Das kann nur das Paradies sein.

Der Kibbuz heißt Einat, Tuvias Bruder wohnt hier. Auch Tuvia ist hier aufgewachsen, seine Eltern waren Sozialisten und am Aufbau von Erez Israel maßgeblich beteiligt. Tuvia kennt jeden Baum, er führt uns herum, sein Bruder ergänzt, wenn Tuvia etwas vergisst. Nie zuvor habe ich eine zärtlichere Beschreibung eines Mähdreschers gehört, einer Waschküche, eines Speisesaals.

Fast wäre der Kibbuz unter der verschärften wirtschaftlichen Konkurrenz eingegangen, aber dann hat sich die Gemeinschaft den Verhältnissen angepasst, es durften sich reiche Israelis hier einkaufen. Der Kibbuz hat sogar Ackerland umfunktioniert, um Grabplätze anzubieten: für Juden, die nach der Halacha nicht ganz lupenreine Juden sind und nicht wissen, wohin mit ihren sterblichen Resten. Ein extrem lukratives Geschäft. Vor allem jetzt, wo von den russischen Immigranten-Ehepaaren häufig nur einer vollwertiger Jude ist, aber man den ewigen Schlaf dennoch nebeneinander buchen möchte.

Tuvia hat uns überraschen wollen, was ihm wahrlich gelungen ist. Er lächelt selig, und plötzlich habe ich den Verdacht, dass die harte Tour nur eine Masche war. Er spielt den beinharten Kämpfer, den sarkastischen Macho, im Grunde aber würde er nur zu gerne Baumwolle pflücken, Rosenbeete versorgen, dabei ein Liedchen auf den Lippen … Er drückt mir einen Rosenstrauß in die Hand, »Schabbat Shalom and Happy Birthday nachträglich!« Israelis sind doch überraschende Wesen. Georg ist begeistert vom Land, ihm fehlen hier weder Milch noch Honig, Hummus und Tehina täten es auch. Sammy möchte am liebsten sofort in den Kibbuz ziehen, David ist verschwunden, um Billard zu spielen. Ich habe meine Herrenmannschaft an Israel verloren.

Zum Kabbalat Schabbat hat uns meine Cousine Nili, Tochter eines der vielen Brüder meines Vaters und Protokollchefin der Knesset, eingeladen. Als solche hat sie dafür gesorgt, dass Joachim Gaucks erster Israelaufenthalt zumindest äußerlich den richtigen Rahmen wahrte, dass es am Buffet nichts auszusetzen gab und dass niemand über eine Falte im roten Teppich stolperte. Der Bundespräsident speiste in Shimon Perez' Garten, ohne dass es zum wirklichen Problem wurde, dass seine Eltern in der NSDAP gewesen waren. Im Gegenteil, man war sehr höflich zueinander. Man feierte Gauck als Helden.

Nili ist eine echte Kapazität auf ihrem Gebiet. Ihr Protokoll sieht vor, dass wir zu Sabbat-Beginn bei ihr sind, und zwar in Rischon LeZion, einer Stadt mit schicken Hochhäusern, in der Nähe von Tel Aviv. Sie möchte mit uns grillen. Das Navigationsgerät kann kein Englisch, und die Straßenschilder vertragen keine lateinische Schrift. Wir sind auf Sammy und David angewiesen, die in einem Wust aus neuen Siedlungen die richtige Dachterrasse identifizieren. So müssen sich meine Eltern gefühlt haben, wenn sie den »Kurzfürztendamm« gesucht haben, und ich sie berlinisch hochnäsig auflaufen ließ.

Als wir mit drei Stunden Verspätung bei Nili auftauchen, befinden sich auf der Terrasse neben genug Nahrung für die gesamten besetzten Gebiete fünfunddreißig Menschen, von denen dreißig meine Cousinen sind. Der Begriff Cousine war in unserer Familie von jeher sehr dehnbar. Dass sich hinter dieser Bezeichnung aber derart viele russische Blondinen verstecken, ist erstaunlich. Ich lasse mir von jeder die familiären Zusammenhänge erklären, sie tun es gerne, wahlweise auf Hebräisch oder Russisch. Klarer wird die Lage nicht. Ich hatte geglaubt, die Verwandtschaft sei überwiegend tot, währenddessen hat sie sich stillschweigend vermehrt. Israel, Land der Wunder!

Keine Stunde später kippt die Stimmung: Siedlungspolitik ist wieder das Thema. Im Fernsehen wird eine Politiksendung übertragen, David und Sammy verfolgen die Debatte. Soll man die Gebiete räumen oder neue ansiedeln? Das ist wahrlich keine neue Diskussion, auf beiden Seiten sind etliche Anschläge und Tote zu verbuchen, die versteinerte Unzugänglichkeit Netanjahus und der Hamas-Leader haben biblische Ausmaße angenommen. »The negotiations have stopped once again«, heißt es in einer amtlichen Erklärung.

Die Probleme aus Charlottenburg oder Prenzlauer Berg, ob ein veganes Leben das bessere Leben ist, ob man sich mit Pilates oder Iyengar Yoga besser entwickelt, wirken wie von einem anderen Stern. Es gibt etwas in meinem Innern, das beginnt, die Hingabe, mit der David an diesem Land hängt, zu verstehen.

Auch Sammy fühlt sich pudelwohl, zwanzig meiner Cousinen kosen und herzen ihn: »Krasiwaja! You are sooo sweet, little boy!« Trotzdem und vor allem bin ich Mutter, ich rücke näher an den Fernseher heran, und obwohl ich kein Wort Hebräisch verstehe, sind die Aufnahmen aufschlussreich genug.

Mütter und Krieg passen nicht zusammen. Dürfen nicht zusammenpassen. Das ist rein soziologisch oder biologisch so. Das haben Käthe Kollwitz und Picasso schon gemalt und Brecht gedichtet. Für Mütter gibt es keinen gerechten Krieg. Nur gefallene Söhne. Auch wenn Kriegerdenkmäler die Plätze und Parks säumen. Auch wenn heldenhafte Statuen die Taten dieser Jungs glorifizieren, die kaum zwanzig sind und noch nichts vom Leben hatten.

»Ich werde freiwillig Veganerin, werde alle zwei Stunden Yoga und Pilates im Wechsel machen, wenn's sein muss, werde ich sogar in den Prenzlauer Berg ziehen und mit Raffi eine radikal intellektuelle Zelle gründen, wenn meine Söhne nur nicht in den Krieg ziehen!«, rufe ich. – »Muss ich dann auch auf Fleisch verzichten?«, fragt Sammy, und alle lachen, als wäre nichts gewesen.

Den ganzen Rückflug über schweigen wir. Alle vier. Das will in unserer Familie etwas heißen. Israel hat uns alle geschafft, jeden auf seine Weise.

hotel atlantic

georg

Betreff: WE
Komm doch mit, wir sehen uns so selten, wir
würden in einem Fünf-Sterne-Hotel wohnen. Ich
sorge dafür, dass du nicht aufliegst, und ein
Wochenende mit Kippa rumzulaufen, ist doch auch
mal eine Erfahrung ... Witz! Du brauchst die Kippa
nur beim Beten ...

Als Mail-Anhang hat Adriana die Einladung des Zentralrats
zum diesjährigen Gemeindetag mitgeschickt. Die Tagung soll
im renommierten Atlantic-Hotel stattfinden, das Thema: Jüdische Künstler zwischen Anpassung und Provokation.

Das ist doch absurd. Auf keinen Fall laufe ich als Jude herum.
Mit oder ohne Kippa. Merkt doch jeder, dass ich keiner bin.
Ich kann es mir bildlich vorstellen, ein Wochenende voll von
zionistischen Flügelkämpfen, Identitätsfindung, spitzfindigem
Gezerre zwischen liberal und orthodox. Dazwischen ich, der
Schabbes-Goy. Und es ist bezeichnend genug, dass dies offen-
bar die einzige Möglichkeit ist, Adriana zu treffen. Sehr roman-
tisch. Das können auch fünf Sterne nicht aufwiegen ...

Meine Liebe, no way. Dein Doitscha schreibe ich zurück.

Natürlich lässt meine Schöne nicht locker.

> Betreff: 5 Sterne
> Liebster!
> Findest du es nicht ziemlich reizvoll, das Atlantic
> als Veranstaltungsort für einen jüdischen
> Gemeindekongress auszuwählen? Ein wenig
> merkwürdig, aber nicht ungeschickt – raus aus
> muffigen Gemeindesälen, rein in den Glamour:
> James Bond und Udo Lindenberg treffen den
> russischen Exilrabbiner Tuchtlman! Nicht ganz
> billig, würde ich vermuten, aber Gott ist groß,
> diesmal sogar in Hamburg. Ach bitte, komm doch,
> es wird bestimmt sehr unterhaltsam! Du hast doch
> auch Israel so gemocht. Es wird sein wie Tel Aviv
> an der Alster!

AW: 5 Sterne
Sammy hat an diesem Wochenende seine Trompeten-
Prüfung für die Schul-Big-Band, ist mächtig nervös: Die
Töne kommen nicht sauber. Soll er das ohne väterliche
Unterstützung schaffen?
Georg

> AW: AW: 5 Sterne
> Liebster!
> Ja, das schafft er. Vielleicht sogar besser ohne dich?
> PS: Nach meiner Rede in der Paulskirche habe ich
> geglaubt, bis an mein Lebensende mit jüdischen
> Sanktionen rechnen zu müssen. Diese Einladung
> ist nicht nur eine Überraschung, da steckt etwas
> dahinter. Vielleicht soll ich entführt werden? Oder
> Schlimmeres? Du musst mich evtl. retten.

Sie zieht alle Register. Es scheint ihr wirklich wichtig zu sein.

Also schraube ich Sammys zerbeulte Trompete auseinander, putze sie in der Badewanne in heißem Wasser, trockne und öle die Ventile, und – kaum zu glauben: siehe da, saubere Trompete, saubere Töne! Good luck, Miles Davis junior!

Samstagfrüh sitze ich brav im Speisewagen des ICE gen Hamburg. Treffe Adriana an der Außenalster, direkt am Hotel. In ihrem grünkarierten Kostüm erinnert sie mich irgendwie an Mary Poppins, auch ohne Schirm.

Sie küsst mich überschwänglich, zerrt mich in Richtung Hotel. Schwere hölzerne Drehtür, eine dunkle Empfangshalle, dahinter hebräische Gesänge. Die Türen zu zwei angrenzenden Sälen stehen offen, der Sabbat-Gottesdienst zweier konkurrierender Kongregationen findet parallel statt. Ein dicker ungarischer Bass befindet sich im Wettstreit mit seinem liberalen Kollegen, einem Kantor, dessen Tenorstimme mühelos das hohe C erwischt, nun gut, kein Caruso, sehr nasal, die Stimme bohrt sich empfindlich durch die Großhirnrinde. Beide haben ihre Gemeinde längst abgehängt und beten die »Braut Sabbat« mit großer Hingabe, jeder für sich und mit wachsendem Eifer, an: »Komm, mein Freund, der Braut entgegen ... Lecha dodi.« »Es geht vor allem um Lautstärke und Ausdauer«, grinst Adriana.

An der Rezeption stehen verunsicherte Blondinen, reichen mir misstrauisch unseren Zimmerschlüssel, als wollten sie sagen: Sind Sie auch einer von diesen da? Das sieht man Ihnen gar nicht an. Ich lächele gewinnend, so also fühlt man sich als Jude?

Eine Schar Kinder hat das Foyer in Besitz genommen, die Jungs tragen kleine Kippot und Schläfenlocken, Mütter mit verrutschtem Scheitel rennen hinter ihren tobenden Töchtern her; jüdische Siedler im Hotel Atlantic, schon allein dafür hat sich die Reise gelohnt.

»Bisher unterscheiden sich die Orthodoxen nicht von den Katholiken, Kinderkriegen war bei den Fundamentalisten immer schon eine Hauptbeschäftigung«, flüstere ich Adriana zu, die meinen Witz mäßig findet.

Wir bekommen ein imposantes Zimmer mit Blick auf die Außenalster.

»Lass uns einfach hierbleiben«, schlage ich vor, »von hier aus können wir dem Treiben der Hamburger Segler und Ruderer zusehen.«

»Arme Jungs!«, erwidert Adriana, und windet sich aus meiner Umarmung, »die ahnen nicht, wie gerade ihr schönes, nordisches Hamburg entarisiert wird. Komm, nimm deine Kippa, es gibt gleich Mittagessen.«

Und schon sind wir wieder unterwegs nach unten. Ich frage mich, wozu wir ein Fünf-Sterne-Zimmer haben, wenn wir es nicht fünf-Sterne-mäßig nutzen.

Es gibt nur Stehtische, wenige Sitzgelegenheiten für die ganz Alten, aber das Essen ist koscher und schmeckt vorzüglich, was in der Regel ein unauflösbarer Widerspruch ist. Woher können die Hamburger Reeder plötzlich so vorzüglich koscher kochen, will ich Adriana fragen, aber die ist nirgends zu sehen. Ist sie schon entführt worden, und ich habe vor lauter gehackter Leber mit Zwiebeln und Petersilie meinen Einsatz verpasst?

Mir fällt ein Witz ein, den Adriana gern erzählt: Kommt ein Mann mit seinem Hund zum Tierarzt. »Herr Doktor, könnten Sie meinen Hund beschneiden?« Der Arzt lehnt kategorisch ab. Nach zwei Wochen kommt der Mann wieder: »Bitte, Herr Doktor, Sie glauben nicht, wie wichtig es mir persönlich ist.« Doch der Arzt bleibt ungerührt: »Also, bei allem Verständnis für Ihre Motive, das geht nun wirklich nicht.« Nach weiteren zwei Wochen erscheint der Mann wiederum und legt dem Arzt fünfhundert Euro auf den Tisch. Darauf der Arzt: »Nun, mein Bester, warum haben Sie nicht gleich gesagt, dass der Hund Jude ist?«

So, jetzt ist es so weit, jetzt erzähle ich mir schon selbst jüdische Witze.

Adriana ist plötzlich wieder da und flüstert mir zu: »Habe

versucht, mit dem Chefkoch zu sprechen, war leider nicht möglich. Mal ehrlich, wie haben sie das Hotelmanagement dazu gebracht, derart koscher zu kochen? Geld, Beziehungen oder schlechtes Gewissen? Ich wäre gern dabei und würde zusehen, wie den Köchen in strahlendem Weiß in der hypermodernen Hotel-Atlantic-Küche die diffizilen und altmodischen Vorschriften dargelegt werden. Das nenne ich Wiedergutmachung auf überraschendem Feld.«

Das Hendl, der Tafelspitz, alles ausgezeichnet, wir schlemmen für mindestens fünf Sterne. Den Kaffee wollen wir woanders trinken, denn hier, im koscheren Bereich, gibt es nur Pulverkaffee mit Milchpulver.

In der Lobby haben einige Hotelgäste Kontakt zu den »Fremden« aufgenommen. Ich höre, wie eine junge Orthodoxe einer anorektischen Hanseatin die Bedeutung des Scheitels erklärt. Ein kleines Mädchen singt einem älteren Pärchen ein Chanukkalied vor. Adriana ist entzückt von diesem speziellen Biotop, ich würde lieber ein Schläfchen im Hotelzimmer halten.

Da beginnt auch schon die Vorlesungsreihe. Adriana drängt sich in die erste Reihe, ich mische mich weiter hinten unter das gemeine Volk. Niemandem scheine ich besonders aufzufallen, ja, ich selbst fühle mich zunehmend jüdisch. Es ist nie zu spät, Jude zu werden ...

Weil Sabbat ist, gibt es kein Mikrofon für die Vorträge und Diskussionen, kurz mache ich mir Sorgen, ob man die Vortragenden auch weiter hinten hören wird. Darüber scheint der erste Redner ebenfalls nachgedacht zu haben. Der kleine, gedrungene Rabbiner brüllt, was das Zeug hält, und ist weit über die Stadtgrenzen hörbar, sein Thema: Übertritt, Konversion.

Der Saal ist voll, was mich wundert. Was geht einen Juden der Übertritt an? Oder meint der kleine Mann da vorne etwa mich?

Ich verstehe nicht alles, was ihn bewegt, aber in etwa scheint es ihm um gute und nicht so gute und ganz schlechte Übertritte zu gehen. Ich liebe die Juden: Vor Gott sind alle gleich, aber einige noch gleicher. Die guten sind natürlich die, für die der Glaube den Grund liefert. Die weniger guten sind die, wo die Liebe oder sogar die Ehe zum Übertritt zwingt. Aber das Problem ist noch ein ganz anderes, und damit kommt er zu den gar nicht so guten Übertritten: Von den ca. zweihunderttausend eingewanderten Russen sind hunderttausend in den Gemeinden eingetragen. Von fünfzigtausend hat man die Spur verloren, man vermutet, dass sie gar keine Juden seien, sondern sich nur geschickt unter das »Judenkontingent« gemischt hätten. Aber, und nun wird es spannend, die restlichen fünfzigtausend seien patrilineare Juden, was heißt, dass sie »nur« einen jüdischen Vater haben, sie sind streng nach der Halacha gar nicht jüdisch.

Dieses Wochenende ist eine wahre Schulung in Dialektik.

Eine Dame meldet sich zu Wort: Auf sie als Gemeindemitglieder zu verzichten, wäre doch wirklich zu bitter, um nicht zu sagen einfach dumm, gehe gegen jede geschäftliche Vernunft. Ja, und gegen die moralische sowieso. Wenn sie überträten, wäre das zwar ein Eingeständnis, dass sie vorher im religiösen Sinne gar keine Juden gewesen seien, etwas, das man der deutschen Öffentlichkeit schonend beibringen müsse, aber man hätte sie dann immerhin in der Gemeinde …

Ich glaube zu verstehen. Adriana grinst zu mir rüber. Habe ich dir zu viel versprochen?, sagt ihr Blick.

Der Rabbiner bemüht das Alte Testament, aber eine befriedigende Lösung liefert das Buch auch nicht, was mich ehrlich wundert, weil man dort für so ziemlich alles eine Begründung finden kann. Ich sehe den Mann sich winden. Es folgen immer mehr gut gemeinte Ratschläge aus dem Publikum. Fast, aber nur fast, könnten sie mir leidtun, die armen orthodoxen Schriftgelehrten. Doch mit solchen Problemen hat jeder noch so kleine Verein in aller Welt zu kämpfen. Gib dem Menschen eine Satzung, und er wird ein Leben lang beschäftigt sein.

Ich könnte mich zu Wort melden und die gute katholische Beichte vorschlagen. Absolution ist ein seit Jahrhunderten bewährtes Mittel. Was auch immer vorher war, man erzählt's dem Priester, betet oder noch besser, spendet, und danach ist man ein neuer Mensch. Adriana ist inzwischen aufgestanden und diskutiert erhitzt mit einem Orthodoxen. Mich hat sie völlig vergessen, an Romantik oder irgendeine Form von Zweisamkeit ist nicht mehr zu denken. Warum bloß bin ich mitgekommen?

Ich probiere einen Pulverkaffee, und er ist wie erwartet richtig schlecht. Genau in dem Moment, als ich plane, mich in ein hübsches unkoscheres Café an der Alster zu verdrücken, hakt sich Adriana bei mir unter. Sie kann Gedanken lesen, zumindest meine, habe ich schon öfter festgestellt.

»Du willst doch nicht schon flüchten, mein Bübele?«

Lächelnd schleppt sie mich zum Nachmittagspanel, danach sei Schluss, wir würden aufs Zimmer gehen, die Aussicht genießen und noch einiges mehr, zu zweit, versprochen. Ich weiß, ich bin naiv und gutgläubig.

Vier Rabbiner unterschiedlicher Ausrichtung sitzen sich am Nachmittag gegenüber: Adriana gibt mir leise die Gebrauchsanweisung: »Der links ist konservativ, dann der Orthodoxe, daneben der Reformierte und ganz rechts sitzt die Fraktion liberal.« Es sei das erste Zusammentreffen dieser Art in Deutschland überhaupt nach dem Krieg, also ein quasi historisches Ereignis, und ich sei als Nichtjude mittenmang und solle es gefälligst als Geschenk betrachten. »Toll, nicht?«

Mir fällt es schwer, auf den ersten Blick Unterschiede auszumachen, was ich klar erkenne: dass eine Frau mit auf dem Podium sitzt.

»Vor zehn Jahren wäre ein Gespräch unter diesen vier Rabbinern gar nicht möglich gewesen!«, flüstert eine Frau aufgeregt ihrer Nachbarin zu.

Die Atmosphäre ist erstaunlich gelöst, jeder der Teilnehmer erzählt, woher er kommt, und was ihn bewegt hat, Rabbiner, Rabbinerin gerade in Deutschland zu werden.

John aus Minnesota, der mich irgendwie an den Schlagzeuger

von Frank Zappa erinnert, berichtet, wie er seinen ersten Gottesdienst in Rostock an einem Jom-Kippur-Tag im September vor fünfzehn Jahren gehalten hat. Voller Angst zu versagen, aber assistiert von fünfzig Russen, für die es ebenfalls der erste Gottesdienst ihres Lebens war. Ich weiß genau, was er meint. Als Messdiener aus Westfalen weiß ich, was man beim ersten Gottesdienst fühlt: Keine seelische Erhebung, keine spirituelle Begegnung, sondern pure Angst, irgendetwas falsch zu machen. Aus künstlerischer Sicht ist das Ganze schließlich so etwas wie Theater, eine Vorstellung, die reibungslos von der Bühne gehen muss.

Emma aus Amsterdam erzählt: von den großen Gemeinden sei getestet worden, was für einen Effekt auf die Gemeindemitglieder es wohl habe, wenn sie als Frau in Tallit und mit Kippa vorne auf der Bima stehe und laut vorbete.

Und wieder und immer wieder geht es um die Neueinwanderer aus der ehemaligen Sowjetunion, wie schwer und bitter notwendig es sei, sie zu integrieren.

Plötzlich meldet sich Adriana zu Wort. Sie hat rote Wangen, was bei ihr selten ist, ihre Stimme überschlägt sich fast: »Ich möchte Ihnen allen gratulieren! Merken Sie eigentlich, was gerade passiert? Etwas Wesentliches hat sich verändert. Es geht nicht mehr nur um die Shoa, sondern um ein jüdisches Leben in Deutschland, und das eventuell für länger, ja vielleicht sogar für immer. Auf dem Podium wird über interne jüdische Probleme diskutiert. Über die Stellung der Frau, über Bestimmungen der Halacha, über die Eingliederung von Menschen, die mit dem Vorkriegsjudentum in der K.-u.-k.-Monarchie wenig bis gar nichts anfangen können. Es geht nicht mehr ausschließlich um Martin Walser und seine Eskapaden, um Botho Strauß oder Günter Grass. Es geht nicht mehr um die anderen: Es geht um uns! Das ist das eigentlich Revolutionäre an diesem Nachmittag! Vielleicht wollten Sie das gar nicht, aber ich finde es großartig.«

Sie setzt sich wieder. Und küsst mich. Die Rabbinerin lächelt uns vom Podium aus zu. Etwas Entscheidendes ist passiert.

Auch ich bin auf einmal von der Aufregung angesteckt, unsere Sitznachbarn schütteln mir die Hände, reden mehrsprachig auf mich ein. Ich versuche auf meine Weise mitzuhalten, also mit Latein und Griechisch, und bekomme einen mittelschweren Schweißausbruch. Wenn sie mich nun in ihrer Begeisterung entlarven, weil sie mich fragen, Nu, wie lange seid ihr schon verheiratet, ihr Lieben, und ich stammelnd gestehen müsste, dass wir alles andere als verheiratet sind, und ich selbst sei vieles, aber sicher kein Jude …

Noch bevor ich ins Fegefeuer gerate, hat ein anderer das Wort ergriffen: der orthodoxe Rabbiner, ein verhuschtes blasses Kerlchen, das in einem Kauderwelsch aus Jiddisch, Deutsch, Amerikanisch und Hebräisch zu sprechen beginnt. Seine Sprache ist gewöhnungsbedürftig, ich verstehe wenig, doch das Wenige lässt sich ungefähr so zusammenfassen:

Sie brauchen uns nicht mehr, unsere lieben Gastgeber, die Deutschen. Sie haben bald siebzig Jahre das Thema vorgeführt bekommen, nun reicht es ihnen. Zu beurteilen, ob sie etwas gelernt, begriffen haben, liegt nicht in unserer Macht. Unsere Überlebenden sind bald alle tot. Wir werden, wir müssen sie in Ehren halten, natürlich, aber wir müssen auch nach vorne schauen, an uns, unsere Kinder denken. Kümmern wir uns um unsere Fragestellungen und nicht um die der anderen. Wir sind frei für neue Gedanken, dafür sollten wir uns bedanken. Amen.

Gewaltiger Applaus. Wie in der Westkurve bei Hertha BSC. Ich schaue mich um, alle reden gleichzeitig hysterisch glücklich aufeinander ein, ich bin isoliert in einem großen Tohuwabohu, und mein Blick trifft sich mit dem eines Mannes, der wie ein Fels in der Brandung in der ersten Reihe sitzt. Dort, unter den Funktionären des Zentralrats, herrscht Verwirrung. Sie nehmen Lob entgegen für eine Entwicklung, die sie so nicht erwartet haben. Vielleicht irgendwann mal, aber doch nicht so schnell.

»Ich wette, am liebsten würden sie geräuschlos im hanseatischen Teppichboden versinken.« Adriana hat uns Mohnkuchen geholt, wir schauen zu den Funktionären rüber. Jahrzehntelang habe die deutsche Öffentlichkeit sie als die unantastbare Instanz in Sachen Judentum angesehen, auf alle Fragen habe der Zentralrat zuverlässig eine korrekte Antwort gehabt.

»Stell dir vor, was wäre, wenn es jetzt plötzlich hieße: Tschuldigung, wir haben gerade gar keine Zeit, darüber zu diskutieren, ob dieses oder jenes Buch antisemitisch ist, haben selbst genug Probleme, rufen Sie nächste Woche wieder an, das nächste Mal gerne, tut uns leid …«

Adriana schaut mich begeistert an. Ich signalisiere ihr: muss mal kurz raus. – Denn es passiert auch auf anderen Gebieten Entscheidendes: Samstagnachmittag, Bundesliga im Liveticker auf dem Handy.

Als wir uns gegen neunzehn Uhr wiedertreffen, gibt es zunächst nur kalte Vorspeisen. Das eigentliche Abendessen, erklärt der älteste Rabbiner, gebe es dann zum Sabbat-Ausgang, jetzt im Juni gegen dreiundzwanzig Uhr, vorher seien alle eingeladen zu Gebet und Gesang. Der Gottesdienst werde von den Rabbinern aller vier anwesenden Schulen gemeinsam abgehalten.

In den nächsten drei Stunden übertrumpfen sich die anwesenden Männer in Lobesgesängen an Gott, und ich muss dabei zwanghaft an Wagners Meistersinger denken – völlig unpassend, ich weiß, aber ähnlich lang. Und mangelndes Timing bei beiden.

»5774 Jahre jüdisches Patriarchat vor den warmen Speisen ist schwer auszuhalten. Aber eine Religion mit mehreren Tausend Jahren auf dem Buckel kann ihre Rituale wohl nicht so schnell aufgeben«, meint Adriana und bestellt sich einen Aperol Spritz. Ist das überhaupt erlaubt ? Ich entferne mich unauffällig, beschließe, dass ich auf diesem langen Weg der Reformen nicht mit von der Partie sein werde, ohne Abendessen schon gar nicht.

Um Mitternacht kommt sie satt und zufrieden ins Hotelzimmer, ich bin hungrig während des *Aktuellen Sportstudios* eingeschlafen. Nun ja, und dann haben sich die fünf Sterne doch noch ausgezahlt.

der club

david

Mein kleiner Bruder wird extrem verwöhnt. Er kann rummä-
keln, wie er will, und allen auf der Nase rumtanzen. Keiner
merkt es, nur ich. Der absolute Wahnsinn! Will auch keiner hören, unpopuläres Wissen.

Egal, Abi, war locker, kaum was gelernt. Bin eh bald weg,
dann werden sie schon sehen. Sammy ist dreist, ein Taktiker,
ein Fuchs, und hinterlistig. Wie der mich gestern wieder ver-
petzt hat, nächstes Mal knall ich ihm eine, safe!

»Meine Süßigkeiten, mein Geld!« Frechheit! Soll er die Sachen doch besser verstecken. Futterneid hat er, auf alles, sonst
nichts. Heult rum, bis alle sagen, der Kleine, der Arme. Der hat
noch nicht verstanden, dass der Feind Nummer eins im Lande
die Eltern sind. Nicht der Bruder! War letztens wieder mit den
Alten gegen mich. Schmutzig. Richtig schmutzig. Ich mein, das
hat sich schon gebessert, aber er sieht nicht, was ich ihm alles bei-
bringe. Ich bin gutmütig, und er? Wird's vielleicht noch. Er muss
hoffen, dass er blond bleibt, ist ein cooler Touch. Und Humor hat
er. 'Ne Menge. Ist halt mein kleiner Bruder. Und er hat's geschafft,
meine Mutter zu überreden, in den Sommerferien in diesen Club
zu fahren, während der Alte wieder irgendwo komponiert.

Yes!

Sie hatte es uns schon seit Ewigkeiten versprochen, aber jedes Jahr hatte sie 'ne neue Ausrede. Sie hätte Angst, von Animateuren terrorisiert zu werden. Sie bräuchte im Urlaub Ruhe,

nicht Spiel, Spaß und Kostüme. Ich hab ihr klargemacht, dass Cluburlaub nicht gleich Cluburlaub ist. Je teurer, desto ausgefeilter die Animation, das Essen, das Sportangebot. Ja, und je mehr man zahlt, desto mehr wird man in Ruhe gelassen. Endlich, nachdem der kleine Scheißer sie weichgekocht hatte, hat sie gebucht, heimlich, eine fette Summe auf den Tisch geblättert und uns gesagt, wir sollen packen.

Sammy und ich sind komplett ausgeflippt: betreutes Wohnen am Mittelmeer. Die Anlage ist Luxus pur, das Gepäck wird einem aus der Hand gerissen, Champagner gereicht. Supercoole Jugendliche zeigen uns, wo wir essen, Sport und Party machen und – wenn es sein muss – auch schlafen können. Es gibt zur Enttäuschung meiner Mutter nichts auszusetzen, die Sicht von unserem Balkon ist der Hammer. Die Clubsprache ist Deutsch, man wird von Anfang an geduzt, gegrüßt und umarmt wie alte Bekannte. Funktioniert einwandfrei!

Mama klemmt. Nörgelt: »Das ist ja wie im Theater, da duzt man sich auch von Null auf Hundert. Grässlich. Ein feines Sie kann den nervigsten Kollegen auf Distanz halten. Aber darum geht es hier ja wohl nicht. Hier gibt es keine Vergangenheit, keine Sorgen. Alle sind gleich unter der ewigen Sonne des Clubhimmels. Na ja, nicht ganz. Das Personal besteht aus Einheimischen, die an einem vorbeihuschen, für Sauberkeit sorgen, ohne zu stören … Die Gäste und die Betreuer sind alles Deutsche.« Wenn sie gewusst hätte, dass sie in den Ferien einmal in ein deutsches Lager gehen würde, hätte sie sich schon selbst das Gift verabreicht, jammert sie.

»Mama, Stop! Wir sind nicht im Lager, wir sind in den Ferien! Was'n das für 'ne Weltsicht? Alles von der Katastrophe aus sehen?« Reine Koketterie. Eigentlich gefällt's ihr auch. »Also hör auf mit deiner Mäkelei, wenigstens die nächsten zehn Tage! So etwas Schönes haben wir noch nie gesehen. Wenn du uns suchst, wir sind mit unseren Betreuern beim Beach-Volleyball … Komm, Sammy, lass Mama alleine stänkern. Und übrigens, ist doch gut, wenn hier alle Deutsch reden und einen verstehen, vor allem die Mädels.«

Niveaulos, dass Mama immer die Lagerkeule schwingt, ohne überhaupt selbst im Lager gewesen zu sein. Das ist Hybris. Außerdem ist es doch sehr geschickt und klug, dass das deutsche Leitungsteam in Personalunion den Sport anleitet, das Unterhaltungsprogramm liefert und sich nicht zu schade ist, das Abendessen zu servieren. Das ist ziemlich genau das Gegenteil von einem KZ. Und nur weil es gut funktioniert, müssen nicht gleich alle Nazis sein.

»Guck mal, Sammy! Vier Pools, ein Fußballfeld, Surf- und Segelboote, und die Bar. Wie cool ist das denn?!«

Ich bin so was von beeindruckt. Wer hat sich dieses clevere Clubsystem ausgedacht? Muss ein extrem schlauer Kopf dahinter stecken. Ein Steve Jobs des Tourismus. Nach zwei Stunden kenne ich schon vier Jungs, mit denen ich problemlos auf 'ne Insel ziehen würde – David Crusoe and his Gang. Sammy hat eine Horde Zwölfjähriger hinter sich. Welcome to the Club!

Unsere Mutter sehe ich am späten Nachmittag beim Aquatraining. Neben ihr andere Muttis, sehr groß, sehr blond. Sie kämpft mit dem Wasserstand, eigentlich versucht sie die ganze Trainingsstunde über nur, nicht zu ertrinken. Das Becken hat halt hanseatische Maße, es ist für mindestens 1,80 Hamburger Meter konzipiert, das ist die Durchschnittsgröße der Gäste, Mama liegt um einen halben Meter drunter. Nein, ich lache nicht. Ich bin mir sicher, sie wird es überleben, um es dann als eine perfide Form von Rassismus zu verbuchen.

Überraschung: Kaum ist die Stunde vorbei, meckert sie los. »Und wenn hier wirklich mal eine kleine Frau ertrinkt? Wahrscheinlich wird es nie eine andere kleine Frau hier geben. Wenn ich nach Hause komme, muss ich unbedingt fragen, ob je eine meiner jüdischen Freundinnen den Weg in diesen Germanischen Club gefunden hat.«

»Reg dich ab, Mama, schließlich war der Trainingseffekt bei dir doch am größten«, grinse ich.

Beim Abendessen können wir mit den Animateuren am Tisch essen. Die Erwachsenen essen alleine in den für sie reservierten Ruhezonen. Standard. »Siehste Mama, du wolltest doch deine Ruhe«, flüstere ich ihr zu, bevor wir uns im Speisesaal trennen. Die Tische sind für acht bis zwölf Personen gedacht, man lernt jeden Mittag und jeden Abend neue Menschen kennen. Das ist Konzept. Mama wird fröhlich eingeladen, Platz zu nehmen. Von wegen Rassismus!

Vorwiegend Hanseaten sind bisher angereist. Und vereinzelte Berliner. Kaum ein anderes Bundesland hat Ferien. Ich beobachte, wie Mama schluckt, zögernd annimmt, um dann ganz lässig und charmant zu tun. Alte Leute haben echt Berührungsängste! Der Club wird ihr guttun. Bestimmt versucht sie jetzt, die Berufe ihrer Tischgenossen auszuspionieren. Aber das hätte ich ihr gleich sagen können: Diskretion und Bescheidenheit, was Gehalt und Beruf betrifft, sind hier oberstes Gebot.

Wer hat den Speiseplan passend zum Abendprogramm gestaltet? Dafür gesorgt, dass der Pool fast ohne Chlor auskommt und die Kläranlage innovativ und »Bio« ist? Das ist doch alles Geld der Welt wert! Es geht eben nichts über deutschen Service. Ich finde in diesem perfekten Szenario keinen Fehler. Außer vielleicht, man möchte die Welt sehen, Land und Leute kennenlernen, na ja, das tun, was meine Familie jahrelang ausschließlich gemacht hat. Mühsam, informativ und so gar nicht cool.

Tag zwei im Club ist noch besser. Und Tag drei verspricht eine weitere Steigerung. Ich will hier nie wieder weg. Von ihren Kindern verlassen, über sehr viel freie Zeit verfügend, beschließt unsere Mutter endlich, sich zu amüsieren. – »Ich werde alles ausprobieren, was angeboten wird!«, verkündet sie großkotzig beim Frühstück. Yo, Mama, mach das. Auch wenn ein bisschen Stalingrad mitschwingt – endlich hat sie's kapiert … Sie beteiligt sich an einem Tennisturnier, ohne über Vorkenntnisse zu verfügen, lässt sich beim Surfen auf offenem Meer retten und befolgt gehorsam die Anweisungen von Sandra, dem Tsunami unter den Animateuren. Einmal erwische ich sie, wie sie im Clownskostüm bei der Schwimmstaffel mitmacht und ohne Mitleid gewinnt. Unter ihrer Bräune wird sie knallrot, als ich sie drauf anspreche ... »Na Mama, ist das deutsche Lager doch nicht so schlimm?«

Sammy und ich gucken in den nächsten Tagen ihrem Aktionismus zu. Bemühen uns, uns nicht für sie zu schämen. Abends, kurz vor dem Einschlafen, resümiert sie: »Ich vermute, dass ich in einem Ausbildungslager des deutschen Sportbundes gelandet bin, Ziel: Olympiade. Nur noch der Blick auf die Bucht und das glitzernde Meer erinnern daran, dass wir uns eigentlich im Urlaub befinden. Wenn mich Sandra dabei ertappt, wie ich verträumt aufs Meer schaue, muss ich sofort fünfzig Liegestütze machen. Sandra ist sehr blond und sehr stark – besser, es sich nicht mit ihr zu verscherzen. Bin ich froh, sie hier als Fitnesstrainerin zu treffen, und nicht als Lagerleiterin.«

»Mann, Mama! Diese ewige Holocaust-Metaphorik – das soll Humor sein?! Gib endlich zu, dass du dich amüsierst. Ich weiß echt nicht, was du hast! Ständig beschwerst du dich über deine Figur. Jetzt formt sich dein schwabbeliger Bauch gerade zu einem Sixpack um, und du bist nur am Meckern. Wenn du hier raus bist, siehst du aus wie eine Triathletin!«

Sie hat mich nicht mehr gehört, ist einfach eingepennt.

»Ich finde, Mama benimmt sich wie ein Kind«, sagt Sammy, und er hat recht.

Das Beste aber sind die Gäste, die selbst Kinder haben. Sie lächeln Mama beruhigend zu und versichern ihr, dass sie doch nette Kinder habe. Alles würde gut, vor allem das mit der Pubertät. So vergehen die Tage: vorgestern Pool-Party, gestern Beach-Party, wir sind heimlich weg in den Club nebenan, Schaum-Party ... so megageil. Heute Chillen angesagt, Erschöpfung pur. Liege am Pool, nicht bewegen, die Devise.

Meine Mutter liegt einige Liegen weiter, umringt von ihren neuen Club-Freundinnen. Gestern Abend gab's 'ne Wiederholung ihres Talkshow-Desasters, der halbe Club hat's anscheinend gesehen, nun ist sie eine öffentliche Person. Ich hab's auch gesehen … jetzt wissen alle Mädels hier über meinen Schmock Bescheid. Mama sieht okay aus in der Sendung, nicht so gut wie jetzt, wo Sandra sie zum Lara-Croft-Double ausbildet, aber immerhin. Ihre Beine schaukeln hin und her, der Sänger neben ihr hat eine Lockenfrisur, sonst keine Juden am Start, auch keine Überlebenden, ungewöhnlich. Mama ganz auf sich gestellt. Ansonsten alles wie immer. Der Moderator ist gut aufgelegt, stellt die Gäste vor. Locker und pointiert. Das hat Unterhaltungswert. Dann ist Mama dran und macht einen Riesenfehler. Sie fängt ganz arglos in ihrer üblichen Art an, meine Beschneidung in allen Einzelheiten zu schildern. Macht sie sonst bei großen Abendessensrunden, möglichst locker, bisschen übertreiben, ein Witzchen hier, eine Prise Nachdenklichkeit da. Kommt eigentlich immer gut an. Die Luft aus dem brisanten Thema nehmen, fishing for compliments, jüdische Spezialdisziplin. Ich persönlich bin da abgehärtet, hab die Story schon so oft gehört … Irgendwann berichtet sie fröhlich, dass sie nicht sicher gewesen sei, ob sie ihre Söhne beschneiden lassen solle oder nicht, schließlich sei sie eine moderne Frau und lebe ein assimiliertes Judentum.

Hätte ich ihr gleich sagen können, dass das nach hinten losgeht. Zu differenziert für öffentlich-rechtlich. Und dann der Supergau: Sie wird gefragt, ob ihre Söhne betäubt worden seien. Nein. Das Publikum stöhnt kollektiv auf. Keiner hört ihr weiter zu, Ekel, Abscheu beherrschen sofort die Diskussionsrunde, die Ministerin ergreift das Wort, etwas in der Art: Die Debatte über Beschneidung sei doch toll, sie selbst habe darüber nichts gewusst, aber hygienisch könne das Ganze zu Hause bestimmt nicht sein. Sie empfehle unbedingt steril und stationär. Schmallippig und applausheischend schaut sie in die Runde.

Meine Mutter greift in ihre Repertoirekiste, aber sonst treffsichere Witze verpuffen, prallen ab am aufgeklärten Lächeln der Ministerin, am verbindlichen Lächeln des Moderators, das plötzlich eher wie ein Haifischgrinsen rüberkommt. Ja, da ist der deutsche Bürger zu Recht empört, Mama hat's verkackt. Kann ja mal passieren. Nicht, dass alle im Club die Sendung geschaut hätten, einige waren bei der Beach-Piraten-Party und haben einen angemessenen Kater. Die anderen aber haben sie erkannt.

»Die Ministerin und der Moderator haben dir ganz schön Saures gegeben«, sagt ein Mann um die fünfzig, der schon die ganze Zeit mit seiner Frau um Mamas Liege rumgeschlichen ist. Ich blinzele rüber, chillen am Pool kann ich jetzt wohl vergessen.

»Wieso?«, antwortet meine Mutter alarmiert. »Eine Ministerin, die selbstgerecht in die Runde blickt, nachdem sie verkündet hat, sie habe eigentlich keine Ahnung von Beschneidung! Eine Ministerin kann sich verdammt noch mal vorher umhören, bevor man ein Gesetz verabschiedet, das die halbe Republik in Aufruhr versetzt! Es gibt genügend Literatur zu diesem Thema und auch genügend Muslime und Juden in diesem Land, die man befragen könnte.«

»Wir setzen uns, wenn's recht ist?«

Nee, oder? Der Mann lässt keinen Raum für Widerspruch, zerrt seine Frau mit auf die Liege.

»Laut Artikel zwei des deutschen Grundgesetzes ist die Beschneidung ein Eingriff in die Grundrechte des unmündigen Kindes, mit möglicherweise entzündlichen Folgen.« Der Typ ist hartnäckig. Seine Alte hat sich malerisch neben ihn drapiert. Verletzung der Grundrechte: Eingriff. Wo er recht hat, hat er recht, aber ich mische mich nicht ein, zu müde.

»Ja, und die Frauen in Afrika haben keine Lobby, die sie schützt, werden brutal verstümmelt ...«, macht seine Frau weiter. Da spricht die ach so aufgeklärte deutsche Mitte. Jetzt fängt's aber richtig an zu nerven. Was hat das eine mit dem anderen zu tun? Mit Schlaf ist es vorbei. Meine Mutter kommt in Fahrt. Jetzt ist sie viel besser als im Fernsehen. Sie erzählt von ihrer Unsicherheit und Angst, damals, als auf dem Ultraschallbild klar wurde, dass das kleine Ding zwischen den Beinen keine Glocke war. Dass die Wahrscheinlichkeit, ein Mädchen zu bekommen, im Minusbereich lag. Ja, auch jüdischen Müttern falle die Beschneidung schwer – denn auch sie hörten ihr Neugeborenes weinen. Tradition und aufgeklärtes modernes Bewusstsein stünden in einem Wettstreit, der meist in schlaflosen Nächten, heftigen Diskussionen mit der Familie, dem Partner und den Freundinnen kulminiere. Sie würde keine jüdische Mutter kennen, jedenfalls nicht in Berlin, die sich trotz aller Unsicherheit gegen die Beschneidung entschieden hätte. Vielleicht gebe es welche, sie habe sie nicht getroffen. Für den Jungen jedenfalls beginne mit der Beschneidung ein Leben nicht nur in einer Familie, sondern in einer Gemeinschaft.

Selten Mama so aufgeregt gehört, noch nicht mal, als sie im Aufzug vor Gerhard Polt stand, ihrem Mega-Idol. Für einige, schreit sie jetzt fast, sei das Judentum eine Glaubensgemeinschaft, für sie – die sie, bevor sie Kinder bekommen habe, den Kommunismus, den Sozialismus, den Kapitalismus kennengelernt und in drei unterschiedlichen Sprachen aufgewachsen sei – Identität. Na bitte. Sie sollte die Headlines für die BZ schreiben.

Identität. Ein großes Wort, aber ein besseres dafür habe sie nicht. Selbstverständlich könne man die Beschneidung im Krankenhaus machen lassen. Aber sei nicht die Gefahr von Ansteckungen aller Art dort noch größer? Bei all den herumfliegenden, resistenten Krankenhauskeimen? Bei der Beschneidung ihrer Söhne sei es voll und chaotisch gewesen. Sie aber wollte alle hundert geladenen Gäste dabeihaben. Sie ersetzten Familienangehörige, die es nicht mehr gab, sie gaben ihr Halt, sie gingen ihr auf die Nerven. Sie taten das, was man als Gemeinschaft tut. Bestenfalls. Füreinander da sein. Dann hätten sie gefeiert, gegessen und getanzt, dass es sie noch gäbe, nach allem.

Meine Mutter, die Drama-Queen! Hallo?! Es geht hier um mich. Schaut mich an, sehe ich irgendwie verletzt oder beschädigt aus? Das Pärchen will was sagen, aber Mama macht weiter, in einer Heftigkeit, als ginge es um ihr Leben. Mama, reisch! Spring in den Pool, mach eine Power-Pilates-Session. Hör einfach auf!

Ja, es gebe jüdische Mütter, die nicht beschnitten hätten. Meist hätten diese Mütter allerdings aus dem Druck der Verhältnisse heraus gehandelt, aus Angst, man würde am Penis ihres Sohnes erkennen, dass er »staatsfeindlich« sei, und ihn der Universität oder des Landes verweisen. Angst vor Verfolgung, in Polen, in Ungarn, ja auch in Jugoslawien, noch in den Fünfzigerjahren. Natürlich, auch während des Holocausts.

Inzwischen verteidigt sie sich, als wäre sie angeklagt beim Gerichtshof der Menschenrechte in Den Haag.

Sie aber habe das Glück, in einer Demokratie zu leben und ja, ihren Söhnen gehe es bestens, ihr Schmock sehe vorbildlich aus, sie seien gesund, übertrügen weniger Krankheiten. Das habe sich bei den Amerikanern schon herumgesprochen, aber leider noch nicht in Deutschland.

Das hat sie zwar keiner gefragt, aber der Begriff Intimsphäre ist meiner Mutter nicht bekannt.

Ja, beendet sie höchst dramatisch ihren Vortrag, sie würde wahrscheinlich wieder beschneiden. Sie würde sich neun Monate den Zweifeln aussetzen, sich mit der Entscheidung quälen – und am Ende den Mohel anrufen.

Es fehlt nicht viel, und sie brüllt ins Megafon der Animateure: »Ja, ich habe beschnitten, ja, ja, ja, je ne regrette rien!« Endlich muss sie Luft holen. Eine Zeit lang ist Stille. Sie ist erschöpft und ihre Zuhörer auch. Ich mache mir Gedanken, ob ich mich drehen soll, um meinen Rücken zu bräunen, oder doch lieber eine Cola bestelle? Schließlich setze ich mich auf, um eine Cola zu bestellen, und werde entdeckt.

Großes Ah und Oh. Man realisiert, dass ich alles gehört habe, was sowieso mich betraf. Genauer: meinen Schmock.

»Was sagst du denn zu all dem? Das würde uns jetzt wirklich mal interessieren.« Die Gruppe um meine Mutter lächelt mich an, der Typ fast so samtweich wie der Moderator. Wenn der jetzt glaubt, ich fall Mama in den Rücken, dann hat er sich beschnitten, haha.

Ich mach erst mal 'ne schöne Kunstpause. Dann fange ich an: »*Anne Will* letztens geguckt? Saß unser Rabbi da, und 'ne Muslima in kompletter Montur. Im Fernsehen das Mittelalter, daheim die ach so supermodernen Wohnzimmer der aufgeklärten Republik. Was auch immer die beiden zu sagen hatten – ihr Äußeres sprach gegen sie. Die leben noch in einer Welt, die wir Aufgeklärten doch alle längst hinter uns gelassen haben …? Bullshit. Das ist keine Aufgeklärtheit, das ist ein megaharter Cocktail aus Religionsfeindlichkeit, Panik vor dem Islam, Antisemitismus und Fremdenfeindlichkeit. Billig. An dem Musical *Anatevka* stört sich niemand, es geht eben nichts über Juden im Ghetto. Am besten, wenn sie dabei noch singen. Was'n bei euch los? Bei euch Christen? Frauen, die dank der katholischen Kirche von allen wichtigen Ämtern ausgeschlossen sind? Na, wenn das mal keine seelische Grausamkeit ist. Und das Zölibat? Haltung zur Abtreibung? Pille? Ich hätte da auch noch ein paar Verbesserungsvorschläge …«

»Wenn Gott die Vorhaut nicht gewollt hätte, hätte er sie doch gleich weggelassen!«, sagt doch jetzt wirklich die Alte neben dem Kerl. »Es gibt auch unblutige friedliche Religionen, die wehrlosen Kindern kein Leid antun. Wir Christen zum Beispiel …«

Ich mache die Augen zu, sonst muss ich der an die Gurgel. Zwinge mich, nicht bei der Hexenjagd und der Inquisition anzufangen, sage auch nicht: Nobel, Ihr Interesse für die jüdischen Belange. Ihre Familie hatte bestimmt auch einen Juden im Keller versteckt, sicherheitshalber, im Falle der Niederlage …

Ich sage nur: »Wir sind eben keine Christen.« Stehe seelen-ruhig auf, Highnoon am Beckenrand. »Aber egal, bin eh bald weg. Bin lieber, wo es wärmer ist und diese Art von Schrottdis-kussion nicht geführt wird. Wo das ist? Im wirklichen Krisen-gebiet. Rischtisch. Israel! Hab mich schon informiert ... jeder Jude darf da zum Militär.« Mit diesem Schlusswort lasse ich alle am Pool sitzen und gehe Beach-Volleyball spielen.

frühschwimmertarif

adriana

Um den ersten Mai herum öffnen die Berliner Freibäder. Meist liegt die Temperatur bei acht Grad, und der nachfolgende Juni ist der regenreichste Monat überhaupt. Das stört mich alles nicht, denn ich kann bis acht Uhr fünfzehn »einchecken« und für drei Euro fünfzig schwimmen. Tausend Meter jeden Morgen, und ich glaube, guter Dinge zu sein, wenn ich um neun Uhr das Bad verlasse.

Fast alle »Frühschwimmertarifler« kenne ich inzwischen, denn seit Jahren sind es immer dieselben, die um diese Uhrzeit und bei unglaublichen Temperaturen Sport treiben.

Ende September ist es dann vorbei mit dem Frühsport, nur das Prinzenbad verlängert bis Mitte Oktober. Dann sind wir nur noch sehr wenige, die hinterher ihre Thermoskannen zücken, um die verlorene Körpertemperatur wenigstens einigermaßen wieder reinzuholen. Wenn Nebel über dem Becken liegt, wird es Zeit, in den Winterschlaf zu fallen.

Rentner schwimmen hier. Und Mütter. Hier treffe ich sie, die armen Madonnen, die die Menopause aus dem Bett ins Schwimmbad treibt, um den hartnäckigen Pfunden rund um den Bauch den Krieg zu erklären. Wir sitzen auf den Stufen vor dem Bassin, vorher und nachher, schlürfen Tee und sprechen uns Mut zu. Zu allem irgendwie. Dann trocknen wir die Haare, gehen zurück zu unseren Berufen, Wohnungen, Kindern.

Es ist Ende August, und es herrschen Temperaturen, die in Italien den Winteranfang bedeuten würden. Hier tut man beflissen, als wäre es ganz normal, dass das Thermometer momentan nicht über vierzehn Grad hinauskommt.

Heute werde ich vierzig Bahnen statt zwanzig brauchen, um mich zu beruhigen. Wir sind seit zwei Wochen zurück, aber Davids Clubauftritt geht mir nicht aus dem Kopf.

»Wirkliches Krisengebiet. Rischtisch, Israel! Jeder Jude darf da zum Militär. Hab mich schon informiert ...«

Bei meiner Tour de force mit ihm um den Schlachtensee – wollte er da etwa auch schon zur Armee? Der bringt es noch so weit und fälscht sein Alter, nur um sich reinzuschmuggeln. Meine Therapeutin fand mich hysterisch, aber ich war zu Recht alarmiert. Ich hätte, ich hätte ... denke ich nun schon seit achtzehn Bahnen und komme zu keinem Ergebnis.

Folgender Dialog hat sich heute in aller Herrgottsfrühe zwischen Georg und mir abgespielt: »Das Militär. Er wird zum Militär gehen! Das spüre ich, es ist nur eine Frage der Zeit. Wenn nicht morgen, dann übermorgen. Spätestens am Dienstag.«

»Wird er nicht, schon allein, weil's ihm zu anstrengend wäre«, antwortet mir Georg geduldig und nun schon zum x-ten Mal und liest weiter.

Wir sitzen an unserem Küchentisch, seit sechs Uhr früh.

»Woher willst du das wissen? Alles deutet darauf hin«, flüstere ich, als würde mich die Stasi abhören. »Schau ihn dir an. Schau in seine Augen. Sie sprechen die Sprache der Radikalen.«

»Bitte? Jetzt hörst du dich an wie die *Bild-Zeitung*!«

»Und nicht nur das«, fahre ich unbeirrt fort, »ich habe ja praktisch dafür gesorgt, dass es so kommt. Die Weichen gestellt. Den roten Teppich ausgerollt. Ich könnte mich ohrfeigen. Ich bin schuld, schuld! Die ganze bekloppte Beschneidungs-Diskussion hat ihm den Rest gegeben. Du hättest ihn im Club hören sollen. Hätte ich ihm doch seine Vorhaut gelassen!«

»Oh Herr, lass es Hirn regnen ...«, murmelt mein Mann, die Ruhe selbst. Wie ich seine Gelassenheit hasse.

»Gut, dir erkläre ich es gerne noch mal in Großbuchstaben: Jüdische Grundschule, Jüdische Oberschule, Jüdische Ferienlager, ZJD, Maccabiade, mehrere Israel-Reisen einschließlich Ulpan. Und jetzt hat er wortwörtlich gesagt: Rischtisch, Israel! Hab mich schon informiert ... Nu?«

»Nu, was?«, antwortet mir Georg, und ich frage mich, wie man selbst als Westfale so begriffsstutzig sein kann. »Wenn er nur ins Warme will – warm ist es schon ab Freiburg, der Junge redet einfach viel, wenn der Tag lang ist ...«

»Welches Land ist ähnlich pubertär wie Israel? Nenn mir eines!«

»Ein Land kann nicht pubertär sein«, meldet sich der Germanist in Georg.

»Oh doch, das kann es, und wie! Schau dir den Staat Israel mal an. Sie geben den Jugendlichen das dringende Gefühl, gebraucht zu werden, ja, und sie brauchen sie tatsächlich, um ihr Land zu verteidigen. Was nebenbei auch mein Land ist. Deshalb darf ich nicht in Panik geraten, sondern muss stolz sein, wenn mein Erstgeborener mit Ölkanistern wirft, wenn's hart auf hart kommt. Um mir eine Heimat zu bieten. Ob der Krieg sinnvoll ist oder nicht, ob er jemals ein Ende haben wird, ob überhaupt irgendwer von diesen Apparatschiks will, dass es Frieden gibt, steht auf einem ganz anderen Blatt. Mein Sohn wird hineingesogen werden in die Kriegsmaschinerie und erst wieder ausgespuckt, wenn er tot ist!« Meine These ist überzeugend wie das Alte Testament, während meine Stimme immer schriller geworden ist.

»Du klingst wie ein Countertenor in Händels *Judas Maccabäus*.«

Vermutlich überlegt Georg, ob er den Notarzt verständigen soll.

»Soziologisch gesehen ...«, versuche ich es deshalb ruhiger, und höre mich an wie eine Oberstudienrätin. Gleich werde ich meine Pension beantragen.

»Du meinst sozialpolitisch gesehen?«, bemerkt Georg. Wieso gerate immer nur ich in Panik und er nie?

»Was ich sagen will, ist doch nur, wofür sollen unsere Jugendlichen in Deutschland kämpfen? Autofreie Wochenenden? Nicht genmanipulierte Nahrung?«

»Es gäbe genug, aber sie haben nicht das Gefühl, dass es ihre Sache ist. Die Occupy-Bewegung zum Beispiel wäre nicht verkehrt, hätte ich in seinem Alter gemacht. Gegen den Kapitalismus und die Macht der Banken. Gegen die Kontrolle von Facebook und Google. Er könnte zu Boykotts im Internet aufrufen. Ich habe in Brokdorf gesungen, angekettet an eine Laterne …«

Diesen Refrain kenne ich.

»Ja, du! Du kannst wenigstens singen! Außerdem war die Anti-AKW-Bewegung etwas völlig anderes und die Zeit auch.«

»Warum?«, fragt mich Georg betont harmlos, und ich ahne, wenn ich jetzt nicht aufhöre, werden wir bei der RAF landen, und dann gnade uns Gott.

»Georg, mein Lieber!«, beginne ich mit Engelszungen, ganz die professionelle Theaterregisseurin, »für diese Dinge braucht es eine gewisse Distanz und vor allem eine geringere Menge Testosteron in der Blutbahn. Hat man eine Testosteron-Überfunktion, wie sie dein Sohn hat und der Staat Israel auch, dann hilft nichts mehr.«

Georg starrt mich an, als wäre ich soeben mit der Enterprise gelandet.

»Er wird nie zur Armee gehen, weil er extreme Zweifel hat an der Politik Israels.«

»Hat er dir das gesagt oder hoffst du es nur? Israel hat alles, was ein Pubertärer braucht: ein Land, besiedelt mit einem Volk, das keiner wollte, das sich abgelehnt fühlt. Das es nun zu verteidigen gilt, egal wie brutal, egal wie lange. Gegen jeden, der es nicht mag, und das sind die meisten. Und die wenigen anderen verstehen es nicht. Das ist David! Das ist Israel. Das ist die Pubertät, und die kann sich heutzutage länger denn je hinziehen.«

Georg schenkt mir fürsorglich Kaffee nach.

»Er ist viel zu faul für den Krieg. Und zu jung. Sobald er aus der Pubertät raus ist ...«

»Frommer Wunsch! Dann wird es zu spät sein.«

Mir ist flau. Ich hätte mir Hunde statt Kinder anschaffen sollen.

»Und ich mit meiner jüdischen Grundausbildung habe es zu verantworten. In einem deutschen Gymnasium wäre das nicht passiert, schlimmstenfalls wäre er dann in die FDP eingetreten, und die hat sich ja schon von selbst erledigt! Aber eins sage ich dir, das wird uns mit Sammy nicht passieren! Der bleibt auf seinem urdeutschen Gymnasium, und wenn ein Hakenkreuz statt einer Uhr am Eingang hängt!«

Georg streckt die Waffen, sein Kopf ist auf die Tischplatte geknallt. Gegen eine hausgemachte jüdische Neurose sind Argumente wirkungslos. Er tut mir leid, aber eine jüdische Familie ist nun mal kein Ferienlager.

Das war unsere Frühstücksidylle.

Ich habe meine zweitausend Meter hinter mir, mich um die Bahnen geprügelt, auch hier im Wasserbecken herrscht Krieg. Mehrere Blutergüsse habe ich bekommen, ebenso viele ausgeteilt. »Es ist sinnvoll, sich vor dem Schwimmen einzucremen«, rät eine Dame neben mir, als ich benommen aus dem Becken steige, für die schon angespannte, ältere Haut sei es besser, sie vorher zu pflegen. Nach dem Schwimmen sei es zu spät. Vorsichtig schaue ich an mir hinunter, auf meine uneingecremte Haut. Kleine braune Flecken tanzen auf meinen Armen wie Glühwürmchen. Die waren doch gestern noch nicht da? Aber gestern ist ein relativer Begriff.

Zu Hause angekommen, hänge ich meine Badesachen zum Trocknen auf und wähle sofort Rosas Nummer. Sie ist nicht wirklich überrascht. »Plant er noch, oder hat er schon unterschrieben?«, fragte sie mich geradeheraus. Mir schnürt es das Herz zu.

In Krisensituationen sind die Juden wunderbar, bei anderen Dingen bin ich mir da nicht so sicher. Der Kalenderspruch meines Freundes Raffi.

Ich habe drei jüdische Freundinnen: Rosa, Lilly und Jasmin. Das klingt nach einem harmlosen Blumenbouquet, wer aber die drei Schwestern kennt, weiß, dass es genug ist, mehr als genug. Eigentlich empfinde ich sie mehr als Cousinen. Ich habe ihnen diese Familienzugehörigkeit meinerseits mitgeteilt, und sie haben sie wohlwollend akzeptiert. Neulich rief mich die Mittlere, Lilly, an, um mir mitzuteilen, dass Nonna Rachel verstorben sei. Nonna Rachel, eine waschechte Berlinerin, die ich bei meinen Interviews für die Shoah Foundation so liebgewonnen hatte.

In der kleinen Wohnung der Tochter drängten sich an die siebzig Menschen zum Shive sitzen, wovon die Hälfte unter dreißig war. Wie schön, dachte ich, von so vielen jungen Menschen verabschiedet zu werden.

Rosa, die Älteste der drei Schwestern, wohnt unweit von mir, in der sogenannten jüdischen Schweiz. Zufällig, meint sie. Während ich über den Bayerischen Platz stiefele, lese ich die Gedenktafeln an den Laternen, die an die Rassengesetze erinnern. Zufällig?

Der Border Collie bellt, versucht mir vor Übermut in die Wade zu beißen, was ich verstehen kann, meine Waden sind wirklich recht kräftig, geradezu saftig. Zusammen haben Rosa, Lilly und Jasmin fünf Köter, Mischlinge, überwiegend im Handtaschenformat mit extrem hohen Bellfrequenzen. Sie haben sie in Italien aufgesammelt. Ob als eine Art Dank oder Wiedergutmachung – Italiener haben ihre Familie gerettet – oder weil sie so gut in ihre Fiats passen, weiß ich nicht genau.

Noch im Flur ruft Rosa: »Färb deine Haare nach, Adriana, graue Ansätze können wir uns nicht mehr leisten!« Mangelnde Ehrlichkeit konnte man ihr noch nie vorwerfen.

»Rosa! Hätte ich gewusst, dass ich dir mit ein bisschen Farbe eine Freude bereiten kann, hätte ich mir noch ein Ganzkörper-Henna-Tattoo machen lassen ...«

»Du solltest öfter kommen, ich mag dich.« Damit ist unser Begrüßungsritual erledigt, wir umarmen uns.

Rosa ist in meinem Alter. Wir haben früher dieselbe Musik gehört, zeitgleich die *Bravo* studiert, an jenem Mittag im Juli '69 im Fernsehen die Mondlandung verfolgt. Trotzdem hatten unsere Lebensläufe bisher wenig Gemeinsames.

Ihre Eltern haben sich in Berlin kennengelernt, nachdem beide auf unterschiedlich abenteuerliche Weise den Krieg überlebt hatten. Es entstand ein säkularer Haushalt mit dem richtigen Maß an Religiosität. Zur Bat-Mizwa hielten sechs Mädchen, darunter Rosa, in blau-weißen Kleidchen ein Referat über Golda Meir, beteten das Sabbat-Gebet, und das war's.

Irgendwann ließen sich Rosas Eltern scheiden. Die Mutter lief danach zwar zur Hochform auf, aber wie will man drei kleine Mädchen durchgehend kontrollieren? Um den Olivaer Platz war viel los, viele nette deutsche Jungs, Max tauchte auf, Rosas künftiger Ehemann. Ein schlanker, junger Deutscher.

Alles tobte, die Mutter, der Vater: »Ein Deutscher! Nie im Leben!«

Während Rosa in Israel ihren Lebensplan überdenken sollte, trat Max in aller Ruhe aus der Kirche aus, ließ sich heimlich beschneiden, vom Rabbiner prüfen und präsentierte sich als fast vollkommener jüdischer Brautwerber. Die Familie gab sich zufrieden.

Ich folge Rosa in die Küche, wo Kaffeemaschine und Fernseher um die Wette arbeiten. Beide laufen ganztägig in diesem Haushalt. Noch bevor sie eingießen kann, platzt es aus mir heraus: »Rosa, was habe ich falsch gemacht, was kann ich retten, oder ist es schon zu spät? Wird David zum Militär gehen, egal, was ich mache?«

Rosa streicht mir über die Wange. »Schau, Kleine«, sagt sie, »es ist völlig gleichgültig, wie wir leben, die Lebensläufe unserer Kinder liegen außerhalb unseres Radius. Sieh dir Lilly an. Sie misstraut allem, möchte lieber heute weg als morgen, ihre Söhne idem. Und was ist? Alle leben sie in Wilmersdorf, und keiner der Jungs macht Anstalten fortzugehen, geschweige denn zum Militär.«

Lillys Umfeld ist jüdisch. Ihr Freundeskreis, ihre Beziehungen. Alles. Gelegentlich schmuggelt sich ein italienischer Liebhaber ins Geschehen.

Sie hat sehr früh drei Söhne bekommen, dunkle, hübsche Jungs wie sie, die sie alleine und mit allergrößter Umsicht aufzieht. Der Vater: ein Deutscher. Ein Versehen? Die Ehe hielt nur kurz. Wenn man sie fragt, ob er Jude war, antwortet sie: »Na ja, als wir geheiratet haben, schon.« Lilly misstraut den Deutschen generell, den Verrätern. Der Krieg ist vorbei, aber warum sollte sich etwas geändert haben?

»Früher, wenn es klingelte«, erzählte sie mir beim Shive sitzen, »hatte der Größere Angst, es seien die Nazis. Ist das nicht absurd? Hinterher lachten wir!« Es ist nicht absurd, es ist traurig, dachte ich, und wenn sie es noch so witzig erzählt.

Jasmin ist das Nesthäkchen, sie liebt Berlin und Deutschland und denkt nicht im Traum daran wegzugehen. »Israel lieb ich auch«, sagt sie, »aber der Krieg ist komplett sinnlos. Ich frage mich immer, warum man nicht Mecklenburg nimmt und Israel hineinpflanzt, ist eh genug Platz da, und nichts los …« Jasmin hat jüdische, arabische, türkische Freunde und seit Neuestem mit einem deutschen Mann ein Baby. »Na und? Egal!«, sagt sie glücklich, »der tritt nicht über, wozu auch?« Bei den drei Schwestern ist es wie in dem Musical *Anatevka*. Die Tradition wurde erschüttert, der arme Milchmann Tevje kann nur noch seinen Segen dazu geben.

Rosas Sohn Ben und David gingen auf dieselbe Schule. Sie trafen sich auf dem Schulhof, in der Synagoge zu den Hohen Feiertagen oder in einem Club. Einige Jungs aus ihrem Umfeld wollten nach dem Abitur nach Israel ins Militär. Manche haben es wirklich getan, andere nicht.

»Es hat schon vor Jahren begonnen«, sagt Rosa, sie klingt abwesend. »Mein Sohn war auf Machane in Israel. Sechzehn oder so, muss er gewesen sein. Als er zurückkam, arbeitete er nebenbei ehrenamtlich als Security vor der Schule. Im Jahr darauf war die Klassenfahrt nach Israel, Ben blieb etwas länger bei unserer Familie dort. Warum auch nicht, dachte ich mir.«

Rosa gießt Kaffee nach. Mein Magen spielt schon Intifada, aber ich setze tapfer die Tasse an. »Als er zurückkam, war er nervös«, fährt sie fort. »Aber ich dachte mir nicht viel dabei. Er war verliebt, dann betrunken und kotzte unser Auto voll. Also alles ganz normal. Die Sache ist vom Tisch, dachte ich.«

Wir schweigen einen Moment, auch weil im Fernsehen aus dem Nahen Osten berichtet wird, Schlagzeilen der neuesten Anschläge und die Zahl der Toten auf beiden Seiten.

»Er hat sich dann für Jura eingeschrieben, weißt du ja«, höre ich Rosa weiterreden, »nach dem ersten Semester merkte ich schon, dass etwas nicht stimmt. So etwas merkt man, auch wenn der Sohn nichts sagt, im zwölften Stock in Schmargendorf wohnt und nur noch die schmutzige Wäsche nach Hause bringt. Eines Tages brach es aus ihm heraus: Er wolle nach Israel. Beim Militär würde er mehr als gebraucht. Es sei schließlich auch unser Land und brauche sehr viel dringender Hilfe als sein geliebtes Berlin.«

Der gleiche Text wie bei David, der gleiche Ton.

»Ich erinnere mich, mit welchem Stolz und großer Anerkennung diejenigen, die zum Militär gingen, auf Facebook von ihren Kumpels unterstützt und begleitet wurden.«

Ich schaue Rosa an. Sie wiederum fixiert die Tischdecke, als würde das Muster ihr den Weg weisen. Rosa ist eine schöne

Frau. Ein südländischer Typ, mit weichen Formen und verführerischen Lippen. Nicht mal, als sie gegen eine schwere Krankheit ankämpfte, war sie so merkwürdig schlank wie jetzt. Damals war sie wütend, verzweifelt, aber sie hat gekämpft und irgendwann gesiegt.

»Habt ihr nicht versucht, ihn zurückzuhalten?«, frage ich, obwohl ich die Antwort kenne.

»Na, was glaubst du?! Ich habe geweint. So viel geweint. Ben war unglücklich. Er wusste nicht mehr, wie er mich trösten soll. Max, der Pazifist, hat tagelang mit ihm diskutiert. Ben hat ihn nur traurig angeschaut. Meine Eltern sind gekommen. Meine Mutter hat ihn auf dramatische Art beschworen: Wofür hätten Nonna und sie den Krieg überlebt, wenn jetzt ihr Enkel stürbe? Sein Großvater war geschickter. Er hat den Wunsch, Israel zu verteidigen, als nobel eingestuft, aber ihn gebeten, noch zu warten, mit einem abgeschlossenen Jurastudium könne er sich ganz anders für sein Land einsetzen.«

Ich habe den Überblick darüber verloren, wie viele Liter Kaffee ich heute schon intus habe; im Fernsehen zeigen sie mittlerweile die Beerdigung eines palästinensischen Kindes, darauf folgt die Wettervorhersage. Es ist Sommer, wenn auch ein zu kalter, Zeit für Pinocchio-Becher und Spaghetti-Eis, nicht für Krieg und tote Kinder. Weinende palästinensische Frauen füllen jetzt den Bildschirm.

»Seine Tante Jasmin hat ihn angefleht, ob er wirklich glaube, ein Krieg in Israel sei anders als in Afghanistan? Es gebe keine gerechten Kriege. Die wirklichen Verträge würden außerdem mit viel Glück in der Knesset, bei der UNO oder sonst wo gemacht, eigentlich am ehesten in den Banken und bei den Waffenlieferanten. Dann musste er sich mit ihr das Musical *Hair* anschauen. Zwei Monate später ist er gefahren. Seitdem bin ich immer erreichbar. Tag und Nacht«, sagt Rosa erschöpft und schaut auf ihr Handy. »Gott sei Dank gibt es WhatsApp!«

233

Warum einer seinen Entschluss wahr macht, letztlich fährt oder nicht, ist doch irgendwie Zufall, denke ich.

»Ich weiß, ich sollte auch stolz sein. Und mittlerweile bin ich es auch. Sicher. Ich höre ihn sagen: *Wenn alle so denken wie ihr, so bequem, so egoistisch, wer kümmert sich dann noch um Israel? Es hilft uns, wenn wir in Not kommen sollten, dafür sollten wir auch etwas tun.* Ja, natürlich, klar, aber, wenn ihm, wenn ihm …«

Rosa hat nicht zu Ende gesprochen. Sie weint auch nicht. Ihre Augen schauen ernst. »Erst wollte er zur Hundestaffel. Hunde ausführen schien mir nicht so dramatisch. Aber die Hunde sind für die Bombensuche abgerichtet. Jetzt will er zu den Fallschirmspringern. Zurzeit schlafen sie im Sand, irgendwo in der Wüste. Und essen Fisch aus Büchsen. Wenn es etwas gibt, das Ben immer gehasst hat, war es Thunfisch oder Sardinen aus Dosen. Wenn er das also überlebt, rede ich mir ein, wird er auch den Rest schaffen.«

Wir lächeln uns wehmütig an. »Ich denke, irgendwann wird er wiederkommen. Er ist so gerne in Berlin.«

Zimmeraufräumen, Pünktlichkeit, Tischmanieren, Abidurchschnitt, Themen einer längst vergangenen Zeit.

Wir steigen von Kaffee auf Prosecco um, plaudern übergangslos über Schuhe und unsere Männer. Spät am Abend verabschiede ich mich. »Wir sollten uns wirklich öfter sehen«, sage ich. Dann gehe ich sehr langsam die Treppen hinunter und über den Bayerischen Platz nach Hause.

welpenaffäre

adriana

»Ruhig, David, ganz ruhig. Schau noch mal in allen Taschen und Seitentaschen nach. Man steckt die Bordkarten meistens an einen sicheren Platz. Ja, ja, ich weiß, aber die werden auf dich warten, du hast ja schon eingecheckt. Ich lege jetzt auf, du suchst mit beiden Händen. Inzwischen rufe ich bei der Flughafenaufsicht an, sie sollen auf dich warten. Okay? Ruhig bleiben!«

Wer jetzt ruhig bleiben muss, bin ich selbst: Die Flughafenaufsicht ist nicht mehr als eine Stimme, die mir in mehreren Sprachen erklärt: »Please hold the line, bitte haben Sie einen Moment Geduld ...«

Nein, ich habe keine Geduld!

Ich erreiche David wieder, er hat sich inzwischen erinnert, dass man ihm seine Bordkarte nach der Sicherheitskontrolle versehentlich nicht zurückgegeben hat, und auch wenn es nicht sein Fehler ist, dauert der Vorgang ... immerhin heult er nicht mehr.

Ich bin eigentlich im Theater, mitten in einer Probe. Die Sänger nutzen die kurze Unterbrechung. Laut und vierstimmig schmettern sie das »zitto zitto, piano piano« aus dem ersten Akt von Rossinis *Cenerentola*. Mit das Schönste, was ich musikalisch kenne, aber in diesem Moment einfach zu laut: »Kinder, piano, piano steht notiert! David, hallo, hallo?!«

Aufgelegt, weg ist er. Es ist zum Verrücktwerden. Im nächsten Leben werde ich Einsiedler.

Seit sieben Jahren ging meine Tante jeden Tag zweimal eine Stunde mit dem Hund spazieren. Morgens und nachmittags, egal bei welchem Wetter. Morgens gingen sie gegen zehn Uhr in der Via Cavour los, überquerten die Piazza Sordello, im kleinen Innenhof am Palazzo Ducale wurde eine Pause eingelegt, dann weiter bis zum ehemaligen Ghetto. Das war das Ziel, jeden Morgen spazierte meine Tante mit ihrer Bologneser-Hündin ins ehemalige jüdische Ghetto. Ich finde, das ist ein merkwürdiges Ziel für jemanden, der ein Konzentrationslager überlebt hat, aber bitte. Der Hund machte seine Geschäfte auf dem winzigen Rasenfleck zwischen den Parkbänken, roch an den Blumen oder spielte in den Pfützen, je nach Jahreszeit, dann gingen sie zufrieden zurück nach Hause.

Und auf diesem Weg ist letzten Dienstag das arme Tier an der Ecke der Via Tazzoli überfahren worden, während die Tante sich bückte, um sein vorzeitiges Geschäft wegzuräumen. Eine Irre, so die Tante, sei viel zu schnell in einem riesigen Landrover durch die Altstadt gerast. Aus dem Café seien die Gäste herausgestürzt, um zu helfen. Der Tante, dem Hund? Der Apotheker sei ebenfalls hinzugerannt, aber es war nicht zu ändern: Auf dem Weg zum Tierarzt ist das Tier in den Armen meiner Tante verstorben.

Seitdem ist eine Woche mit unzähligen Telefonaten ins Land gegangen.

»Es wäre besser gewesen, es hätte mich erwischt!«, jammerte die Tante in einem fort, wahrscheinlich hatte sie sogar recht, aber sollte ich sie die Treppe hinunterschubsen, nur damit ihr Malheur ein Ende hatte? Sie war untröstlich über den Tod ihres einzigen wirklichen Lebensgefährten, alle zwei Stunden rief ich sie an, sie aß und trank nicht mehr, und was sie auf keinen Fall wollte, war, nach Deutschland zu kommen.

»Wir müssen intervenieren!«, verlautbarte ich am Ende der Woche und schaute meine Familie erwartungsvoll an.

»Mama, Wortwahl, wir befinden uns nicht im Bürgerkrieg!«, bemerkte David trocken.

»Nein, das nicht.« Aber er hatte mich auf eine Idee gebracht: »Jetzt, David, kannst du beweisen, ob du fähig bist, in einer echten Notlage zu helfen, und zwar nicht irgendeinem weit entfernten Land, sondern deiner leibhaftigen Großtante!«

David starrte mich an, überprüfte, ob ich es ernst meinte, ich aber saß schon am Computer auf der Suche nach Hundezüchtern.

Seit er sein Abi gemacht und bei der Abschlussfeier mit nacktem Oberkörper auf dem Tisch getanzt hatte, war Zeit ins Land gegangen. Er hatte sich Bedenkzeit erbeten für die großen Lebensentscheidungen: Israel, Militär, Studium oder doch lieber Weltreise? Für die letzten zwei Optionen war ich sogar bereit, einen Teil zu finanzieren, was ihn weder beeindruckte noch animierte zu handeln. Der Sommer ging ins Land. Er hatte mehr als frei, verkündete täglich seine neuesten Entscheidungen, hing im Weg herum wie eine geräucherte Salami. Bis jetzt.

Die Sänger haben nun selbst eine Pause eingelegt und verschwinden in die Kantine, die Probe heute kann ich in der Pfeife rauchen. Beruf und Familie, liebe Ex-Familien-Ministerin, sind nur im Parteiprogramm kompatibel. Punkt. Schluss. Ende der Fraktionssitzung.

Endlich eine SMS von David:

> geschafft. sitze flieger. starten gleich milano. wie heißt noch mal der ort, wo ich hinsoll?

> Steht alles auf dem Zettel. Ruf an, wenn du da bist. Mama.

Es war eine wirklich gute Idee, David mit der Hundeübergabe zu betrauen, nicht nur, weil ich ihn endlich in Bewegung gesetzt habe, nein, es ist auch das Ergebnis reiflicher, komplizierter Überlegungen: Sollte ich der Tante überhaupt noch einen neuen Hund besorgen? Und wenn ja, einen jungen Welpen, noch nicht stubenrein? Oder nein, am besten ein älteres Tier aus dem Tierheim, schon erzogen. Es müsste idealerweise in Hundejahren umgerechnet so alt sein wie sie. Es ist nicht einfach, derart betagte Hunde zu finden. Außerdem sind alte Tiere ähnlich starrköpfig wie alte Menschen. Doch ohne Hund würde die Tante mir unter der Hand wegsterben. Sie würde, zu einem winzigen Häufchen Elend zusammengeschrumpft, auf ihrem Sofa sitzen, das alte Hundespielzeug in der Hand.

Ich hatte alle Züchter in Deutschland angerufen, aber nicht einer hatte ein Bologneser-Weibchen vorrätig, denn obwohl die Tante schmerzgebeugt war, hatte sie doch genug Kraft gefunden zu jammern: »Wenn überhaupt einen neuen Hund, dann noch einmal eine Genna …« Es war genau wie vor einigen Jahren, als die damalige Genna verstorben war. Eine geradezu historische Thronfolge wie im Königshaus: Genna I., Genna II., Genna III.

Schließlich hatte Georg die Leitung übernommen und in der Lombardei, nicht allzu weit von Mantua, einen Bologneser-Welpen gefunden. Auch da alles wie eh und je in der Familiengeschichte: Ich hyperventiliere, Georg übernimmt das Kommando.

Zweiter Akt. Die blöden Schwestern malträtieren Cenerentola immer noch, die aber immerhin zwei Mäuse als Freunde hat. Da sieht man mal, wie wichtig Tiere im Haushalt sind. Meine Cenerentola ist eine hochbegabte Tschechin und versteht etwas von Hingabe. Ihr Solo ist herzzerreißend.

Telefon! Wieder David. »Was ist los?«

Er sei schon dreimal umgestiegen, kein Ende in Sicht, die

Busse durch die italienische Provinz bräuchten ewig, ob er überhaupt auf dem richtigen Weg sei? Die Dörfer hießen Solferino, Marengo, er sei doch nicht Napoleon.

Alles gut, versichere ich ihm, die Lombardei sei größer, als man glaube, und ja, man sehe es den unspektakulären Reisfeldern von heute nicht an, doch Napoleon hätte dort mit seiner Großen Armee auch länger gebraucht, als ihm lieb gewesen sei!

»Warum musste gerade Teta Jeles Hund überfahren werden? Berlin ist voll von Kampfhunden, die keiner will, da fehlt es geradezu an zu schnell fahrenden, irren Hausfrauen am Steuer!«, sagt David.

Ich muss ihm recht geben, da stimmt was nicht: Lieber Gott, auch du wirst alt.

»Halt durch, David!«, sage ich noch. »Der Holocaust hat sie nicht umgebracht, den katholischen Mann hat sie überlebt, mitsamt italienischer Familie, und nun soll sie der Tod eines Bologneser-Hundeweibchens ins Grab bringen?«

»Mama, Wortwahl!«, und im nächsten Moment hat er aufgelegt.

Gestern früh bin ich schon mit Kopfschmerzen aufgewacht, nach einer Nacht, in der mir im Traum abwechselnd tote Hunde und verstorbene Menschen begegnet waren. Zunächst waren alle unsere alten Hunde aufgetaucht, der Collie, der belgische Schäferhund, der Riesenpudel, und zum Frühstück erschienen. Die frisch verstorbene Genna II. hatte Kaffee serviert. Dann hatte mein Vater in seinem Arztzimmer Espresso an alle MTAs verteilt und ihnen dazu rote und blaue Seidenblusen geschenkt, und meine Mutter hatte mir erklärt, ich sei zu klein, um Elias Canetti zu verstehen. Wahrscheinlich war's doch kein Traum. Um sieben Uhr früh hatte ich auf meine To-do-Liste geschrieben, was ich noch zu erledigen hätte. Als ich die Brille holte, um zu lesen, was ich geschrieben hatte, stand auf dem Zettel: *Ich mag heute nicht.*

Augen zu, weiterproben. Kaum läuft die Liebesszene zwischen Cenerentola und Don Ramiro, kommen nicht nur die bösen Schwestern angelaufen, sondern es leuchtet auch mein Handy: »David, was ist?«

Die Züchterin will ihm den Hund nicht aushändigen, da er unter achtzehn ist. Seit wann sind die Italiener so pingelig? Wetten, es geht um Bares …?

»Signora Angelica, che piacere parlarla. Come sta? Sono così felice di sentirla. Si quel bel ragazzo è mio figlio … si, è minorenne, ma … come? Ma non si preoccupi, è bravissimo, la cagna si troverà da noi come in paradiso. 100 euro in più, certo …«

Die Sänger applaudieren, ich sei ein wahrer Rossini, was commedia betrifft. Ich breche die Probe ab, erkläre ihnen, dass Kunst und Leben in blutiger Konkurrenz stünden, zumindest wenn man Familie hat. Bevor ich zu Ende reden kann, sind sie schon fröhlich auf und davon.

Wie schön ein Probenraum doch ohne Probierende ist …

Eine SMS unterbricht meine Gedanken. Es ist ein Foto mit einem winzigen weißen Wollknäuel darauf. Text:

> züchterin schwört, es sei ein hund.
> david.

Geschafft! Er hat es geschafft. Gut, er hat nicht die besetzten Gebiete verteidigt, aber er hat ein Menschenleben gerettet. Das seiner Großtante. Und wer ein Leben rettet, rettet die ganze Welt!

Nicht wahr, Aron? Dein Patensohn, dein kleiner UNO-Soldat hat seine erste Friedensmission absolviert. Bist du stolz? Hast du etwa von da oben ein bisschen nachjustiert?

Ach Aron, in absehbarer Zeit wird sich dein Todestag jähren, man wird dir einen Stein setzen, und du bist nicht dabei. Nur dein Name wird eingemeißelt sein.

Ich muss an den Spruch denken, der in die Mauer des Palazzo Bonacolsi eingraviert ist, in dem meine Tante wohnt: »Qui giace piccolissimo corsetto di capriccio ebbe il nome e ebbe il vanto d'aver di bella dama in morte il pianto. – Hier ruht der kleine Corsetto, dem eine Dame zu Lebzeiten den fröhlichen Namen, zu seinem Tode ihre Tränen schenkte.« Die Inschrift ist vielleicht gar nicht aus dem Mittelalter, sondern nachts, wenn meine Tante nicht schlafen kann, steht sie an der Mauer und ritzt mit ihrer Nagelfeile die Worte in den Stein.

> bin bei tante angekommen. großes glück auf beiden seiten. beide nicht ganz stubenrein, aber was solls. komme morgen zurück. david.

> Bravo! Bravo, mein Held von Solferino! Apropos Napoleon: Hatte der nicht auch kurze Beine?

die letzte stunde

dr. luise

Irgendwann ist immer die letzte Stunde. Auch wenn die Behandlung vorher über Jahre zäh dahinfließt, sobald es zum Ende der Therapie kommt, setzt eine Art Torschlusspanik ein, und meine Patienten werden putzmunter. Plötzlich fällt ihnen doch noch das eine oder andere ein, meist existenziell zentrale Geschichten, unglaubliche Dinge, sodass man sich fragt: Warum nicht gleich so? Wie haben sie so wichtige Aspekte derart lange vor mir und vor sich selbst verschweigen können?

Ich habe schon überlegt, die letzte Stunde kurz nach Beginn der Therapie anzusetzen. Aber die Psyche lässt sich nicht lumpen, vor allem das Unterbewusstsein ist auf der Hut.

Nun gut, ich bin nicht angetreten, um hier von Allgemeinplätzen zu berichten.

Frau Altaras wurde vor Kurzem geradezu biestig, aggressiv, ein ganz normaler Vorgang. Sie begann, Termine zu vergessen oder schwieg die Stunden durch.

Frau Altaras schwieg für umgerechnet sicher neunhundert Euro.

Dann sagte sie plötzlich: »Ich denke, wir sollten zum Jahresende mit den Sitzungen aufhören.« Ich sagte nichts.

Sie habe ihren Sohn statt auf eine militärische, erfolgreich auf eine familiäre Mission ins Ausland geschickt, er habe der legendären Tante ein neues Bologneser-Hündchen nach Mantua gebracht. Und sie sei des Juden-und-Deutsche-Themas generell überdrüssig. Wir hätten jede kleinste Variation durchgearbeitet, sie könne mit ihrer Trauer und Depression wunderbar leben.

Dann erzählte sie den Witz von dem Psychotiker und dem Neurotiker. Der Psychotiker sagt: eins plus eins ist drei. Der Neurotiker weiß, dass eins plus eins zwei ist, aber es ärgert ihn ...

Ich weiß zwar nicht, für wen der beiden in diesem albernen Witz Frau Altaras sich hielt – aber ich war schon froh, dass sie nicht den Standardwitz erzählt hatte:

Moses ist Bettnässer, deshalb ist er in Therapie. Nach vier Jahren trifft er seinen Freund Ury. »Nun Moses, hat die Therapie etwas genutzt, pischst du noch ein«?

»Ja«, sagt Moses, »ich pinkle noch ein, aber es macht mir nichts mehr aus.«

Das ist nämlich der absolut dümmste Therapeutenwitz, den ich kenne.

Es ist immer schade, wenn sich ein differenzierter Fall dem Ende zuneigt, aber mein Instinkt sagte mir, da würde noch etwas folgen.

Und siehe da: Die Gnädigste lud mich ein.

Ich weiß, es ist ein *No-Go*, Patienten außerhalb der Therapie zu treffen. Aber da es sich ohnehin um das Ende unserer Arbeit handelte, machte ich eine Ausnahme. Und ja, ich gebe zu, ich war schrecklich neugierig. Der Anlass: Davids Schulabschluss und sein Geburtstag, beides wurde natürlich gleichzeitig gefeiert. Es waren viele Gäste geladen, angeblich nur Personen, die an Davids Werdegang maßgeblich beteiligt waren, so gesehen hatte ich sogar Anspruch auf die Einladung. Ich weiß von diesem Jungen so ziemlich alles. Seine Kapriolen sind beträchtlich, dennoch völlig im Rahmen, was mir seine Mutter nicht glauben will. Sie hat die Neigung, den Jungen zu idealisieren, im Positiven wie im Negativen. Er sucht nach wie vor seinen Platz in diesem Kosmos, auch die Israel-Phase war nur eine von vielen.

Ein ganz normaler Junge, der im Wesentlichen damit beschäftigt ist, seine Eltern kreativ zu provozieren.

Ich hielt mich etwas abseits, um besser beobachten zu können, schaute mich in der Wohnung um. In der Ausstattung ein Gemisch aus Bürgerlichkeit und Nicht-wegwerfen-Können, ein gewisses *Laissez-faire* könnte man wohlwollend sagen: alte Gemälde aus dem Familienerbe neben dem Küchenmixer, sympathisch, aber ohne jede Struktur, wie die Patientin selbst.

Sie meckert in den Stunden ständig, sie wolle anders wohnen, ganz anders, grüner und ländlicher. Was ihr dringend fehle, sei ein Garten. Ich würde meine Approbation verwetten, dass sie, einmal im Grünen wohnend, jammern würde, sie wolle wieder städtischer wohnen, mit mehr Leben, intellektuellem Anschluss und weniger Amseln.

Es war ein recht bunter Haufen zugegen, etliche kannten sich gar nicht, stammten aus unterschiedlichen Szenen. Künstler, Kellner, Lehrer, Sportler. Auch in der Wahl ihrer Freunde und Bekannten kann sich Frau Altaras nicht entscheiden, keine Distinktion, eher Instinkt oder alte Treue.

Eine Weile unterhielt ich mich mit einem Mann, der in Karate den sechsten Dan trägt und, wie er mir versicherte, töten könne, ohne zu schwitzen, dann mit einer Frau, die Speiseeis für Hunde herstellt. Hier könnte ich problemlos neue Patienten rekrutieren.

David hatte eine Handvoll Freunde eingeladen. Nette Jungs und Mädels. Vor allem seine Freundin ist eine Schönheit. Sie hatten den Champagner entdeckt und die Flasche stillschweigend ins Nebenzimmer geschmuggelt. Wenn man mich fragt, waren die Jugendlichen dort eindeutig die Normalsten. Aber ich war ja eigentlich nicht im Dienst.

Die Eltern hielten eine kleine Dankes-Lobes-Geburtstags-Rede. Ganz klar war es nicht zu definieren. Sie sind stolz auf ihren Sohn, aber sie nehmen weite Umwege, um es zu zeigen.

So weit eine ziemlich normale bürgerliche Familie. Das allerdings würden sie sicher nicht gerne hören.

Am besten amüsierte sich der Junior der Familie, klaute Süßigkeiten, wo er nur konnte, ließ sich streicheln und sein Taschengeld aufbessern. Dann kamen ein Pianist und eine Geigerin, wir wurden in ein winziges Zimmer gebeten, das Arbeitszimmer des Mannes. Es war wohl der Versuch unternommen worden aufzuräumen. Ich halte es ja für ein Gerücht, sogar einen Irrtum, dass Kreativität und Unordnung zwangsläufig etwas miteinander zu tun haben. Aus therapeutischer Sicht zeugt Unordnung lediglich von Unachtsamkeit, letztlich sogar von Mangel an Selbstliebe.

Es gab nur fünf Sitzplätze, alle anderen standen sich auf den Füßen herum. Es war eng, warm und stickig. Das Musikerpaar spielte, wir, allen voran Frau Altaras, sollten raten, was. Niemand wusste die Antwort, vor allem nicht die Gefragte (es war »Tip Toe Through The Window« – lass dir dein Wissen nicht anmerken, alte therapeutische Regel), die Jugendlichen feixten peinlich berührt.

Und mittendrin fiel der Vater des Geburtstagskindes vor meiner Patientin auf die Knie und machte ihr, nach fünfundzwanzig gemeinsamen Jahren und zwei Kindern, doch allen Ernstes einen Heiratsantrag.

Was soll man dazu sagen?

Frau Altaras wurde kreidebleich, hielt sich die Hand vor den Mund und sagte erst mal gar nichts. Ihre Kinder waren ähnlich sprachlos.

Ich persönlich halte das für eine fahrlässige Vermengung: Feier zu Ehren des Sohnes und ein Heiratsantrag gehören nicht zusammen. Das eine entwertet das andere, oder umgekehrt. Der Mensch ist merkwürdig, er vermengt alle möglichen und unmöglichen Dinge, wundert sich hinterher über die chaotische Melange und sucht professionelle Hilfe.

Noch immer war von Frau Altaras kein Mucks zu hören, ungewöhnlich. Jemand sagte: »Jetzt nicht denken, Adriana!«

Das ist Unsinn, gerade für solche Situationen, das haben wir jahrelang geübt, ist Denken unbedingt notwendig. Fühlen geht auch. Wenn beides blockiert ist, entstehen innerer Überdruck und Erstarrung gleichzeitig. Das Geschehen wird nicht erlebt, sondern als entfernt und fremd empfunden, abgespalten und zu einem späteren Zeitpunkt bereut. Bei einem Heiratsantrag natürlich fatal.

Keine Bewegung aus Richtung meiner Patientin. Das Gefühl, hier als Ärztin gefragt zu sein, stieg langsam in mir auf. Klarer Fall von Schneewittchen-Reaktion. Der Apfel steckt im Hals, und bewegt sich weder vor noch zurück, Starre, emotionaler Tod die Folge. Nur der Kuss des Prinzen weckt Schneewittchen, ein Schlag täte es auch, notfalls ein Schock. Wichtig ist, der Apfel muss raus oder runter.

Die Musik begann wieder zu spielen, Frau Altaras erwachte aus der Schockstarre, ein kaum hörbares »Ja« war die Folge, Jubel der Anwesenden.

Jemand sagte: »Gut, was anderes bekommst du eh nicht mehr«, eine andere fragte nach dem Termin, die Gäste begannen umgehend, Darbietungspläne für das Ereignis zu schmieden.

Ich beobachtete meine Patientin, sie wirkte noch immer zurückhaltend und unsicher, sprach nicht, lächelte aber immerhin. Ich muss zugeben, ich hatte einiges erwartet, aber das nicht. Und ja, es freute mich. Man sagt uns Therapeuten und Analytikern gemeinhin nach, wir seien nur darauf aus, Paare zu trennen, Beziehungen zu zerstören. Welch ausgemachter Unfug. Warum sollten wir das tun? Unsere Patienten würden sich den nächsten Partner aussuchen, das Drama begänne von Neuem, und wir müssten uns weitere fünf Jahre die gleichen Geschichten anhören.

Meine Hartnäckigkeit, mein Insistieren wird oft als unangenehm, ja sogar gewalthaft, empfunden. Aber damit kann ich leben, die Ergebnisse sprechen für sich. Das sieht man in dieser Familie deutlich.

Wer hätte noch vor wenigen Jahren für möglich gehalten, dass sich diese zwei tief verstörten Menschen in aller Ruhe das Jawort geben könnten, während um sie herum ihre nicht minder gestörten Gäste fröhlich feierten. Von Opfer, Täter, Krieg, Deutschen, Juden und dergleichen schwer verdaulichen Leckerbissen keine Rede mehr. Der Mensch spürt eben nur den Schmerz als starke Empfindung, die zarte Berührung durch das Schöne, durch das Glück bleibt dagegen unbemerkt, wird nicht erinnert. Schade.

Ein Mann steht bis zum Hals im Wasser. »Hilfe, Hilfe ich habe keinen Grund!«, schreit er zu den Menschen am Ufer. Und diese antworten: »Warum schreist du dann?«

Heute scheint mein lustiger Tag zu sein.

Ich bin dann nicht mehr lange geblieben. Meine Arbeit war getan. Morgen würden mich andere meschuggene Patienten erwarten.

steinsetzung

aron

Seit einem Jahr bin ich nun schon tot. Ich hatte mir zwar alles etwas anders vorgestellt, aber ich wurde nur bedingt in die konkrete Planung einbezogen. Chefsache, Gott, der Allmächtige, macht gerne alles allein. Ein wenig eigensinnig, der Gute.

Von oben sieht sowieso alles noch einmal ganz anders aus.

Momentan ist wieder großer Aufruhr, meinetwegen. Gedenkgottesdienst, alle werden sich auf dem Friedhof wiedertreffen, dann wird der Grabstein gesetzt, dann wird es auch für die anderen endgültig. Nach einem Jahr der Trauer muss man zurück ins Leben, so jedenfalls wollen es die Gelehrten. Nun mal ehrlich: Kannten diese Gelehrten den Himmel? Wussten sie, was für ein Leben das hier für mich ist? Was wissen Gelehrte überhaupt? Außer Regeln, Zahlen, Dogmen nichts, nichts, nichts. Ich würde am liebsten die Rabbinerkonferenz anrufen und ihnen etwas vom wirklichen Leben erzählen, speziell nach dem Tod, aber die Verbindung ist etwas schwierig …

Ich mache es mir stattdessen gemütlich, schaue hinab. Schön, wieder alle versammelt. Das ist nett.

Mein Sohn ist mir wie aus dem Gesicht geschnitten. Blass und tapfer hält er sich an seiner Mutter fest, die sich zwar die Haare gemacht hat, aber durchsichtig und verstört wirkt. Auch mir fehlen sie, und nun schon ein ganzes Jahr lang. Sie ist jung, sie wird einen anderen Mann finden. Aber der Junge. Nicht bei seiner Bar-Mizwa dabei sein zu können, ist bitter, sehr bitter.

Nicht weinen, Kleiner, ich bin doch immer für dich da. Irgendwie. Meine Mutter hält sich an Robbi fest. Sie beklagt sich bei allen über alles, eine wirkliche Hilfe. Arme alte Frau.

Adriana sieht aus, als weinte sie seit dem Aufstehen. Sechs der angereisten Israelis wohnen bei ihr. Die stressige Betreuung dieser Elitetrauertruppe könnte sie doch ablenken.

Zur Einstimmung und in Gedenken an mich haben sie am Kurfürstendamm 195 Currywurst gegessen: »Wenn es mir gelingt, das hier nicht auszukotzen, ist schon viel geschafft«, murmelte meine kleine Partisanin.

Dann haben sie im *Einstein* gegenüber jeder einen Käsekuchen auf mich gegessen, mit Sahne, versteht sich, ist doch Ehrensache.

Wie auch bei meiner Beerdigung regnet es. Hat das Konzept? Diesmal so heftig, dass man in der weichen Erde zu versinken droht. Die Israelis sind da unkompliziert, sie haben ihre Schuhe ausgezogen, auch barfuß lässt sich wunderbar beten und weinen.

»Ach, Aron«, ruft Robbi, »wozu ein Stein, der auf dir liegen wird und endgültig jede Flucht und Rückkehr verhindert? Dass es im Judentum die Auferstehung nur gibt, wenn der Messias kommt, ist unpraktisch und schade. Wir warten auf ihn immerhin schon Tausende von Jahren.«

Jitgadal vejitkadasch sch'mei rabah … Typischerweise ist das Totengebet, das Kaddisch, das schönste Gebet im Judentum überhaupt. Habe es lange nicht mehr gehört, hier oben herrscht ein anderer Ton, singt man andere Lieder.

Heute, verschont von Rabbinern, singt ein Israeli die wenigen Zeilen, andere Männer murmeln mit, alles ganz undramatisch, unaufwendig.

Gerne würde ich runterbrüllen: »Jungs, ich habe hier einen Ehrenplatz zwischen dem Kantor Nachama und dem ehemaligen Vorsitzenden der Gemeinde. Sozusagen in der ersten Reihe. Nie hätte ich gedacht, dass wir uns schon so bald im Jenseits wiedertreffen und die alten Diskussionen nahtlos weitergehen würden. Stellt euch vor, ich bin dem alten Galinski immer noch zu liberal! Gestern nach der Chorstunde ist mir die Hutschnur geplatzt, und ich habe ihm gesagt: *Gib ab, Alter, wir Jungen übernehmen, auch ohne die Holocaust-Mahnleier überzustrapazieren. Und hier ein TicTac gegen deinen Mundgeruch.* Er nimmt das Tic-Tac, grinst hämisch: *Wir übernehmen? Sie, mein Lieber, sicher nicht mehr.*«

Der alte Kantor singt bei uns nicht nur am Sabbat, endlich habe ich Zeit, wir singen zweistimmig. Die Stimmung ist im Allgemeinen heiter, selbst Golda Meir schmunzelt mitunter – aber ob es sich lohnt, derart früh hier oben zu sein, halte ich für fraglich.

»Amen« höre ich die Frauen unten sagen, es ist vorbei, jedenfalls der Gesang auf Erden.

Sie waschen sich brav die Hände am Ausgang, jeder umarmt fast jeden. Ich entdecke einen alten Freund von uns, den ich jahrelang nicht mehr gesehen habe. Er hat sich nicht mit Ruhm bekleckert, als er Frau und Geschäft von einem anderen unserer gemeinsamen Freunde abgestaubt hat – feindliche Übernahme sozusagen. Angesichts meiner Lage würde ich mich gern mit ihm vertragen, ihm etwas Tröstliches sagen. Plötzlich steht meine verheulte Adriana vor ihm, und aus ihrem Mund kommt Folgendes: »Wie schade, dass es Aron erwischt hat und nicht … und nicht dich.«

Das hat sie wirklich gesagt. Ich könnte mich wegschmeißen vor Lachen. Alle Umstehenden haben es gehört. Meine Frau lächelt, wie schön sie dann ist. Meine Mutter vergisst für einen Augenblick zu jammern. Robbi grinst.

Binnen zwölf Stunden wird es die gesamte Gemeinde wissen. Herrlich. Auf Erden ist es wirklich lustig. Jetzt schaut die Chaotin zu mir hoch.

»Ich wollte es wirklich nicht sagen. Zumindest nicht so. Ich wollte etwas anderes sagen. Aber wirklich, hättest du, oh Herr, nicht jemand anderen nehmen können von all den Schmocks, die dir zur Verfügung stehen? Wo gibt es für mich solch einen Freund wie den dicken Aron? Tante hat eine Genna III., aber einen Aron II. gibt es nicht! Ja, Raffi gibt sich redlich Mühe, Aron zu vertreten, und wenn ich ihn anrufe, erinnert er sich auch an die Feiertage, aber G'tt, wirklich, ich verstehe dich nicht!«

Langsam setzt sich die Mannschaft in Bewegung, Richtung Parkplatz.

Mein Bruder stützt unsere Mutter. Ich hatte ihn schon vorgewarnt, es würde nicht besser werden mit ihr. Bei *Butter Lindner* am Bayerischen Platz fragte man sie kürzlich in lupenreinem Berlinerisch: »Is jut?« Daraufhin holte sie die Polizei wegen Antisemitismus.

Fantasie hat sie.

Robbi hält die Familie zusammen, er ist inzwischen fünffacher Großvater. Der Entschluss, nach Israel zu gehen, war richtig, absolut richtig, wiederholt er gerne, ein bisschen zu oft. Von hier oben sieht es, gelinde gesagt, durchwachsen aus. Er ist halt ein Intellektueller und findet in Israel nur selten einen angemessenen Gesprächspartner. Ich werde die Lage aufmerksam beobachten.

David trabt hinterher. An den glänzenden Grabsteinen überprüft er sein Outfit. Eitler Piefke. Er ist in den letzten Monaten um die Welt gereist, ist gerade aus Südamerika zurück, und behauptet, kein Deutsch mehr zu können. Verstohlen hat er mich im vergangenen Jahr im Gebet angefleht, ihm zu helfen. Er wisse so gar nicht, wohin mit sich. Es geht nicht viel von hier oben, aber einige wenige Direktiven gehen immer. Das Militär hab ich ihm immerhin erfolgreich ausgeredet. Nach der italienischen Hundetransportaktion hatte er, was Auslandseinsätze anging, eh erst mal genug. Jetzt tönt er herum, dass er mit der israelischen Siedlungspolitik gar nicht einverstanden sei, deshalb erst einmal in Amsterdam Politik studieren wolle. Good boy.

Sein Bruder Sammy besucht nach wie vor eine ehrwürdige

germanische Lehranstalt, auf jedem Stockwerk Helme, in Erinnerung an die gefallenen Helden des Ersten und Zweiten Weltkrieges. Seine Eltern wollen bei ihm alles anders machen. Das Ergebnis wird sein, dass er sich im hohen Alter an Ausgrabungen im Nahen Osten beteiligt, um seine jüdischen Wurzeln zu suchen, die ihm in der Jugend abhandengekommen sind. Während sein Bruder im parlamentarischen Untersuchungsausschuss sitzt, der die Tätigkeit des bundesdeutschen Verfassungsschutzes überprüft.

Aber ich will nicht vorgreifen …

Es dämmert auf Erden. Die Sicht wird schlechter, alles wird leiser, überhaupt nimmt der Abstand mit der Zeit zu. Es geht irgendwie alles weiter, auch ohne mich. Das habe ich nie bezweifelt, trotzdem merkwürdig.

Natürlich sitzen sie im Anschluss im Café des Hotel Kempinski. Das ist tröstlich und ungeheuer jüdisch, ich weiß gar nicht, warum. Alle reden laut durcheinander, schon bald haben sie diese Seite des Cafés für sich alleine. Robbi ist eifrig im Gespräch, wie jemand, der mit Worten die Zeit anhalten will. Die Zeit, als sein Bruder einen Käsekuchen, einen Apfel-Streusel und die Sachertorte für sich allein bestellte.

Man hat Adrianas Fauxpas ausgiebig erörtert und ist zu dem Schluss gekommen, dass es gar kein Fauxpas war, sondern ein »Freudscher«, und sowieso: Der Typ hat es nicht besser verdient. Alles kleine Freuds heute im Café. Sie stoßen an, Russen sind dabei, statt Latte Macchiato tut's auch Wodka, »na sdorowje!«.

Georg schaut kurz hoch, hat er mich gesehen? Der Kerl schafft es mit seinem Röntgenblick noch und sieht mich auf meiner Wolke sitzen. Hockt wie immer mittendrin, beobachtet alle, denkt sich seinen Teil und summt Offenbach. Für mich?

Adriana erzählt, die Beschneidungsdebatte habe inzwischen absurde Formen angenommen. Jeden Tag bekäme sie mindestens eine Mail mit Beschimpfungen aller Art. Von kleineren Gewalttaten bis zum Scheiterhaufen, alles im Angebot. Man schüttelt die Köpfe, ist alarmiert, rückt näher zusammen, es riecht nach nassen Kleidern und Kaffee. Fast bis hierher.

Jetzt schaut Adriana hoch, als würde sie mich um Rat fragen wollen. Ich sage leise: »Wie wäre es, wenn du ganz entgegen deinen Gewohnheiten mal nichts tätest?« – »Nichts?«, scheint sie zu fragen, »ich?«

Ja, du. Lehn dich zurück. Stell mit freundlichem Lächeln auf Durchzug. Halte dich raus. Warte ab. Bei der Identitätssuche deines großen Sohnes, beim Werdegang deines Kleinen, bei den Schrullen deines Mannes, bei den Talkrunden, den ekelhaften Mails. Tu einfach mal nichts.

Der Vorschlag ist wohl derart revolutionär, dass Adriana fassungslos dasitzt und eine lange Zeit schweigt.

Ich bin müde, wende mich langsam ab. Robbi hat den Fernseher im Café entdeckt, na bitte, er kommt allmählich zu sich. Mit halbem Ohr höre ich noch aus der Ferne die Bundesligaergebnisse, und die sind nun wirklich interessant, nein, phänomenal:

Fortuna Düsseldorf hat 2:0 gegen Bayern gewonnen. Warum musstet ihr warten, bis ich tot bin, um endlich wieder derart erstklassig zu spielen?

Dankeschön!

Fiktiv oder real. Konkret oder in Gedanken. Ihr habt mir alle unendlich viel geholfen!

Was wäre ich, was wäre »Doitscha« ohne euch?!

Sagen wir so: Nichts stimmt, wie es im Buch steht, und doch ist alles wahr.

Großen Dank an meinen Mann Wolfgang und meine Söhne Aaron und Lenny, dass ihr mir als Inspirationsquelle zur Verfügung standet. Und natürlich meiner schönen Tante Jele.

Danke an meine Freundinnen und Freunde, die mir ihre Geschichten erzählt haben, sodass ich sie auch zu meinen Geschichten machen durfte:

Robbi Waks, der humorvollste Historiker und Israelexperte überhaupt, und seine Familie, samt Dana, der Golden Retriever Gigi, Sharon und Jessica
Die Geschwister meines Mannes
Martin Böhmer
Friederike Sauer
Christine Meneses
Mathias Zelic
Florian Borkenhagen
Johannes Herrschmann
Nizza und Zwika
Eli Altaras und Familie

Catarina Felixmüller und Jobst Fiedler
Ute Nicolai
Jan Maibaum
Gustav Peter Wöhler und Albert Wiederspiel
Heidi und Thomas Stammbach

Einen besonderen Dank an Sandra Heinrici, Lektorin der Extra-
klasse
Regina Schilling, manchmal Lektorin, meistens Co-Partisanin
Den gesamten Verlag Kiepenheuer & Witsch, speziell den
tollen Verleger Helge Malchow
Grazie, Don Rinaldo (c'è una vita oltre ai libri)
Karin Graf und Agentur
Das Gerhart-Hauptmann-Haus, Hiddensee
Und natürlich meine Freundinnen:
Jule, Ilka, Yashi, Gioia, Hella, Thea, Billy, Elke, Amira, Carola,
Paola, Lluisa, Marion, Barbara, Esther, Khyana

In memoriam Moishe Waks

Inhalt

Adriana Altaras. Titos Brille. Die Geschichte meiner
strapaziösen Familie. Gebunden. Verfügbar auch als ▢Book

Mit furiosem Witz und großer Wärme erzählt die Schauspielerin und Regisseurin Adriana Altaras eine außergewöhn-
liche Familiengeschichte, die ihre Spuren quer durch Europa
und das bewegte 20. Jahrhundert zieht.

»Eine geniale Familienaufstellung, aberwitzig, böse und
liebevoll.« *Dani Levy*

Kiepenheuer
&Witsch

Stefanie Kremser. Der Tag, an dem ich fliegen lernte.
Roman. Gebunden. Verfügbar auch als ▣Book

Als Luisas Mutter Aza gleich nach der Geburt das Weite sucht
und zurück in ihr Heimatland Brasilien flüchtet, nimmt Luisas
Vater Paul das Kind zu sich in die Münchener Studenten-WG.
Erst viele Jahre später machen sich die beiden auf, um Azas
Beweggründen auf die Spur zu kommen.

Ein warmherziger Roman voller ungewöhnlicher Wendungen, der von den skurrilen Folgen einer Auswanderung erzählt und von der Langlebigkeit von Familienlegenden.

Kiepenheuer
&Witsch

Leseproben und mehr unter www.kiwi-verlag.de

Joachim Meyerhoff. Wann wird es endlich wieder so, wie es
nie war. Roman. Gebunden. Verfügbar auch als eBook

Ist das normal? Zwischen körperlich und geistig Behinder-
ten als jüngster Sohn des Direktors einer Kinder- und Jugend-
psychiatrie aufzuwachsen? Der junge Held in Joachim Meyer-
hoffs Roman kennt es nicht anders – und mag es sogar sehr.

»Ein mitreißender, bewegender, lebenskluger und romanti-
scher Roman« Christoph Schröder, Zeit online

»Tragikomisch, voller Zuneigung und sehr berührend«
Antje Deistler, WDR 2 Bücher

Kiepenheuer
& Witsch

Leseproben und mehr unter www.kiwi-verlag.de

Alina Bronsky. Die schärfsten Gerichte der tatarischen Küche.
Roman. Taschenbuch. Verfügbar auch als ⊟Book

Die Geschichte der leidenschaftlichsten und durchtriebens-
ten Großmutter aller Zeiten. Alina Bronsky gelingt eine
Glanzleistung: Sie lässt ihre radikale, selbstverliebte und komische Hauptfigur die Geschichte dreier Frauen erzählen, die
unfreiwillig und unzertrennlich miteinander verbunden sind
– in einem Ton, der unwiderstehlich ist.

»Ein aufregendes, sehr empfehlenswertes Buch«
Christine Westermann, Frau TV

Leseproben und mehr unter www.kiwi-verlag.de

Susann Pásztor. Ein fabelhafter Lügner. Roman.
Taschenbuch. Verfügbar auch als ✐Book

Joschi Molnár bleibt ein Rätsel. Der famose Fabulierer hat
seinen Kindern etliche Versionen seines Lebens hinterlas-
sen. Als sich die Halbgeschwister Hannah, Marika und Gabor
in Weimar treffen, um Joschis hundertsten Geburtstag zu
feiern, prallen Welten aufeinander. In rasanten Dialogen und
skurrilen Szenen nähern sie sich der Wahrheit – und finden
zueinander.

Leseproben und mehr unter www.kiwi-verlag.de

Edna Mazya. Über mich sprechen wir ein andermal. Roman.
Deutsch von Stefan Siebers. Taschenbuch

Eine deutsch-jüdische Familie, drei Frauengenerationen und
ihr Kampf um Unabhängigkeit und Lebensglück – mit hin-
reißendem Humor und einem vortrefflichen Gespür vor
allem für die komischen Seiten der Verzweiflung schreibt
Edna Mazya in ihrem Roman über drei selbstbewusste
Frauen, die die Schwächen ihrer Mütter zwar verachten,
deren Fehler aber trotzdem wiederholen.

»Eine packende Geschichte, die von einer raffinierten Drama-
turgie und Empathie gekennzeichnet ist.« *Die Welt*